2018 年度国家文化和旅游科技创新工程项目

沈其旺　编著

# 千峰雨过

## "中国龙泉青瓷创新工艺研究"论文集

江苏大学出版社

JIANGSU UNIVERSITY PRESS

镇　江

**图书在版编目（CIP）数据**

雨过千峰："中国龙泉青瓷创新工艺研究"论文集／
沈其旺编著. —镇江：江苏大学出版社，2021.6
ISBN 978-7-5684-1472-2

Ⅰ．①雨… Ⅱ．①沈… Ⅲ．①龙泉窑-青瓷（考古）-
文集 Ⅳ．①K876.34-53

中国版本图书馆 CIP 数据核字（2020）第 255688 号

雨过千峰："中国龙泉青瓷创新工艺研究"论文集
Yuguoqianfeng："Zhongguo Longquan Qingci Chuangxin Gongyi Yanjiu" Lunwenji

编　著／沈其旺
责任编辑／王　晶
出版发行／江苏大学出版社
地　　址／江苏省镇江市梦溪园巷 30 号（邮编：212003）
电　　话／0511-84446464（传真）
网　　址／http：//press.ujs.edu.cn
排　　版／镇江文苑制版印刷有限责任公司
印　　刷／南京互腾纸制品有限公司
开　　本／718 mm×1 000 mm　1/16
印　　张／15.25
字　　数／315 千字
版　　次／2021 年 6 月第 1 版
印　　次／2021 年 6 月第 1 次印刷
书　　号／ISBN 978-7-5684-1472-2
定　　价／60.00 元

如有印装质量问题请与本社营销部联系（电话：0511-84440882）

# 目录

夺得千峰翠色来——《中国龙泉青瓷创新工艺研究》概述　沈其旺 …… 001

由器而道：中国青瓷学学科建构思想与理论体系　周绍斌 ………… 007

处州瓯江文明与"海上丝绸之路"　周晓峰 ……………………… 019

龙泉青瓷参与开拓古代"海上丝绸之路"史迹探寻　李岩，朱宗侠 … 031

英国东方博物馆的龙泉窑青瓷收藏　王拥军 …………………… 038

深见器重　戴雨享 ……………………………………………… 052

宋代龙泉青瓷手工艺的造物观　李德胜 ………………………… 057

基于绘画技艺下的龙泉青瓷刻划纹饰研究　吴新伟 …………… 063

龙泉青瓷二胡形制探究　林梓 …………………………………… 067

龙泉青瓷器皿把持方式探索　周莉 …………………………… 072

融通跨界　协同创新——龙泉青瓷首饰的创新表现　周莉 …… 078

莲花纹样在龙泉青瓷中的应用以及审美意义　陈小俊，蓝岚 … 083

高校手工艺教学中的师徒制研究

　　——以丽水学院中国青瓷学院龙泉青瓷专业教学为例　李德胜 ……… 088

龙泉青瓷唢呐的形制与创新　张敏桦 …………………………… 092

五代至北宋早期龙泉青瓷的工艺发展状况及其纹饰研究　吴容侯，吴新伟

………………………………………………………………… 096

埏土为器——关于匠心精神的思绪　戴雨享 ………………… 101

龙泉青瓷瓷笛形制与音质探究　张敏桦 ………………………… 105

艺术人类学视域下中国陶瓷上的文学图像研究综述　沈其旺 … 109

龙泉青瓷造型艺术中的禅意探析　杨昊伟 ……………………… 118

龙泉传统龙窑构造及青瓷烧制技术研究　周晓峰，裘晓翔，周易通 ……… 124

马家窑类型彩陶的装饰要素探析　王军强 …………………… 137

地方应用型本科院校校地合作办学模式探索
　　——以丽水学院龙泉青瓷专业为例　季雨林，邱雅旎 ················· 142
宋元时期龙泉青瓷双鱼洗探微　季雨林 ······························· 148
龙泉青瓷首饰的创新探索　周莉 ····································· 157
龙泉青瓷婴戏纹饰研究　黄卫霞，沈定求 ····························· 163
3D打印整体式球体作为一种优越的载体负载磷钨酸用于油品的深度氧化脱硫
　　朱捷，吴沛文，陈琳琳，何静，吴迎城，王超，巢艳红，陆林杰，贺敏强，
　　朱文帅，李华明 ············································· 168
中国青瓷思想的小考　杨吴伟 ······································· 182
山沟沟里飞出的"金凤凰"——叶氏哥窑简记　吴士祥 ··················· 194
哥窑与弟窑的鉴赏与探究——评《哥窑与弟窑》　吴士祥 ··············· 197
云和叶氏哥窑制瓷技艺与中国传统瓷器文化
　　——评《太璞古香——叶氏哥窑瓷器精品集》　吴士祥 ············· 199
云和叶氏哥窑传承与创新工艺　吴士祥 ······························· 201
感性之器——寄语2018届中国美术学院陶艺系毕业生作品展　戴雨享
　　··························································· 204
龙泉"半刀泥"工艺研究　王卉 ······································· 211
瓷乐融合：龙泉青瓷传统烧制技艺传承与创新研究　谢飞 ··············· 225
龙泉青瓷瓷乐的创制探索　张敏桦 ··································· 231

后记 ························································· 237

# 夺得千峰翠色来

## ——《中国龙泉青瓷创新工艺研究》概述

### 沈其旺

（丽水学院 中国青瓷学院）

**摘 要：** 中国龙泉青瓷创新工艺研究，是融合原料研究、图案装饰和创意设计等元素为一体的文化创新工程，具有鲜明的民族文化艺术魅力。龙泉青瓷从南宋官窑一直到现在的龙泉窑，其制作工艺主要还是通过传统器型和装饰材料来表现的，尤其是图案装饰，还是靠氧化铁和氧化铜等材料做釉下点缀性装饰，这远远滞后于现当代艺术和科技的发展。重新整合现代创意设计理念和传统的工艺制作方法，尤其是充分利用现代的材料科学等技术，使龙泉青瓷制作工艺在传承的基础上发展创新。

**关键词：** 龙泉青瓷；工艺；传承；创新

## 一、研究缘起及内容

唐代诗人陆龟蒙在《秘色越器》诗中曰："九秋风露越窑开，夺得千峰翠色来。好向中宵盛沆瀣，共嵇中散斗遗杯。"诗词赞美的是越窑青瓷，而龙泉青瓷则是越窑青瓷的杰出代表。"一部中国陶瓷史，半部在浙江；一部浙江陶瓷史，半部在龙泉。"这是有"中国陶瓷之父"之称、中国近代享誉世界的陶瓷专家、故宫博物院研究员陈万里先生所言。

在整个中国陶瓷史中，龙泉窑有着 1600 多年的悠久历史。龙泉青瓷以薄胎厚釉、色泽温润、结构致密和外观晶莹剔透而被世人所推崇，这种内敛含蓄的釉色之美在世界陶瓷史中也是独一无二的。龙泉青瓷传统烧制技艺还被联合国教科文组织列入《人类非物质文化遗产代表作名录》，是全球唯一入选"非遗"的陶瓷类项目。目前，它正激发着人们对其文化研究的热潮和工艺创新发展的激情。

众所周知，景德镇陶瓷工艺成就斐然。一方面，其拥有丰富的历史文化资源；另一方面，其拥有大批制作技艺精湛的工匠和众多开拓创新的艺术家，特别是在吸取了中外陶艺方面有益的艺术元素后，走创新发展之路，直接影响了

---

作者简介：沈其旺，江苏灌云人，美术学博士、博士后、教授，现为丽水学院中国青瓷学院院长、浙江省"2011 计划"龙泉青瓷协同创新中心副主任。主持 2018 年度国家文化和旅游科技创新工程项目"中国龙泉青瓷创新工艺研究"。

中国现代陶艺的发展趋势。相比之下，目前龙泉青瓷的创新工艺发展状况不容乐观。

龙泉市位于浙江西南的丽水地区。作为丽水地区的唯一一所本科院校——丽水学院，2016 年原艺术学院和浙江省"2011 计划"龙泉青瓷创新中心合并成立了中国青瓷学院，为国内首个以"中国青瓷"命名的高校二级学院。如今龙泉青瓷不仅是丽水地区的特色产业，更是丽水学院集教学与科研为一体、走特色办学之路的品牌专业。

中国青瓷学院设有陶艺系、美术系、摄影系、环艺系和视觉传达系。尽管学科背景不同，但是学院教师研究青瓷的积极性非常高，分别在陶瓷材料、中国书画、艺术设计和摄影等方面融合龙泉青瓷，进行釉下刻划、彩绘装饰和器型设计等方面的创新工艺研究，积累了丰富的科研成果。

2018 年，笔者负责申报的《中国龙泉青瓷创新工艺研究》获批国家文化创新工程项目。项目以龙泉青瓷为载体，通过关键材料的研发、制造技术的革新、艺术设计的融合、学科理论的建设进行文化创新，从而提升龙泉青瓷产品的文化影响力、经济附加值和社会应用性。项目在保护传统烧制技艺的基础上进行当代文化的创新与传承，这是龙泉青瓷产业发展的必然需求和突破口，势将成为未来龙泉青瓷工艺创新发展的必经之路。

## 二、项目创新

（一）机制创新

（1）本项目以中国青瓷学院为主要科研单位，协同其他高校和相关部门，结合龙泉青瓷民间工艺与现当代文化艺术及科技，进而研究出真正意义上的现代龙泉青瓷创新工艺作品。

（2）建立资源、成果与知识产权共享机制，将出台相关《龙泉青瓷协同创新资源共享管理办法》。按任务需求统筹安排，资源拥有方优先保证使用要求。共建共用机制，使仪器设备资源的使用效率明显提升。在统筹各类资源的基础之上，积极推进区域龙泉青瓷产业科技创新和成果转化。

（3）组织实施各类知识产权研发工程。各承担单位签订协议，明确各自投入的知识产权、人员、资金等生产要素及其权利共享的范围和方式，并按协议约定执行。知识产权共有各方必须共同签署协议方可转让或推广，根据各自的投入比重进行利益分配，按协议享有相应的权益。初步形成利益与风险对称和行之有效的成果转移与转化机制。

（4）建立适应龙泉青瓷创新工艺研究的人员聘用机制与评价激励机制。可聘用首席科学家、项目负责人、研究员、客座教授、访问学者、博士后和工程研发、推广应用人员等。

（5）以解决区域龙泉青瓷产业转型升级中的重大问题为导向，高校与企业之间进行人员互聘，建立一支相对稳定的企业导师队伍，参与创新工艺人才培养；聘用企业研究人员参与科研项目的研究。

（6）通过政策引导，落实龙泉青瓷创新工艺研究的任务。突出创新工艺质量和实际贡献的导向，初步构建以需求、质量和贡献为导向的科研评价体制。明确创新团队的责、权和利，团队内部的各种经费实行统一运作的方式。

（二）科技创新

1. 材料创新

（1）通过对青釉配方进行优化设计，进一步开展铁系结晶釉的研发，研制出除传统粉青、梅子青、天青和米黄等釉色之外的装饰釉，极大地丰富了龙泉青瓷的釉色种类及装饰方式。

（2）通过应用纳米技术和优化组成，解决高温下（1300 ℃）釉下彩的稳定性和颜色的可控性问题。重点是控制青瓷坯料和釉料的微观结构、物相组成及应力分布等，实现胎、釉两者之间的有机结合。

（3）开展高铝质强化青瓷的坯料及釉料研究，解决龙泉青瓷胎体硬度、胎釉膨胀匹配等涉及的关键技术，制备出高强度的耐热、耐冲击青瓷制品，将成品率从30%提高至90%以上，从而促进产品升级换代。

2. 制作工艺创新

融原料研究、图案装饰和现代造型创意设计等为一体，将科学与艺术完美结合，从而提高龙泉青瓷的文化附加值。

3. 当代科技创新

（1）采用虚拟现实技术、动作捕捉技术及人工智能技术相结合的数字化手段，实现龙泉青瓷传统烧制技艺的虚拟化再现和虚拟互动，增强文化遗产传承过程中的趣味性和参与性。

（2）基于3D打印的数字化设计和"随形雕刻"技术，解决打印精度难题，精度从毫米级提高到微米级，实现高精准打印龙泉青瓷产品。

（三）学科理论创新

通过研究使大家重新认识龙泉青瓷，建构"中国青瓷学"，从而为青瓷学学科的建设奠定理论基础。

# 三、目标和任务

1. 项目目标

（1）提升龙泉青瓷文化创意设计理念，将龙泉青瓷艺术设计与现代工业设计充分结合。

（2）建立龙泉青瓷分析检测平台及标准，加快龙泉青瓷原料标准化建设步伐。

（3）改进龙泉青瓷生产工艺，建设创新服务平台。

（4）建立"人才、科研、学科、社会服务"四位一体的文化协同创新团队，致力于龙泉青瓷文化的弘扬和传承，以及龙泉青瓷传统制作工艺的保护、提升和创新。

（5）发挥高校作用，对接龙泉青瓷产业需求培养专业人才，改革培养模式。

（6）建设龙泉青瓷销售渠道，致力于龙泉青瓷产业的可持续性发展。打造地方特色文化，推动区域经济有效增长。

2. 项目任务

（1）文化传承的重大需求。龙泉青瓷烧制始于三国两晋，可谓历史悠久，文化深厚，是中华民族宝贵的精神遗产，当鼎力传承并发扬光大。

（2）技术突破的重大需求。这主要涉及原料研究、烧制工艺和创意设计等问题。龙泉青瓷自 20 世纪 80 年代起，至今几乎没有任何重大的技术进步，所以目前最迫切的需求是实现技术突破，从而形成产业核心技术标准，进而达到支撑和引领产业技术创新的目的。

（3）根据国家文化创新的重大需求，改进龙泉青瓷家族制的师徒传承封闭模式，通过跨行业产、学、研相结合的协同创新平台，整合行业资源，加快研究成果共享与转化，从而推动经济增长，满足现实需求，最终形成行之有效的文化创新机制。

## 四、组织实施思路

（1）在分析对比国内外陶瓷工艺的基础之上，梳理相关的工艺技法、材料和表现内容等，建立龙泉青瓷创新工艺研究资料库。

（2）依托龙泉青瓷厂家和学院基地的工艺技术，开展实践研究。主要场所设在中国青瓷学院内，开展青瓷器形设计、材料配方等实验研究和分析。各合作单位配合研发，解决龙泉青瓷装饰刻划技法、彩绘高温颜料配方和施釉薄厚等技术问题。

（3）开展系统的理论研究与实践总结，将实践带来的研究成果迅速转化，用于学术研究和服务地方文化产业发展。

（4）以需求为导向、任务为牵引、产业链为纽带，由项目承担单位丽水学院中国青瓷学院牵头，按照相关章程组建管理部门。制定相关的管理、考核和激励制度，建立具体的目标体系及实施细则，从而进行有效的过程监控和绩效评估。针对项目经费管理、项目成果转化、成果收益分配等制度，建立各方共同参与的社会综合评价系统。

（5）通过查阅文献资料，探索龙泉青瓷装饰的应用规律，制定可行性方案。根据实验结果进行对比，对装饰材料和样式进行定性分类等。对原料、釉层厚度、烧成温度等数据进行统计，归类汇编，邀请专家研讨论证。对制作成品的材料元素进行科学无损分析，探讨青瓷装饰的理论与实践技艺。

## 五、预期成果

1. 科技产出

面向区域龙泉青瓷产业的重大需求，围绕原料研发、创意设计、工艺改进、文化研究和市场营销等问题，建设省内一流、接轨国内陶瓷行业的协同创新工艺基地。获得一批原始创新和具有自主知识产权的成果，预期取得若干项解决区域产业需求的重大标志性成果。

2. 人才培养

聚集一批国内外陶瓷行业专家领衔的优秀团队，形成以首席科学家、方向负责人、中青年骨干、研究生、工程技术人员为核心力量的协同创新队伍。进一步深化培养机制的改革，在经济、科技和社会发展的大循环中建立人才协同培养体系，建立寓教于研的教学体系、产学研合作的培养平台，强化协同培养的力度，提高创新人才的竞争力。

3. 学科发展

依托本研究团队建成省内一流的龙泉青瓷优势学科群，形成传统学科与新兴学科融合的新型学科链，力争新增 1 或 2 个省重点学科。

4. 社会贡献

建立文化创新研究团队，为龙泉青瓷产业输送多层次、高素质、能力强的专业人才，提高龙泉青瓷产业的整体从业素质。深入研究快速成型技术，使工业设计与创意设计充分对接，改进青瓷生产工艺，缩短生产周期，提高青瓷成品率，节约生产成本，提高经济效益。通过青瓷文化宣传及市场营销，为青瓷产业建立销售平台，以销售带动产业发展，最终实现服务地方的行业产业，有效促进区域经济发展。

## 六、小结

目前项目的研究重点：一是龙泉青瓷彩绘颜料配方的开发和应用，研究釉色稳定、玉质感强、极具装饰效果的青瓷产品，从而带动青瓷文化产业的创新发展；二是协同企业整体提升，推动青瓷文化的传播和青瓷文化产业的可持续发展，提升龙泉青瓷在陶瓷领域的核心竞争力和学术研究影响力。目前，项目面临不少困难，如前人的研究成果匮乏、各部门协同合作的效率不高、科研经费不足等，项目团队一定会克服困难，如期完成考核任务。

总之，中国龙泉青瓷不仅有着精湛的传统工艺，而且有着深厚的历史文化，在"一带一路"战略思想指引下，研究和传播龙泉青瓷这一经典文化遗产，有利于深化区域合作、加强国际文化交流和提升民族的文化自信心。

## 参考文献

[ 1 ]　北京艺术博物馆．中国龙泉窑［M］．北京：中国华侨出版社，2015．

[ 2 ]　邓禾颖．南宋官窑［M］．杭州：浙江摄影出版社，2009．

[ 3 ]　杭州南宋官窑博物馆．南宋官窑文集［M］．北京：文物出版社，2004．

[ 4 ]　熊寥．中国陶瓷美术史［M］．北京：紫禁城出版社，1993．

[ 5 ]　轻工业部陶瓷工业科学研究所．中国的瓷器［M］．北京：轻工业出版社，1983．

[ 6 ]　孔六庆．中国陶瓷绘画艺术史［M］．南京：东南大学出版社，2004．

[ 7 ]　中国硅酸盐协会．中国陶瓷史［M］．北京：文物出版社，1982．

[ 8 ]　景德镇陶瓷学院美术系．陶瓷彩绘［M］．南昌：江西轻工业出版社，1961．

# 由器而道：
# 中国青瓷学学科建构思想与理论体系

## 周绍斌

（丽水学院　中国青瓷学院）

**摘　要：** 本文主要阐释中国青瓷学学科建构的思想基础与理论体系，讨论如下问题：一是中国青瓷学研究的思想基点问题，试图从当代文化格局的构成与青瓷学科发展趋势的角度建立中国青瓷学研究的思想前提与学术背景；二是讨论中国青瓷学理论体系建设的价值问题，主要从青瓷文化发展思想规划和学科理论创新的角度提出中国青瓷学研究的学术价值与理论意义；三是提出中国青瓷学学科体系与理论范畴架构问题，大致从文化思想体系、实践理论体系和学科结构体系的角度建立中国青瓷学研究的学理格局与思想矩阵；四是分析中国青瓷学研究的思维路线与方法问题，主要从学术思维理念和学科研究路线的角度构建中国青瓷学的思想逻辑与理论体系。

**关键词：** 思想基点；理论价值；学科体系；思维路线

青瓷是中华优秀传统文化的重要代表。2009 年，"龙泉青瓷传统烧制技艺"被联合国教科文组织列入《人类非物质文化遗产代表作名录》并受到永久性保护，使中国青瓷更加具有国际影响和文化魅力。本文以中国传统青瓷历史文化的保护、传承与发展的实践经验或者说一种中华传统优秀手工技艺——"龙泉青瓷传统烧制技艺"及其文化，以及中国青瓷学学科建设的方式进行学术研究和学理思考。

## 一、思想基点：当代文化格局与学科发展趋势

建构中国青瓷学理论的思想基础，首先，要立足于中国青瓷传统文化千百年来积淀的悠久历史和深厚底蕴，并着眼于中国青瓷文化发展的当代制高点与学术引领力，这是最重要的思想前提和必要条件；换言之，传统与当代中国青瓷文化互构而成的发展格局，是捕捉中国青瓷文化理论坐标的思想点位。其次，中国青瓷学的学理思想与学科建构也是基于中国当代陶瓷学科的建设需要进一步完善和深化。中国青瓷学学科建设是陶瓷学科主体工程建设的分支项目，也就是说，中国青瓷学是中国陶瓷学学科历史发展的必然趋势，也是陶瓷

---

**作者简介：** 周绍斌，吉林柳河人，中国美术学院手工艺术学院特聘教授、原丽水学院中国青瓷学院院长。

学学科整体格局建构的一个重要点位；同时，中国青瓷学学科建设的思想基点还在于，中国青瓷文化以人类非物质文化遗产保护项目"龙泉青瓷传统烧制技艺"为优秀代表和活态标的，更增强了中国青瓷学建构的历史文化意义和学术价值。

1. 当代中国青瓷的文化格局

文化格局是文化现象在当下由历史与现实交构而形成的一种文化存在状态，这种状态由三维层面构成，一是由历史延续而来的传统文化层面，二是由当代现实铺开的当下文化层面，三是由创新发展驱动的未来文化层面。也就是说，文化格局是立足当下的现实形态，是一种同时向历史传统形态和未来创新形态伸张的双向构成关系，这种构成关系的关键在于历史传统文脉、现实存在形态与创新发展目标等。将中国青瓷作为一种文化现象来考察，按文化格局理论思想进行分析，其在当下也有类似的格局构成与存在状态。因此，定位中国青瓷文化格局构成的思想坐标和关键，是建构中国青瓷学学科理论的思维基点与完形逻辑，其中有两个节点需要特别关注。

一是延续历史传统的节点。中国青瓷文化由于是历史文化的传承和积淀，必然与当代中国青瓷文化存在着密切的文脉基因联系与形态对接，这是当代中国青瓷文化存在的非常显著的现实状态与构成格局，或者说是目前中国青瓷文化存在的主体格局与关键节点。当代中国青瓷文化保护、传承与开发的思想基础与理论节点大多处于这个部位。从某种意义上来说，在这个部位中的思想动性和理念活动，也是当代中国青瓷文化现实存在的一种基本思想理论状态和观念意识形态，相对静止但也充满活力。

二是超越当下现实的节点。人类任何一种文化的现实存在都不会满足现有的存在格局和最初的存在状态。通过文化创新与重组实现文化本体更为自主的存在空间与历史定位，超越当下现实存在状态是文化发展具有的永恒性发展本质。中国青瓷文化在当代社会不仅要续接历史传统，更要寻求新的文化定位，建构新的文化格局，重新规划自身发展的文化战略目标和新文化形态，这也是中国青瓷文化格局建构的重要节点。因此，中国青瓷文化在当代的新文化动性和新空间格局的形成，是历史的延伸，也是现实的拓展。

上述"三个层面"与"两个节点"的构成，是当下中国青瓷文化存在的基本格局。中国青瓷学理论及其学科建设的思想基点，就是基于这种开放性、立体化的哲学思维和理性辩证，着眼于人类文化发展的传统历史文脉、当下社会基础和未来创新发展的思想链条，建立当代中国青瓷文化格局的制高点和大视野，以把握中国青瓷文化历史变革在当下的重要机遇，创新文化现实存在的思想与规划格局，实现中国青瓷文化发展的战略目标。

2. 中国青瓷学学科发展趋势

"学科是指按知识体系自身的逻辑，对在科学研究发展过程中已形成自身相对稳定的研究领域进行一种相对固定的科学地划分和界定。"陶瓷学科的发展已经形成相对完善的科学体系，而陶瓷分支学科的建设则需逐步深入。青瓷是陶瓷的专属门类，从学科结构来说，属于陶瓷分支学科。一些关于中国青瓷学学科建设的探索性思考，已经在关注作为陶瓷分支体系的中国青瓷学该如何建立自己的学术理论形态。从"龙泉青瓷传统烧制技艺"作为人类非物质文化遗产保护项目及其国际文化影响力来说，中国传统青瓷文化已经具备了学科建设的历史基础与学术积淀，当代中国青瓷文化的学科建设与发展趋势，已经表现出一种超常性和超越性的发展特征。

由单一形态趋向交叉状态。中国青瓷学学科不是单一性和个体化的孤立性发展与单向性建设，青瓷以单一形态在学科自我发展中不断遇到本学科不能解决的现实问题，促使其与其他学科发生学术性交叉和学理性建构，如青瓷与产业、青瓷与教育、青瓷与社会、青瓷与科学等现实关系，形成青瓷产业学、青瓷教育学、青瓷社会学、青瓷科学等交叉学科，不断拓展中国青瓷学学科研究的传统范畴与学科建设的开放格局。

由专业规范趋向综合模式。从技术工艺到艺术创造，青瓷有鲜明的专业特征与学术规范，是其他学科所不能取代的核心标量，而这个特征一直作为青瓷学科建设的传统受到重视。但随着当代青瓷文化的不断发展与扩张，其传统的技术专业规范和艺术创造范畴也在向更加综合与多元的实践状态纵深发展。如青瓷与材料、审美生态、区域文化的思想整合，就不仅仅是为了解决青瓷技术与艺术的某些专业规范问题，而是具有更大学术视野与更高学理格局的综合模式建构。

由狭义理念趋向广义思维。人们对传统青瓷文化的理解过于单向性和扁平化，即单纯认为青瓷的核心文化就是工艺和材料技术，而且大多专门指传统青瓷的烧制技艺，再宽泛些包括传统青瓷文物的真伪鉴别、瓷片收藏与古瓷仿制。当代中国青瓷学学科建设与学术思想则关注广义的领域与范畴，如青瓷文化的学理构建、青瓷艺术的审美哲学、青瓷工艺的智能技术、青瓷产品的产业结构等问题，这就将中国青瓷学学科研究由一般的狭义理念推向更宽阔的理性层面。

由局部构成趋向整体建构。对中国传统青瓷文化的学科建构，此前一直侧重于对青瓷传统技术工艺实践的经验总结、青瓷历史传统的梳理和青瓷遗存的考古研究，其学科建构仅仅局限于技术、历史与考古几个方面的思考，这种单向化深入并不能满足中国青瓷学学科整体上建设的需要。从当代中国青瓷文化发展角度来说，中国青瓷学的学科结构将趋向于更加整体和立体的格局建设，技术与工艺、历史与现实、考古与鉴藏等只是其中的局部结构，而宏观格局将关注中国青瓷在整个人类文化进步、思想精神需求、社会经济发展等更大视域的学科结构与思想矩阵。

由固化守成趋向变革态势。传承与创新既是当代中国青瓷文化发展的主题，也是青瓷学科建设中相互辩证和影响的矛盾双方。传承的主题于学科建设要防止在学理构成上的僵化与固守，创新的主题要强调历史传统与现实状态在学理思想上的变革与创新。学科建设关注的是学科前沿问题，其主要作用是知识的发现与创新，强调对中国青瓷学学科发展动性的有效调动和积极驱动，使青瓷学科在不断变革中更加本质化地实现学科建设的开放格局和多元空间。

由自然发展趋向战略规划。中国传统青瓷文化一直以来保持着自然、常规的发展状态，这种自然状态具有原生性基因、生态化文脉和原真性遗存的文化特征，值得倍加保护与历史传承。但从中国青瓷学学科建设的角度来说，中国青瓷传统文化的发展要具有更为先进的学科发展观，要注重对中国青瓷传统文化进行战略性的发展规划、设计与实施，要具有承前启后的、未来学意义上的、文化开放性的学科发展与建设愿景。

中国青瓷学学科发展趋势表明，中国青瓷学的学科建构是中国青瓷文化历史发展与当代青瓷文化的时代变革使然，它给予了中国青瓷学学科建设和学术理论探索的各种必然性和可能性前提。当然，中国青瓷学学科的发展趋势还有待总结和把握，但其发展的倾向性基础足以给中国青瓷学学科建设以充实、必要的实践与理论条件。

## 二、理论价值：发展思想规划与学科理论创新

中国青瓷学研究的价值与意义非常重大，一方面表现在对中国青瓷学学术发展思想规划的指导意义，另一方面表现在对中国青瓷学学科理论建设的创新价值。中国青瓷文化必须要设置发展思想的战略性制高点，广视角切入、宽格局布阵、全方位统筹、多元化运筹。格局是由位置与视野构成的，格就是位置，就是端点；局就是视野，就是胸怀。发展要有大格局，规划要有大视野，前进要有大目标，思想要有大境界，中国青瓷学学科建设的价值和意义就在于此。作为中国青瓷文化的重要代表，龙泉青瓷以民间性、草根性、活态性的文化存在形式备受瞩目，其烧制技艺为人类非物质文化遗产代表作项目，并被联合国教科文组织列入世界性永久保护项目的名录。中国青瓷学学科建设的思想基点不能忽略这个重要的文化背景和前提。因为这个背景和前提就是中国青瓷学的最高规格，最高品位，最大格局。

1. 中国青瓷学发展思想规划

中国青瓷学的学科建构是为当代中国青瓷文化发展建立的一个宏观而开放的思想规划，或者说是从文化发展的哲学角度来建构对整个中国青瓷文化的认识理论与思想格局。这有助于我们将碎片化、散点式的一般认识，整合为立体化、互为式、有机性的理论体系，形成辩证的哲学思维方式和开放的文化学理矩阵。哲思即本能，当代中国青瓷文化发展需要有哲学思维的认知本能与理性

意识，需要具有开放建构的思想视野与理论眼光，需要能够引导中国青瓷文化发展的学术纲领与学理体系，尤其需要中国青瓷学在学科理论建设与思想发展规划中，体现出当代中国青瓷文化先进的价值观、社会观、艺术观、发展观、历史观、生态观等。

价值思想观念。中国青瓷文化的价值观是对中国青瓷文化的直接体现和反映。中国青瓷文化的价值主要体现在其所具有的人类手工造物的传统遗产价值，这是由上千年历史传承下来的人类文化价值，是值得倍加珍惜和永久保护的历史遗产，也是中国传统青瓷文化的核心价值。正因为中国青瓷具有这样的核心价值，中国青瓷学建设才有着坚实的历史基础和深厚的文化基础，才有着面向未来的可持续性发展之路和可拓展性文化空间。

社会思想观念。中国青瓷是人类社会发展形成的文化产物，具有物质与非物质文化的双重特征。从社会学角度关注中国青瓷文化，就要树立全方位、大格局、多功能的思想文化理念。历年来，中国青瓷不仅是一个物化的生活陶瓷品类，具有实用价值，它还具备很多复杂的文化精神因素，尤其是在当代社会背景下，它的社会功能更是具有多元特征。如在现实生活中的应用功能、文化传播的精神功能、品鉴收藏的艺术功能、产业生产的产品功能等。

艺术思想观念。中国青瓷在其手工艺术创作上体现出更加本质性的文化意识——中国青瓷艺术。树立中国青瓷艺术思想观念并使其具有学科发展的规划意识，是中国青瓷艺术本质和学科理论建设的必然。中国青瓷由实用走向审美，其间的思想变化过程实际上就是其文化观念发生变革的过程。人们对青瓷艺术的独特理解，是中国青瓷学学科思想建设的重要组成部分，它直接影响中国青瓷在实用与艺术方面全方位的文化发展与学术建设。

发展思想观念。中国青瓷文化的发展是永恒性的，人们需要对中国青瓷文化的发展树立一个动性的思想观念。中国青瓷文化的发展观是一个具有开放性、高端性、全局性特征的思想认识，不是某个地方性资源的垄断、某个阶段性历史的局限、某种既得性利益的获取。中国青瓷文化的发展空间是立体的、开放的、动态的、共享的人类文化发展空间，没有任何力量可以改变这种文化存在的本质功能。这种发展思想的确立，关乎中国青瓷文化生命延续与本质存在的学术意义与学理价值。

历史思想观念。对中国青瓷文化经典的传承，对中国青瓷传统文脉的延续，对中国青瓷原始基因的活化，就是中国青瓷发展中历史观念的思想建设。关注中国青瓷的历史文化发展，就是关注中国青瓷生命存在的活态灵魂。中国青瓷学追溯中国青瓷文化的历史脉络，辩证思考中国青瓷历史发展的内在规律，就是将历史发展的思想融入中国青瓷学学科建设之中，形成中国青瓷学新的历史史学观念、新的历史哲学理念、新的历史发展思维、新的历史文化构建。

生态思想观念。文化存在也是有生态性的，中国青瓷文化生态性发展的思想规划，就是要基于文化根性与文化动性两个本性基础，根性是文化动性发展的基因组织，而动性是根性生命得以延续的脉系结构。以关注文化的根性基因与动性环境为前提，建立中国青瓷学学科文化理论体系，有助于我们从文化发展的基点出发，把握中国青瓷文化存在的本质，保持文化生态结构最纯粹化的发展基因与最富生命力的动性资源。

上述学术理念互构而成的中国青瓷学学科文化发展思想规划，各种思想理念之间互相助力、互构格局，形成一个有机律动的多元、立体、完整的文化思维空间，并主导中国青瓷学学科建设的思想路线，可以说，在这个思想体系制动下构成的中国青瓷学学科理论，不仅具有当代性的现实意义，还具有前沿性的学术价值。

2. 中国青瓷学学科理论创新

中国青瓷学是一个开放式、多元性、立体化的学科体系，它不仅仅是对中国青瓷文献典籍的整理与考证，对中国青瓷传统历史史实的梳理与记述，对中国青瓷烧制技艺与生产窑系的总结与追溯，更重要的是探讨中国青瓷文化本体存在的当代现实状态，探索中国青瓷文化本体发展的客观规律问题，探索中国青瓷学学科脉系与其他学科之间的各种学术关系。这些问题所包含的理论内容超出一般学科的学术范畴，而这些正是中国青瓷学学术思维与学科建设的理论特色与创新之处。

首先是传统观念、当代意识、发展理论的思想整合。中国青瓷学学科理论要坚持思想路线的一贯性，就是要将中国青瓷理论的历史传统观念、当代现实理念和发展思想规划有机地整合在一起，形成中国青瓷学学科与学术文化思想发展的完整链条。这个理论创新，其学科意义就是在历史、现实与未来三维构建之间形成牢固的思想结构，既传承历史精神，也前瞻未来，更立足现实。在这样一个宏观的、延续的、完形的学科理论思想指导下，建构中国青瓷学。

其次是由技而艺、由艺而学、由学而文的学理建构。众所周知，中国青瓷文化是由上千年来世世代代的青瓷工匠们，以手工技术为核心价值积累下来的一份宝贵的文化遗产。其中包含着一条由技术而艺术、由艺术而学术、由学术而文化的学理发展线索。中国青瓷学学科建构就是要通过理论研究，阐释这条文化遗产发展线索的历史轨迹和现实状态，乃至未来走向，这种"由器而道"的思想探求，是从理论创新的角度有意识地强化学理思维的线索。

再次是交叉再构、边缘拓展、新兴原创的思维创新。中国青瓷学学科理论强调思维创新，试图在不同学科交叉中找寻能够互为再构的思想结点，在学科核心视域的边缘地带拓展新的理论范畴，在学科传统理论继承的基础上探索具有原创性的新理念。换句话说，要以重构性、超前性、原生性思想进行中国青瓷学学科的理论创新，以新形态、新视域、新理念来建构中国青瓷学学科。

最后是概念内涵、范畴体系、学理关系的理论构造。中国青瓷学学科理论构造要做到基本概念明确、范畴体系完善、学理关系清晰，这既是一般学科理论建设的原则，也是学科理论创新的焦点。中国青瓷学学科理论在概念、范畴、学理上的原则性创新，就是将学科的基本概念视为学科理论的思想基点，然后从思想基点出发，展开主要理论范畴的思想界定，接着在各个理论范畴之间进行学理性的关系建构。这种由点及面、由面构体、由体成系的思想路线，最终形成中国青瓷学学科的系统性理论。

中国青瓷学基于哲学思维理论，尊崇中国传统青瓷文化常识，但更关注当代中国青瓷文化理论的创新，坚持以开放性和多元化学理思想为前提，超前、超越学科研究的传统视域；坚持以文化性和学术性为主体，完形和原创学科结构的理论系统；坚持以指导性和实用性为原则，提升、充实和发展学科功能的价值标量。

## 三、学科体系：文化思想范畴与学科结构体系

学科建设主要包括学科定位、学科队伍、学科基地、学科管理等要素，但这是针对学校学科专业建设要求而规定的。中国青瓷学学科研究是基于科学理论与科技实践的集成式研究，主要以中国青瓷学的学术思想建设、文化发展范畴、技术工艺科学、社会民生应用、人文精神环境、文化遗产保护、自然生态资源等方面的理论思考与阐释为成果表现形态。它将中国青瓷学的学术领域在文化、经济、科技、生态、产业、教育等多个层面进行思想论证，将传统青瓷的技术本体与历史文脉整合到更加宽泛、更加立体的思想结构中，使中国青瓷学不仅具有一般学科理论建设的特征，还具有大文化视域下的交叉学科理论特征。

1. 中国青瓷文化思想领域

确定中国青瓷文化的思想领域是中国青瓷学学科建构的重要理论问题。一般来说，思想领域是理论研究所规定的思维象限和思想范畴，包括中国青瓷文化思想的核心区域与边缘地带，以及边缘地带与其他文化思想相互交错的领域。

第一是思想起源问题。很明确，没有中国青瓷手工艺文化传统，就没有中国青瓷学学科建设的本源文化基因和基本思想根源，就没有起源于手工艺文化本体但又不局限于手工艺文化本体的各种思想活动。

第二是思想核心问题。以中国青瓷学学科建构及中国青瓷文化发展为思想核心，坚持开放、发展、改革、创新的学科文化思想原则，关注在整个陶瓷学科背景下的中国青瓷学学科发展趋势，强调中国青瓷学的广义思想理念与宏观文化格局，立足中国青瓷学学科建设的基础条件与现实背景，阐释中国青瓷学学科理论建设的可能性和可行性，提出中国青瓷学学科建设对完善整个陶瓷学

科的必要性与必然性，论述中国青瓷学学科建设对中国青瓷文化发展的重要性与战略性。

第三是思想范畴问题。学科建设的一个重要突破，就是通过研究建立科学思想范畴。中国青瓷学将理论本体、实践主体、文化应用、社会传播作为思想范畴，构成多维性学术观念与多元化思想视域。当不同的思想主体，如工匠、艺人、学者、商人、收藏家等，以各自不同的视角观察中国青瓷文化，会产生不同的思想理念和理论形态。通过这些不同的观察视角，构成了不同形态的思想格局。正是这种复杂的思想链接和闭环结构，才形成了当代中国青瓷学学术思想需要梳理的基本范畴和理论体系。

第四是思想体系问题。思想体系不是单线性的构成，应该是多线索的链接。"传统的边界僵硬、画地为牢的学科帝国主义的做法不利于人类社会的可持续发展，也不利于新兴学科的发展。"中国青瓷学属于新兴学科，其思想体系的建立注重理论与实践的跨界思维、本体与客体的整合研究，着眼学科与学科之间的多边关系与多元视点，关注中国青瓷文化的历史与现实，但不局限于历史与现实，强调面向未来、面向发展、面向社会的思想理论建设，坚持立体化、多维性、全方位地构建中国青瓷学的学科思想体系。

第五是思想阐释问题。中国青瓷学思想理论体系不以平面化、单维度结构进行阐释，而是以多维性、全方位的学术话语与对话语境进行思想交流。即以哲学思维与辩证思想为中国青瓷文化的认识论基础，将本质与现象、理论与经验、概念与观念、理性与感知、抽象与叙事、推论与逻辑等相对应，形成具有哲思特征的文本结构模式和理性表述方式，有机化、多维度、哲理性传达中国青瓷学的学科思想体系。

2. 中国青瓷学学科结构体系

中国青瓷学学科结构体系要阐释的基本问题包括学科基本概念、学科范畴理论、学科结构关系、学科思想体系等，对这些问题的回答，基本呈现了中国青瓷学学术理论存在的基本状态与结构方式。

中国青瓷学首先要解决学科的基本概念问题。中国青瓷学的"学"即学科概念，它是对中国青瓷诸多问题的系统性学理研究。为"中国青瓷"建立"学科"，试图将有关中国青瓷自古以来、自今以往的文化与思想、历史与现实、理论与实践等各种问题建立一个思想体系，并形成具有学术、学理、学科意义上的科学架构。将一种传统民间手工技艺提升到学科层面，是"由器而道"的文化思想理论建设，尤其是以开放式的思想路线来进行学科结构规范，具有重要的理论指导意义。

中国青瓷学学科结构的范畴，起始于对中国青瓷历史传统的辩证思维，对中国青瓷的技术工艺、艺术创意、学术构成、文化美学、遗产考证、产业发展、市场机制、生态保护等各个范畴进行有机整合，形成开放式学科架构，其间特别注重各个范畴之间的逻辑关系、辩证思想和抽象推论。中国青瓷学学科结构板块之间既有一定的线性发展关系，也有互为结构的体、面系统，其间相互关联的交互结点起着某种管控与制动作用。构建中国青瓷学学科结构及其理论范畴，是在哲学理性层面上对经验现象的思想概括与理论概述，强调一定的学术深度与思想高度，而不是一般的技术经验总结和历史史实描述。

中国青瓷学学科理论建构中，还要阐释主题与专题、专题与问题之间的层级性逻辑关系。中国青瓷学学科的主题是思想系列的构成；专题是思维层面的展开；问题是专题设置的理论支点，由若干个问题构成。这样由"主题-专题-问题"形成的"三维思想系统"，试图全面呈现中国青瓷学学科体系的思想架构与研究系统（图1）。

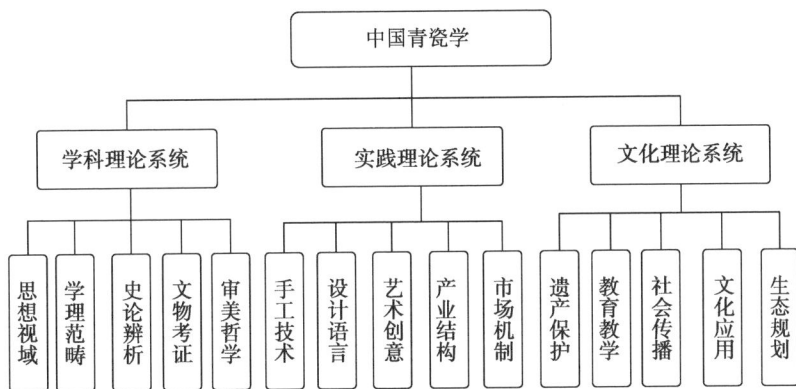

图1　中国青瓷学学科结构示意图

中国青瓷学学科结构示意图表明，学科的核心思想是中国青瓷学；主题为3个理论系统，即学科理论系统、实践理论系统、文化理论系统；主题由15个专题理论支撑，学科理论有思想视域、学理范畴、史论辨析、文物考证、审美哲学，实践理论有手工技术、设计语言、艺术创意、产业结构、市场机制，文化理论有遗产保护、教育教学、社会传播、文化应用、生态规划。

蔡元培指出："凡一科学之成立，必先有事实，然后有学理。以无事实，则无经验可言；无经验，则学理亦无由发生。"遵照这一理念，上述每个专题的论证都基于历史史实和当代现实，形成若干具有学科思想和学理观念的基本问题，建立相互支撑的理论支点与思想因素。在这个由主题、专题、问题组成的理论体系中，可以看出中国青瓷学学科结构是一个系统化的思想构造，其中由各个理论支点所建立的专题理论层面，有着严谨的逻辑思想与论证关系。由各个专题理论层面之间所形成的主题思想视域，以较为宏观的角度规范这些专题的思想维度，激活或反思、提出或解决那些更为具体的现实问题。

## 四、思维路线：学术思维理念与学科研究路线

中国青瓷学研究以"发展史实叙述—现实辩证分析—学科理论建构—思想范畴体系"为逻辑思维路线。研究主体的整个思维过程坚持"理论思辨""逻辑推论""哲学理性"的特点，强调多元性、立体性、交叉性、辩证性、整合性、哲理性思维的理论格局。中国青瓷学理论以"是什么"的现状描述与史实陈述为基础前提，在"为什么"上进行理论本质与动性规律的深化思辨。中国青瓷学注重中国青瓷现实状况的专题调查，注重中国青瓷发展历史文献的材料研究，注重中国青瓷文化当代思想及其理论体系的规划与格局，更注重以未来学、发展学、战略学、规划学方法来研究当代中国青瓷的文化状态，强调思想的前瞻性、现实的超越性、理论的创新性与文化的再构性。也就是说，整个学理构成不仅以历史和现实为思想基点，更以中国青瓷文化的未来生态为规划视野，形成思想线索的多点透视，建构具有当代思想特色的中国青瓷学学科理论体系。

1. 中国青瓷学学术思维理念

如何把握中国青瓷文化发展的本体动势，如何阐释中国青瓷文化的系统理论，如何建构中国青瓷文化的学理格局，如何界定中国青瓷文化的概念术语，以什么样的认识方法和思想路线接近中国青瓷学的学科本质与学理结构，是中国青瓷学学术思维面临的问题。学术思维是一种科学思维，是探索真理的必要条件。建立具有辩证性、创新性和超验性的学术思维理念、学理建构方法和学科认识理论，可以破解、重构和超越当下对中国青瓷文化思考的传统思维理念，这是本论科学研究思想坚持的基本原则。

首先，中国青瓷学学术思维要从发展、战略、规划和超验的思想角度来思考中国青瓷文化的现实状态和发展趋势。强调中国青瓷文化由空间性拓展和历史性延伸两种态势，形成互为交构、时空整合的文化发展格局，从文化地理与地域、文化传统与传承的历史时空认识论角度，战略性、规划性、建构性地思考中国青瓷传统文化实现当代发展与超越的可能性，也就是说，从地域和历史两个维度来突破束缚学术思想展开的有限空间，推动中国青瓷文化发展。

其次，中国青瓷学学术思维强调思想的前瞻性、现实的超越性、理论的创新性与文化的再构性的思维路线。中国青瓷学学科建构的思想辩证，既注重上位学科与下位学科的隶属性、支配性、控制性、有机性的学术关系，也注重学科格局重构意义上的交叉性、错位性、整合性、个体性的再生关系。也就是说，中国青瓷学学科建构既注重学科存在的普遍性问题，也注重学科特殊状态的个性化问题，将中国青瓷学的学科共性与学术个性进行完形化或完整化的理论思维。

再次，中国青瓷学强调立体性、多元性、交叉性、整合性的学术思维格

局。在这种思维格局中，以中国青瓷文化为主体，围绕中国青瓷文化的历史、技术、艺术、学术等核心范畴，整合教育、传播、产业、市场、生态等多元因素，建构具有立体性、空间感、开放化的中国青瓷学文化的共同体。同时，这个文化共同体也体现出中国青瓷学学科建构的新模式与新形态，并以全面性、综合性和有机性作为中国青瓷文化共同体的体态特征。

最后，中国青瓷学在研究方法上强调哲学的、辩证的与逻辑的思维特色，强调纵横捭阖的思想自由与主动思维，不局限于对青瓷文化现实状态的客观叙述和经验总结，更关注在中国青瓷文化的概念、范畴、关系与体系方面进行深层次的哲学思考，在中国青瓷文化的原理、观念、思想与精神等方面进行逻辑推论。

中国青瓷学的学术思维理念，试图超常态、超经验、超现实地思考中国青瓷文化存在与发展的本体现象，试图在微观与宏观、思想与方法、逻辑与辩证、叙述与阐释等方面形成学术思维个性与理论研究特色。

2. 中国青瓷学学科研究路线

中国青瓷学学科研究以"发展事实叙述—现实辩证分析学—学科理论建构—思想范畴体系"为逻辑思维的主要线索，形成点线与面体互构、史实与论证互动、现象与本质互应、实践与理论互为的思想逻辑，在多维层面、多元结点、多条思路、多种现象、多项问题上展开对中国青瓷学学科的立体化、全方位研究。

首先，中国青瓷学学科研究建立多维性的思维层面，大致包括对中国青瓷文化历史溯源与现象考察层面、主体与客体关系问题分析层面、基本概念提炼与范畴界定层面、学理推论与理论阐释层面、思想理念建设与规划层面等，由这些思维层面共同组合成一个多方位、多层次的立体思想结构。

其次，中国青瓷学在学科研究路线上关注多元性的思想点位。如史实与现实结点、当代与未来结点、现象与本质结点、理论与实践结点、技术与艺术结点、产业与文化结点、教育与传承结点、产品与市场结点等。这些结点往往是问题转换、思想转向、文化转型的关键之处，值得有意识地提取出来进行单独思考，并有机地将它们联系在一起，形成中国青瓷学学科理论的思想结构。

再次，中国青瓷学学科研究思路不是简单的线性思维，是多条线性思维并存同时互相有机衔接的多向度思路。如由实地考察到材料整理、由现实体验到总结经验、由经验理性到超验思维、由基本概念到范畴领域、由观点论证到哲学辩证、由理念完形到思想体系等。这些由浅入深、由近及远、由低向高的思维象限，勾勒了一个多元化的中国青瓷学研究的思想载体。

另外，从现象学角度来说，中国青瓷学特别关注青瓷文化存在和正在发生，以及将要发生的各种现象，如文化现象、教育现象、生态现象、社会现象、产业现象、地域现象等，这些客观现象错综复杂，相互影响，变化多端，动态明显，接连不断。中国青瓷学研究试图理性地将它们分开论述，但这似乎是不可能的，也是一个理论难点。从相对论角度来说，我们还是围绕现象的核心问题进行重点阐释，尽量理性地抽象出各种现象的本质特征，尽可能廓清它们之间的相互关系。

最后，中国青瓷学研究问题的多项性思路。中国青瓷文化有着多种问题，需要进行理性的分析和逻辑化的推论，如文化发展的思想观念问题、文化取向的协同关系问题、文化体制机制的改革问题、市场品牌与产品推广问题、产业开发与技术革新问题、遗产保护与传承问题、学校教育教学与师徒传授问题、审美鉴赏与艺术收藏问题、社会应用与文化生态问题、国际影响与学术交流问题等，都需要中国青瓷学研究以开放化的格局给予理论性的解答。

诚然，中国青瓷学学科架构是有历史局限性的，但上述多元化、立体性的学科研究路线，还是想努力站在更高的学术端点上关注整个中国青瓷文化所面临的诸多问题，不仅要回望历史进程，阐释传统未解决的问题，还要立足现实情境，回答当代面临的问题，更要面向未来，规划文化发展的问题，这才是中国青瓷学学科建设应当具有的思想精神和学术使命。

**参考文献**

［1］ 石书臣. 当代中国的文化格局及其发展导向［J］. 道德与文明，2012（02）：105-110.

［2］ 梁传杰. 学科建设理论与实务［M］. 武汉：武汉理工大学出版社，2009.

［3］ ［英］蒂莫西·威廉森. 哲学是怎样炼成的［M］. 胡传顺，译. 北京：燕山出版社，2019.

［4］ 王长纯，等. 学科教育学概论［M］. 北京：首都师范大学出版社，2000.

［5］ 蔡元培. 北大新闻学研究会第一次期满式训词［C］//高平叔编. 蔡元培全集（第三卷）. 北京：中华书局. 1984：348.

［6］ 丁海斌. 真实与学术思维［J］. 档案学通讯，2007（6）：1.

# 处州瓯江文明与"海上丝绸之路"

## 周晓峰

（丽水学院　中国青瓷学院）

**摘　要：** 龙泉窑是瓯江文明的杰出代表，龙泉青瓷文化又是中华文化的代表性符号之一。在宋、元、明时期，龙泉窑青瓷产品作为我国古代海上贸易中最大宗的贸易产品参与了"海上丝绸之路"的开拓，在世界商贸和文化交流史中发挥了重要作用。龙泉青瓷的外销带动了瓯江文明的发展，与"海上丝绸之路"紧密关联，留下了丰富的生产场所类遗存、基础设施类遗存、产物类遗存的"海丝"瓯江文化遗产体系，有力证明了以龙泉青瓷为代表的瓯江文明是"海上丝绸之路·中国史迹"的重要支点。

**关键词：** 瓯江文明；龙泉窑；海上丝路；支点

## 一、"海上丝绸之路"瓯江文化遗产调查的背景及意义

处州瓯江文明源远流长，我们从遂昌好川遗址、龙泉牛门岗遗址、松阳阴岗山遗址和莲都后铺遗址等遗迹中发现了新石器时代丽水先民生存活动的踪迹，瓯江流域在历史发展过程中孕育了丰富多彩的、有着深厚民族气质和地方特色又具开放格局的瓯江文明。处州的龙泉青瓷、龙泉宝剑、青田石雕、庆元香菇等瓯江文化早已走向世界，受到世人的普遍关注。

龙泉窑青瓷文化是瓯江文明的杰出代表。2009 年，龙泉青瓷传统烧制技艺被列入《人类非物质文化遗产代表作名录》，是目前世界唯一列入名录的陶瓷类项目。2012 年，龙泉窑大窑青瓷遗址被列入我国申报世界文化遗产的预备名录；2016 年，龙泉窑大窑-金村遗址又被列入我国"海上丝绸之路·中国史迹"的遗产点申报世界文化遗产，成为列入"海丝"项目的全国 31 个遗产点之一，龙泉窑作为"海上丝绸之路"的重要组成部分，再一次体现出其在"海上丝绸之路"中所具有的重要历史文化价值，证明了龙泉青瓷文化的国际影响力和瓯江文明在参与古代海外商贸及文化交流中所发挥的重要作用。

丽水市作为组织"海丝"申报世界文化遗产的城市之一，市委、市政府给予高度重视，并出于申报、保护和发展的深远考虑，在"海上丝绸之路"遗产点的基础上开展延伸调查。调查的意义在于：一是配合国家"海上丝绸之路·中国史迹"申报世界文化遗产工作的需要；二是以龙泉窑产品的生产

---

作者简介：周晓峰，龙泉人，研究员、硕士生导师。

和输出为重点，以"海上丝绸之路"瓯江内陆航线为线索，进一步梳理瓯江文化的内涵和根脉；三是响应国家"一带一路"的倡议，以"海上丝绸之路"申报世界文化遗产为契机，整合丽水市域内"海上丝绸之路"的相关要素，积极融入21世纪"海上丝绸之路"的进程；四是提高瓯江流域全域干部群众对"海上丝绸之路"项目申遗的认识，促进文化遗产的保护和利用，谱写当代"海上丝绸之路"瓯江文化经济线路发展振兴的新篇章。

## 二、瓯江文明与"海上丝绸之路"的关联性

古代"海上丝绸之路"形成于秦汉时期，发展于三国至隋朝时期，繁荣于唐宋元时期，转变于明清时期。它起始于古代中国，从广州、泉州等沿海城市出发，借助季风与洋流等自然条件，利用传统航海技术沟通世界，抵达南洋、印度洋和阿拉伯海，甚至远达非洲东海岸，连接亚洲、非洲和欧洲的古代海上商业贸易路线。"海上丝绸之路"始于中国古代出产的丝绸、瓷器、茶叶等商品的海上贸易活动，后来成为东方与西方之间在经济、政治、文化等诸多领域沟通交流的海路网络。

瓯江是浙江的第二大河流，丽水市的母亲河，绵延约800里经温州注入东海。瓯江流域属于亚热带海洋性季风气候，雨量充沛，气候温和，年平均温度11.5~18.3 ℃，平均年降雨量1738.9 mm，瓯江源头至东海的总落差为1080 m，径流量大，水流湍急，为瓯江航道船只的航行提供了天然动力。瓯江流域至沿海的自然水流、季风、洋流等，为处州瓯江流域联通"海上丝绸之路"提供了有利的条件。

历史上古处州的对外贸易和交流多通过温州港走海路，往北通往宁波港、杭州港，往南通往福州港、泉州港等，然后走向外洋。一方面，有季风、洋流等"海上丝绸之路"存在的前提，又有优良的港口、埠头、渡口等水道设施和内陆通济古道、栝苍古道、栝婺古道、栝瓯古道等的交通网络，使古处州与沿海港口、内陆与海洋紧密相连。另一方面，古处州是"瓯婺入闽通衢"的交通枢纽，有广阔的经济腹地为海外贸易发展提供有力的保障。温州港就是依托通海的瓯江水系，成为海陆经济串联的重要通道，在商品运输和人员交流往来方面具有更大的便捷性，其作为"海上丝绸之路"的节点辐射到处州及更纵深的内陆，并发展成既具有瓯江特色又具有海洋文化的海上青瓷之路。

宋元至明早期，龙泉青瓷处于鼎盛时期。这一时期中的历代朝廷在泉州、明州（宁波）、温州等地设有市舶司，这些地方都是海洋贸易的重要港口。瓯江流域的龙泉窑青瓷作为最靠近出海港口的著名青瓷名窑产品，在"海上丝绸之路"贸易中扮演着重要角色，是宋元及明代早中期"海上丝绸之路"中最大宗的陶瓷商贸产品。2005年，由北京大学考古文博学院与肯尼亚国立博物馆滨海考古部组成的联合考古队，在东非肯尼亚马林迪等5处遗址的考古发

掘表明，公元 9 至 17 世纪，我国瓷器连续不断地向东非出口，上述遗址出土的瓷器中 95% 以上为龙泉青瓷。20 世纪 70 年代，在朝鲜半岛西南部新安海域考古发现了一艘中国元代沉船，船上近两万件的出水文物中，约 60% 为龙泉窑青瓷产品。因此，无论是东洋海上贸易航线，还是西洋海上贸易航线，龙泉青瓷的输出量都非常大，令人震撼。

根据国家文化部专家对"海上丝绸之路"起始和结束时间概念的界定，基本为公元 2 世纪至 19 世纪的中后期蒸汽动力取代风帆动力前的漫长时段。龙泉青瓷兴盛时期在公元 10 世纪至 16 世纪中叶，与我国"海上丝绸之路"最辉煌的时期同步。龙泉青瓷为"海上丝绸之路"的开拓提供了商品生产、文化承载、内陆航道的支撑。大窑、金村一带为核心的生产地，带动整个瓯江流域包括龙泉、庆元、云和、莲都、缙云、青田、松阳、遂昌等地进行青瓷烧制，并辐射到周边地区，影响到福建、广东、广西等地区，甚至越南、老挝、柬埔寨、泰国、印度等国家，形成了青瓷烧制技术外输的文化线路。

因此，"海上丝绸之路"是东、西方不同文明板块之间经济、文化、科技相互传输、交融的纽带，在长达近 2000 年的岁月里，构成了古代世界海洋贸易与人文交流体系的主体。而瓯江流域所创造的龙泉青瓷文化等瓯江文明积极地融入"海上丝绸之路"的形成与变迁过程，参与世界不同地区互补互利的物产和文化交流，并与人类文明历程的演进相伴随。

## 三、瓯江"海上丝绸之路"文化遗产基本构成

"海上丝绸之路·中国史迹"是古代海上交流的东方文化的物化表现和沿线不同类型代表性文化遗存的集成。丽水市虽然仅以大窑、金村两处龙泉窑遗址被纳入"海丝"遗产点，但从自然、经济、人文综合环境要素考虑，龙泉青瓷文化也不是横空出世，它存在于瓯江文明发展的时空维度和文化积淀中，与其他相关联的文化遗产相生相伴。龙泉青瓷窑业因海上商贸与文化交流而形成"面江而生、与海同兴"的格局。"海丝"瓯江文化遗产的调查从基础设施类遗存、生产场所类遗存、产物类遗存等几个方面展开。基础设施类包括对码头、埠头、渡口、古道、桥梁等设施及与"海上丝绸之路"密切相关的海神祭祀场所进行调查；生产场所类遗存主要是对龙泉窑青瓷这一中国在"海上丝绸之路"代表性的出口货物的窑址构成、生产设施、文化特征等方面开展调查，以见证"海上丝绸之路"上商品贸易的繁盛，以及由此带来的生产技术和审美观念的传播与交流；产物类遗存调查的对象主要有宗教遗存、特殊聚落、非物质文化遗产及人文等要素，这些是"海上丝绸之路"的贸易、宗教和人文交流的直接产物，反映了瓯江文明在"海上丝绸之路"中的参与度和对人类文明的深远影响。这些遗存有机组合成遗产系列，是瓯江流域人民勤劳智慧、不畏艰险，与世界和平交往、跨海贸易的见证，也是由此带来的地区

性、世界性的宗教、文化、技术等方面的相互碰撞和交流，以及古处州人依托瓯江、面向海洋的特殊文化传统。

（一）丰富的青瓷窑址类遗存

龙泉窑大窑、金村遗址在"海上丝绸之路·中国史迹"遗产中属生产场所类遗存。龙泉青瓷始于三国两晋，在南宋时登上我国青瓷发展史的巅峰，元代时期迅猛扩张，明早期持续繁荣，明中晚期渐渐衰退。龙泉青瓷在宋元及明早期，技艺之精、产量之丰、产品之优、外销之广、影响之大，让人叹为观止。龙泉青瓷产品自宋代以来就走出国门，影响西方。龙泉青瓷在西方被称为"雪拉同"，法国人用当时最具影响力的舞台剧男主人公名字"celadon"来命名；土耳其人把拥有龙泉青瓷作为身份地位的象征，并在青瓷外镶金包银，以示敬重；东非皇室贵族把龙泉青瓷镶砌在宫殿建筑和墓柱上，以示高贵和富有；古印度人甚至将龙泉青瓷瓷片磨成粉，作为可救治百病的神药。明永乐到宣德年间，龙泉青瓷随郑和下西洋沿"海上丝绸之路"出口到亚、非、欧的30多个国家和地区。据《龙泉县志》载："崇祯十四年（1641年）七月，27000件瓷器由福州运往日本，同年十月有大小97艘船舶运出龙泉青瓷30000件，在日本长崎上岸。"可见龙泉青瓷的外销起码持续到明末。

从丽水文明发展的时空维度看，瓯江流域的龙泉窑生产场所遗存几乎涵盖了丽水市域的9个县（市、区）。其中，龙泉398处窑址，占总数的79%；庆元18处、云和8处、莲都32处、青田5处、松阳3处、缙云25处、遂昌11处、景宁2处。窑址分布于32个乡镇（街道），86个行政村，数量达499处。集中成片的窑址群包括：龙泉市宋至明代的龙泉窑遗址（大窑、金村、溪口、杨岙头、高际头、上墩）155处；源口有元至明代窑址12处；安仁口有宋至明代窑址32处；安福有宋至明代窑址43处；大白岸有宋至明代窑址16处；上严儿有元至明代窑址10处；石隆有宋至元代窑址8处。庆元县的上垟有宋至明代窑址8处，竹口有南宋至明代窑址6处，新窑有明代窑址2处等；云和县的水碓坑窑址中宋至明代窑址2处，还有新岙林、半山、横山周等窑址；缙云大溪滩有宋元明时期的窑址17处；莲都区的保定有元明时期窑址12处；湖山有元明时期窑址4处，周村有元明时期窑址2处；松阳县的水井岭头窑址群中有唐宋时期窑址3处，以及碗寮村有明清时期窑址等。青瓷生产场所遗址都具有真实性和脉络体系的完整性，产品以货物方式承载着东方特有的工艺技艺和审美价值观，随"海上丝绸之路"向海外传播。

宋代瓷器生产主要集中在龙泉南部的大窑、金村、溪口、石隆、庆元上垟一带，其他县也有个别窑址。元代龙泉窑迅速向东扩张延伸，元明时期龙泉窑的窑场遍布瓯江流域的各县域，大量生产外销瓷，多以日用器皿和生活用瓷为主。龙泉窑青瓷文化庞杂，内涵丰富，是"官窑""民窑""外贸瓷"生产及各瓷窑文化相互碰撞、南北技术相互融合的结果。

宫廷用瓷的烧制地主要集中在以大窑为核心的一些窑址群。这些窑址生产高质量的粉青、梅子青釉的青瓷、黑胎青瓷、哥窑青瓷,具有官窑性质。宋代专门设监管理窑务,如太平兴国年间(976—984年),宋太宗派殿前承旨赵仁济监理越州窑务。五代至宋初,龙泉窑生产的青瓷类型与越窑相似,可能也与龙泉窑务相关,至今当地百姓仍把大窑吞底的窑场遗址称"官厂",在大窑村乌龟山上的安清社殿中供奉着督窑官的塑像,以表纪念。于北宋开始,朝廷在龙泉按"制样须索"方式烧造官器,而明代以"定夺样制"的形式烧造官器。关于朝廷下单督办烧造的情况在《鸡肋编》《大明会典》《宪宗纯皇帝实录》等历史文献中也可得到证明。

龙泉东区的多数窑址为元明时期的窑址,以烧造外销瓷为主,产品多为碗、盘、碟、洗、钵、高足杯、罐、壶、炉等器物,发现有海洋波涛纹、佛教的金刚杵纹、西洋五线谱等一些符号,具有明显的海洋文化和西方文化的痕迹。官窑性质的瓷器除御用、宫用之外,很大一部分也是朝廷用于出口贸易和国际交流,郑和下西洋时期就曾把宫廷在龙泉烧造的大量青瓷赏赍给沿途的朝贡国家。

(二)完善的内陆水陆交通网络

"海上丝绸之路"作为一个复合的交通体系,在形态上具体呈现为一个以重要港口为基础、由连接各港口的众多航线交织而形成的海路网络。处州作为"海丝"重要贸易产品生产地和输出地,货物运输线路由温州港沿瓯江向内陆延伸,形成由处州各县(市、区)重要港口、码头、埠头、渡口相连接的瓯江内陆航道及陆上古道的交通网络。

瓯江发源于龙泉、庆元两地交界的锅冒尖,主干道包括:上游从龙泉流经云和至莲都大港头为龙泉溪段;中游从大港头汇纳松阴溪后又纳宣平溪、好溪至温溪为中段,称大溪;从温溪至温州称瓯江。温州位于瓯江的入海口,是我国古代的重要海港之一。据史料记载,宋代重视海外贸易,徽宗崇宁元年(1102年)七月在杭州、明州(今宁波)、温州、密州(今胶州)、秀州(今上海松江区)等地增设市舶司。元初承袭旧制在浙、闽、沪等地设立了泉州、庆元(今宁波)、上海、澉浦(今海盐)、广州、温州、杭州市舶司。凭着丽水特有地理区位和青瓷产业的优势,加上宋元明时期朝廷对海外贸易的重视,海洋贸易不断扩大,海洋文明逐渐向瓯江沿线延伸渗透,促进了瓯江流域经济与文化的发展。

受"海上丝绸之路"的影响,加上瓯江人民发展经济、走向海外的需求,官方重视,民间合力,瓯江通道被打通。《越绝书》载:"水行而山处,以舟为车,以楫为马,往若飘风,去则难从。"可见,春秋时期瓯江一带已有造船技术,舟楫成为当时人们日常的交通工具。南朝萧梁天监年间(502—519年),处州建成通济堰,比西班牙人建于16世纪的爱尔其拱坝和意大利人建于

17 世纪的邦达尔拱坝要早 1000 多年。唐大中年间，段成式修建好溪堰，改善恶溪，疏通航道。特别在宋代，受宋高宗"市舶之利，颇助国用"的激励，随着海外贸易的推进，青瓷产品的生产和外贸走向繁荣，作为古代处州重要的水上中转枢纽的港埠开始走向兴盛。上游龙泉溪段位于青瓷的主产地龙泉，自宋代以来就是青瓷外运的主要通道，同时也是浙闽赣边境的重要水道，舟楫北可至婺，东可至瓯，西可入闽，素有"瓯婺入闽通衢"之美誉。但瓯江上游的龙泉溪自古"暗崖积石，相蹙成滩，舟行崎岖，动辄破碎"。北宋元祐年间，处州知州关景晖号令大溪沿途各县民众治理河道。元祐七年（1092 年），龙泉县令邱括率先主持疏浚龙泉溪，凿石理水，治滩八十余，终使河道畅通，"尽成安流，舟昼夜行，无复激射覆溺之虞"。水上交通的开发，促进了龙泉瓷业迅速发展并走向鼎盛。历代官员百姓缔造、修理堰坝，疏浚河道，建造港埠，使水运交通得到改善，为处州经济文化交流做出了巨大的贡献。在此之后的明嘉靖，清顺治、康熙、同治等，都有治理河道的记载。民间曾将瓯江中上游按平均十里一埠，编有歌谣唱词"苏埠、石牛、九龙、采桑、保定、玉溪、均溪"，用来形容当时航运昌盛的状况。

港埠码头是瓯江水运的重要设施，是处州走上"海上丝绸之路"贸易发展快车道的重要条件。便捷、发达的水运交通网，促进了宋元明时期处州龙泉窑的繁荣发展，当时龙泉青瓷等重要输出物资，顺瓯江而下，经温州港转道运往宁波或福建泉州出口海外，实际上成就了"青瓷之路"。

处州古通道包括水陆两道，陆路和水道交错，渡口、埠头、码头、堰坝、桥梁、官道、商道交织，形成了处州各县互通和对外的交通网络。虽然随着现代交通的发展，处州古道大部分已失去功能，一些古代重要的渡口、码头、桥梁也已废弃，被自然毁坏或者人为改造，但处州古道见证了处州经济、文化的发展和演进历程，具有重要的历史文化价值和意义。

栝瓯水道是处州至温州的瓯江水运主干道，包括龙泉至大港头、大港头至温溪、温溪至温州三个瓯江水道航段。松阴溪水道、好溪水道、小溪水道、宣平溪水道是延伸的干线。此外，还可能有小部分龙泉南部、西部和庆元县生产的青瓷产品走庆元至福建松溪的庆松水道，由松溪进入建溪再汇入闽江到福州港。栝瓯水道上码头、埠头、渡口、堰坝等基础设施星罗棋布。目前，这些基础设施仍然有一定程度的遗存保留，一些被修建仍然保持功用的还有：金村码头、小梅码头、曹岭码头、大梅口码头、查田码头、溪口码头、茶丰码头、杨碓埠、临江码头、梧桐口码头、杨梅岭码头、安仁码头、石浦码头、局村码头、小顺码头、靖居口渡、南州渡、港口渡、船头渡、王村口码头、石牛渡、大港头码头、保定渡、南明渡、东渡、沙湾码头、大均渡、官埠头、大埠头等。另外，紧挨温溪港今属温州市的小旦码头，是瓯江水运的重要节点，从小旦开始，江面宽阔，货物运输至此将换成大船航运，这里也是木材运输的集散地。青田县平演村的工人们创造出"木球"的扎排方式，使木材运输单体的体量更大，木排更加稳固，经得起大风浪，可以更安全、大批量地将货物运往大型港口。

处州古道自秦汉时期初步开拓，至隋唐五代栝州（处州）成为当时瓯江流域的政治经济中心，古道得到拓展，呈放射状向京城、外郡、属县展开。古代处州的陆路交通要道包括：通济古道、栝瓯古道、栝婺古道、栝台古道。其中，通济古道是处州通往外地最早开辟的古道，称通京大道，又称"官道"。其南道自丽水保定经大港头、石塘，过云和段、龙泉段，入福建浦城，然后再转入赣、皖等而达咸阳；其西道则自保定至松阳段、遂昌段，过道龙游、兰溪，再转至杭州达南京、汴州、北京，或过龙游后入衢州，再转赣、皖到达长安。

栝瓯之间的交通虽以水道为主，但陆路古道沿江而筑，也是处州通往温州的重要通道，上游的商人和木排工人通过水路将货物运往温州交易后，多数从陆路返回。栝瓯古道以青永古道为干道，其他还包括青瑞、青泰、景泰、缙永等古道。

宋高宗在临安建立南宋政权后，处州距离南宋政治中心较近，使其经济、政治、文化各方面均有较大的发展。宋代处州有进士948人，占历朝处州进士总数的82.5%。在经济上，宋代龙泉窑青瓷产品及茶叶、香菇等农产品的产量大，大量销往国内外。处州龙泉成为全国瓷业中心，瓯江两岸窑场林立，江上运瓷船只往来如织。在宋代朝廷积极推动外贸的情况下，处州府重视水道和陆路的管理，疏浚水道，发展交通，设置大量驿站。

处州古道和瓯江水道作为"青瓷之路"的始发道路，与"海上丝绸之路"相衔接，是"青瓷之路"不可分割的一部分，其悠久的历史和独特的文化内涵对古代处州的经济文化发展有着重大的影响。"青瓷之路"不但促进了当时中国的发展，还促进了外来文化与中国传统文化的交相融合。

（三）富有特色的民间信仰

"海上丝绸之路"带来了唐、宋、元、明时期中国海上贸易的繁华。古处州人民融入"海上丝绸之路"，依托栝瓯水路，将手工业和山区林业、农业与海洋经济相结合，跻身海洋贸易的大潮，带来了巨大的利益，拓宽了生存发展的空间。古处州先民很早就意识到他们的生活与瓯江、海洋密不可分，"九山半水半分田"，加之面向海洋的环境，塑造了瓯江人民不畏艰险、勤劳勇敢、开放包容的精神气质，并形成了重手工业、重商、重农林的传统。同时，瓯江水流的凶险使得瓯江人民在走出瓯江、迈向海洋的开拓发展中，出于对超自然力与社会力量的敬畏，自发地诞生或自然地融合形成了与海洋文化和青瓷文化等相关的民间信仰。而青瓷的兴盛和海洋贸易的发展又促进了诸如青瓷文化、"海神"文化、船帮文化、香菇文化等文化信仰的产生与发展，留下许多寺、庙、社、殿、塔等祭祀设施，以及相关的祭祀仪式文化，并使之成为区域性的文化特征。

处州的民间信仰多与劳作、行业、生活、愿望息息相关，属俗神信仰，其中有对神明、祖先、圣贤的崇拜，也有与"海上丝绸之路"的发展密切相关的文化信仰。除此之外，也有本土宗教，以及在海上和陆上"丝绸之路"的文化交流中接受并吸收的其他外来宗教。

古处州的俗神信仰遗存丰富多彩，有供奉青瓷鼻祖章氏兄弟的三王社殿、纪念督窑官的安清社殿、供奉香菇鼻祖吴三公的菇神庙、供奉铸剑鼻祖欧冶子的将军庙、供奉"海神"妈祖的"天妃宫"或"天后宫"、纪念大禹治水的平水王庙和大禹庙、供奉陈十四娘娘的"夫人殿"等庙宇，其他还有供奉文武财神的关帝庙、纪念扁鹊的卢福庙等。处州的信仰呈现出地方性、多元化、功利性、融合性特点，多教合一，具有特色。

1. 青瓷文化类型信仰场所

三王社殿为纪念青瓷鼻祖章氏兄弟于明清时期建立。窑工和村民把章氏兄弟奉为"窑神"，每年选定黄道吉日，设坛行醮以祭拜"窑神"，表达对青瓷祖师的敬重，企盼青瓷技艺不断长进、青瓷产品精良、青瓷生意红火，希望青瓷商品通过"海上丝绸之路"更多地销往国外。窑工和村民在每年的正月初三抬着"窑神"从大梅口到大梅、高际头、大窑等村游神一圈，并燃放鞭炮迎神进门，祈保安康。

安清社殿位于大窑村的乌龟山上，建于明洪武二十三年，因瓷而兴，常年香火兴旺，当地人每年都会选择黄道吉日，设坛做醮，祭拜督窑官夫妇及对青瓷烧造做出重大贡献的章氏兄弟，铭记他们的功德，祈求保佑青瓷生产和销售顺利。

2. 海洋文化类型信仰场所

"天妃宫"或"天后宫"与发源于福建、广东一带的"妈祖庙"功能一样，供奉、敬拜妈祖。妈祖是南部沿海及东南亚国家广为传播的"海神"信仰，历代航海船工、海员、旅客、商人和渔民共同信奉的神祇。在船舶启航前人们要先祭妈祖，祈求保佑一帆风顺和出海安全。由于"海上丝绸之路"的纽带关系，使瓯江沿海港口的物资、人员、文化的交流延伸到瓯江流域。但是在瓯江流域，妈祖被称为"天妃娘娘"或"天后娘娘"，祭祀庙宇被称为"天妃宫"或"天后宫"。早年在瓯江沿岸的丽水境内有不少"天妃宫"，其中莲都区就有3处：碧湖、大港头、万象街道。康乾时期瓯江水运畅通，商贸勃兴，福建客商沿水路上溯至松阳、遂昌、云和、龙泉等地，建起妈祖文化场所。据史料记载，青田县1座，缙云县1座，松阳县2座，遂昌县3座，龙泉县1座，云和县3座，目前仅剩5座。

瓯江船帮人在每次出行前都要在船老大的带领下到"天妃宫"祭拜天妃

娘娘，设香案、摆祭品、三叩九拜，祈求天妃娘娘保佑他们一路平安、顺风顺水。在出行或者返程中，如果停船休息，附近若有"天妃宫"，船帮人也会上岸去烧香祭拜。在家里的人每天都会去"天妃宫"祭拜天妃娘娘，祈求出行的亲人能早日平安而归。每次出行归来，船帮人同样也会到"天妃宫"祭拜，感谢天妃娘娘佑助他们平安满载归来。每年农历正月十四到正月十六，各地都要举行庙会，船帮人抬着天妃娘娘出巡，家家户户点香烛、设斋饭，恭迎这位女神的到来。瓯江的妈祖文化是在"海上丝绸之路"的影响下传播进来的，是海洋文化向瓯江沿线延伸的有力证明。

3. 香菇文化类型信仰场所

瓯江流域山高水长，森林茂密，雨量充沛，有适合香菇孢子生成的生态环境。南宋何澹版《龙泉县志》所载 185 字的香菇栽培技术，可以说明香菇栽培技术早在 800 多年前就已在龙泉一带出现。明太祖朱元璋曾亲封龙泉、庆元、景宁三县专利种香菇。香菇栽培技术由明清两代的《广东通志》流传到日本，日本在 1664 年首次收获香菇。这说明"海上丝绸之路"东洋线，在输出丝、瓷、茶之时，也将香菇文化和栽培技术传到日本。为纪念香菇鼻祖吴三公，龙、庆、景三地"菇民"纷纷筑建菇神庙，每年举办香菇庙会，拜祭先祖，祈求风调雨顺，年有丰收，并以此传播香菇文化。吴三公是香菇文化的象征，较大的菇神庙均为龙、庆、景三县菇民合资兴建，供奉"菇神"吴三公。如龙泉凤阳山、下田村、龙井村、麻竹坑村，庆元西洋村，景宁英川等地都建有菇神庙。

4. 宗教类型场所

佛教、道教从三国时期就已经进入处州境内，历史悠久，影响也最为深远，遗存的佛教寺院、佛塔与道观较多。其中较为著名的是延庆寺塔，系宋太平兴国四年（979 年）松阳县行达禅师奉旨赴天竺取回《大经论》8 部和舍利子 49 粒，为藏舍利而建。唐宋时期龙泉县城有清修寺、崇因寺、集福寺、崇仁寺等四寺，华严塔、稽圣潭塔、崇因双塔等四塔，可惜目前只留清修寺，华严塔和崇仁寺移址重建。历代佛教寺院、道教道观数不胜数，重要节日的祭拜活动也是热闹非凡，香火不断。丽水市现存的古塔仍有 11 座，佛教禅师、道教宗师层出不穷，如叶法善、杜光庭都是著名的道教宗师。宋元明时期的佛教辉煌，与青瓷产业兴盛、瓯江水运商贸发达，人们经济富裕、追求精神生活需求等方面有一定的关系。青瓷产品经常以佛教、道教题材作为造型和装饰的主题。如莲瓣装饰的五管瓶、盏、水滴、熏炉、碗等，以八卦纹为装饰的炉、瓶，以及数量不少的观音、八仙等雕像。

据记载，明朝万历四十一年（1613 年）天主教耶稣会士林斐理神甫和石宏基修士曾在处州进行传教活动。清咸丰年间，伊斯兰教传入处州并建立清真寺。基督教进入处州境内较晚，为清末时期。19 世纪末 20 世纪初，天主教、基督教、伊斯兰教在处州活动较为活跃，并建立了许多教会组织和活动场所。

处州的宗教信仰与民间信仰往往相互融合，把传统信仰的神灵与各种宗教的神灵进行重组，构成一个复杂的神灵信仰体系，同时也说明，随着"海上丝绸之路"商贸和文化线路向瓯江的延伸，人流交往、文化交流的频繁，形成了文化信仰相互包容的一种特殊现象。大港头是古代水运枢纽，商船如织，人流熙攘，市井繁华。码头边上的福康寺，供奉了佛教观音菩萨，同时供奉了"海神"妈祖、道教太上老君、文武关帝财神爷。这种民间信仰形态，是百姓信仰的活态表征，是"海上丝绸之路"为瓯江流域留下的宝贵文化遗产。

## 四、其他产物类遗产

"海上丝绸之路"是古代中国主导开辟的一条世界性的通商贸易和文化交流的海上通道，其不仅仅是进行丝绸、瓷器、茶叶和铜铁器四大宗产品的交易，还是不同文明板块的人群、货物、思想、知识和价值观的海上流动，形成了贸易互动、文化交流、科技共享与和平发展的网络。

瓯江文明在参与"海上丝绸之路"的开拓中，促进了古处州"走出去"和"引进来"的双向互动，促进了物流与文化流、经济与社会、技术与思想的多维交织发展。

一些古城、古镇、古村落在"海上丝绸之路"中发挥了聚集人流物流的作用，反过来，它们也在"海丝"的带动下更加繁荣发展，并形成独特的聚落，如龙泉古城、西屏镇、大港头等。

因"海上丝绸之路"带来了内陆瓯江航线的繁华，航运业形成了独特的"船帮文化"，建立了帮会制度、行业行规及船帮信仰等，其中石浦船帮成为瓯江最有影响力的船帮之一。

青瓷"海上丝绸之路"所带来的经济利益，不仅促进了青瓷窑业的迅速壮大，而且带动了诸如香菇、茶叶、烟丝、番薯（从菲律宾引进）等农产品及冶铁业的生产、发展和贸易。

"海丝"双向交流互动带动了人员的频繁交往。南宋处州庆元人胡纮曾任监察御史、吏部侍郎等职，代表朝廷参加外交使团访问日本；西洋使臣宜也吉从"海上丝绸之路"出使中国，留在中国做官，其后代在瓯江流域的缙云县钦村繁衍。瓯江的"海上丝绸之路"经济带和文化线路，吸引了周边省份和沿海地区的商人聚集于瓯江流域从事商业活动，在龙泉、松阳等地出现了诸如江西会馆、婺州会馆、福建会馆、青瓯公所、温州会馆、汤兰公所、汀州会馆，以及"三帮""二伙""一担"等民间组织。

在与世界的沟通交流和互惠发展中，孕育了生于处州或在处州做官的众多达官、乡贤、商人、志士等，他们在历史上留下了许多可圈可点的业绩和文化影响。如何澹的"请兵三千"兴修水利功绩和论述香菇栽培技术、叶适的永嘉学派思想、陈冕的抗倭、蓝廷珍的打击海盗、汤显祖的《牡丹亭》等，形成一派人文繁盛景象。

在文明的演进中，古处州形成了许多非常独特的民间工艺、民间文学、民间习俗等非物质文化遗产，并以不同的传承方式流传至今，是"海上丝绸之路"中值得注意的内涵补充。技艺类：如龙泉青瓷传统烧制技艺、龙泉宝剑锻制技艺、青田石雕刻技艺、香菇栽培技艺、帆船制作技艺；民间传说类：如"雪拉同"的故事、"高机与吴三春"的传说、"哥窑与弟窑"的传说等；民间音乐表演类：如"船帮号子"；民间习俗类：如龙泉赛龙舟习俗、青田鱼灯习俗、青瓷祭窑神习俗、香菇庙会习俗等。龙泉青瓷传统烧制技艺，历经千年仍递代相传，是青瓷生产的技术保证；"雪拉同"反映古代海洋贸易与东西方文化交流中发生而传唱至今的美丽故事。

## 五、结语

我们知道，许多史迹已被历史的车轮辗得支离破碎，有些已掩埋地下尘封已久。虽然我们极力寻找到一些古代"海上丝绸之路"中的瓯江文明踪迹，但不能全面地再现它曾经的繁华和为人类文明所做出的贡献。即使古代的海上交通模式已成为历史，与航运直接相关的基础设施和生产设施因功能的衰退甚至完全丧失而成为文物，这些节点片区依然因其集成了与海上交流相关的诸多类型物质与非物质要素，而成为"海上丝绸之路"文化遗产体系中可识别的空间单元。在调查中，我们对瓯江文明在参与"海上丝绸之路"开拓中的价值意义有了深层认知：丽水龙泉是"海上丝绸之路"的重要支点。

（1）处州瓯江文明所孕育的龙泉青瓷是"海上丝绸之路"中国大宗的陶瓷产品，使瓷器成为世界性的商品，为国家赢得了丰厚的经济利益，是我国古代经济力的重要支撑。

（2）龙泉青瓷所承载的民族文化精神随着"海上丝绸之路"广泛地传播到世界30多个国家和地区，促进了世界文化多样性的交流，彰显了中华文化，增加了"海上丝绸之路"内涵，是文化力的重要支撑。

（3）龙泉青瓷作为国礼在"郑和下西洋"时期赠赐给沿途各国，成为各国王宫贵族身份地位的象征。同时，它所包含的科技艺术成就也是我国综合国力的象征，体现了明代朝廷在"锐意通四夷"的背景下，实现开放的、和平发展的外交政策。

（4）龙泉青瓷在参与"海上丝绸之路"的开拓中，博得世界各国对龙泉青瓷的崇尚和追求。有需求之处就是航线要开拓之地，因此龙泉青瓷又促进了古代海上交通格局的形成，并促进了瓯江流域水路航道的开拓，是"海上丝绸之路"遗产价值内涵构成的重要支撑。

（5）"海上丝绸之路"是双向交流的和平、文明、发展之路，在东西方经济贸易和文化交流中，促进了瓯江流域经济、社会发展在宋元明时期达到前所未有的繁荣和国际化水平，因此以龙泉青瓷为主角开拓的"青瓷之路"是瓯江文明发展的重要支撑。

**参考文献**

[1] 梁群，马进荣．广西海上丝绸之路港口建设刍议［C］//第十七届中国海洋（岸）工程学术讨论会论文集（下），2015.

[2] 燕海鸣，朱伟，聂政，等．古代世界的海上交流——全球视野下的海上丝绸之路［J］．中国文物科学研究，2016（2）：17-22.

[3] 燕海鸣．申遗背景下的中国海上丝绸之路史迹研究［J］．中国文化遗产，2018（02）：76-81.

[4] 陈建波主编，余厚洪著．瓯江水运［M］．杭州：浙江古籍出版社，2015.

[5] 徐松．宋会要辑稿［M］．北京：中华书局，2014.

[6] 潘绍诒修，周荣椿，等纂．处州府志［M］．北京：方志出版社，2006.

[7] 郑君．旅游发展视角下妈祖饮食文化价值开发探析［J］．奢华旅行，2014（8）：182-184,190.

[8] 松阳县志编纂委员会．松阳县志［M］．杭州：浙江人民出版社，1996.

# 龙泉青瓷参与开拓古代"海上丝绸之路"史迹探寻

李岩[1]，朱宗侠[2]

（1. 丽水学院 民族学院；2. 丽水学院 马克思主义学院）

**摘　要：** 龙泉青瓷在古代"海上丝绸之路"被大量发现，遍及沿岸国家和海域，与文献记载高度吻合，国内出海港口亦可佐证。中国古代龙泉青瓷在世界各地的分布，反映出龙泉青瓷在历史上海外交流的盛况。龙泉青瓷的外销，增进了我国与"海上丝绸之路"沿岸国家和地区的交流，在古代"海上丝绸之路"的开拓与发展中具有重要的地位。

**关键词：** 龙泉青瓷；海上丝绸之路；考古

　　丝绸之路是一条起始于中国，连接亚洲、非洲和欧洲的商贸路线，是古代东方与西方之间在经济、文化等方面进行交流的主要通道，从运输方式上分为"陆上丝绸之路"和"海上丝绸之路"，"海上丝绸之路"因运输大宗的瓷器，影响深远，所以又称为"陶瓷之路"。从宋代起，因经济文化等原因，龙泉青瓷开始运往"海上丝绸之路"沿线国家和地区。近现代以来，从亚洲、非洲、欧洲各地发现的大量龙泉青瓷表明，龙泉青瓷在"海上丝绸之路"的开拓与发展中起着重要作用。

## 一、龙泉青瓷在"海上丝绸之路"的考古发现

### 1. 沿线国家和地区的考古发现

　　近现代以来，在世界各地古遗址、古墓葬的调查发掘中，陆续出土了许多龙泉青瓷。日本各地都出土有宋元时期龙泉青瓷，如本州、九州、四国等地，南宋时期镰仓是一个港口，这里也出土了大量中国龙泉瓷。印度南部的科罗德尔海岸、东部的阿萨姆州，也发现有宋代龙泉青瓷的碎片，因与北宋元丰（1078—1085 年）年号的钱币一起发现，证明北宋时期就已经有龙泉青瓷的输入。阿富汗在 20 世纪 60 年代初期，发现有 12 至 13 世纪的龙泉青瓷残片。作为印度洋上的贸易大中转站斯里兰卡，也发现有大量宋元时期的龙泉青瓷，其他如菲律宾、印度尼西亚、文莱、苏丹、坦桑尼亚等地都发现有龙泉青瓷，器型有壶、炉等。龙泉青瓷通过海上外销最远的地方是非洲，北非的埃及是出

作者简介：李岩，山东微山人，博士，教授。

基金项目：浙江省龙泉青瓷协同创新项目"一带一路视域下龙泉青瓷发展变迁研究"（lqqc2016030）。

土龙泉青瓷最多的国家,在开罗古城福斯塔特遗址出土了大量从北宋晚期到南宋时期的龙泉青瓷残片,也有元代早期的器型和元代特有的大型器物。

由此可见,宋元时期龙泉青瓷的输出几乎遍及印度洋、太平洋沿岸所有的亚非国家,当今世界上出土或珍藏大量龙泉青瓷的国家主要集中在"海上丝绸之路"沿线,数量和品种也都很多,当时的龙泉青瓷已经成为世界性商品。由于地缘关系,亚洲发现龙泉青瓷的国家最多,各国发现的中国古瓷器中,龙泉青瓷也最多。这种现象的出现是由于在宋元时期我国采取对外开放政策,鼓励与海外各国进行物质文化交流,此时期的龙泉青瓷处于繁荣或者说是鼎盛时期,当然成为中国对外贸易的主要品种之一,并受到各国的青睐。日本陶瓷专家三上次男根据自己的研究,将中国古代的以龙泉青瓷外销为主的对外交流路线写成专著《陶瓷之路》,认为从中国各港口运往世界各地的陶瓷之路,"实际上就是中国陶瓷,特别是龙泉青瓷所开拓出来的",足见龙泉青瓷在海上丝绸之路的开拓中具有举足轻重的作用。

2. 丝绸之路海域发现的龙泉青瓷

古代尚没有当今抵御海上飓风等天气的能力,海上丝绸之路的贸易船只难免发生海难。近年来,在海上丝绸之路的东海、黄海、南海等海域考古中发现很多古代沉船,其中不乏载有龙泉青瓷的商贸船只,择其要者,简介如下。

(1)新安海底。1976年,在朝鲜半岛新安海底发现一艘古代沉船,船上发现了大量龙泉青瓷。器型既有日常生活用的碗、高足碗、钵、盏托、盘、洗、罐、执壶、盒、药碾、砚滴等器,又有陈设用的瓶、炉、花盆、花插和菩萨象等。研究者根据上述瓷器的特点分析认为,这些瓷器与元代龙泉大窑产品青瓷器是一致的,因此这艘船应是元代从中国开往朝鲜、日本的贸易船。

(2)"南海I号"考古。2002年,中国水下考古队对位于广东台山川山岛的"南海I号"南宋沉船进行了进一步清理,前后一共打捞出水遗物万件之多。其中有很多龙泉青瓷,如在沉船的第五舱、第七舱发现有青釉刻花大碗,第八舱发现了青釉刻花大碗、盘、碟、盏、出筋小碗,第十舱有青釉碗等各类龙泉青瓷。

(3)东南亚海域。东南亚古沉船所载货物中亦发现有大量龙泉青瓷,如1991年被发现于菲律宾的布雷克海难沉船,1997年发现于印尼惹巴拉的中爪哇镇沉船,还有泰国湾的朗奎宛沉船、马来半岛东部约一百海里处的图里昂沉船、西爪哇的伯拉纳坎沉船、距离印尼卡里马达海峡西边的巴卡奥沉船、吕宋西北的圣克鲁斯沉船等都载有龙泉青瓷,这些船可能从福建泉州出发,目的地是惹巴拉、图班或者东爪哇的格雷西,年代为12—15世纪。

3. 文献记载龙泉青瓷的外销

除了上述考古发掘外,古代文献中也记载了很多龙泉青瓷外销的情形,如宋代周去非《岭外代答》、赵汝适《诸蕃志》、元代汪大渊的《岛夷志略》等都多有记载，与考古发现起到相互印证的作用。

周去非的《岭外代答》记载了宋代岭南地区（今两广一带）的社会风尚、经济物产资源、自然人文等情况，兼涉当时岭南地区与大秦、大食、阿留申群岛、木兰皮（今南美洲巴塔哥尼亚高原地区）诸国的交通、贸易等情况，其中有龙泉青瓷经过两广地区外销的记载。赵汝适的《诸蕃志》是研究宋代海外交通和贸易的志书，是中外关系史上的一部重要文献，也是我国宋代瓷器外销的一部重要著作，该书的博易诸条记有我国瓷器海外经销的情况，据此可知，当时的南洋各国商贩都与我国进行"青瓷等博易""青白瓷器交易"等等。由于该书成书于南宋，其记载之事也是南宋时期，正是龙泉青瓷的鼎盛和大量外销的时期，所以这两部书中所提到的"青瓷""处瓷""青白瓷"等当指龙泉青瓷。

元代，海陆畅达，海外贸易有惊人的发展，龙泉青瓷对外输出的数量和范围因而也比宋代有所扩大。汪大渊随舶远游海外，归来撰成《岛夷志略》，对元代中国瓷器输出地区作了详细的记载，其中多次提到很多龙泉青瓷的情况，如菲律宾的麻哩喏"贸易之货用……瓷器盘、处州瓷水坛大瓮"、印度无枝拔"贸易之货用……青白处州瓷器瓦坛"、印尼的旧港"贸易之货用……处瓷……大小水埕瓮之属"，等等，其中多次提到的"处州瓷器""处州瓷"或称"处器""青处器"等，无疑也都是指龙泉青瓷，这与新安海底沉船打捞的龙泉青瓷，其生产地点和窑口可以说完全相符，说明《岛夷志略》一书所记青瓷和沉船青瓷的生产时间和外销年代基本一致。

明代实行闭关锁国的海禁政策，但是龙泉青瓷仍然通过多种渠道保持与海外的贸易往来。除了葡萄牙商船、荷兰东印度公司等从中国贩运大量龙泉青瓷至欧洲各国外，郑和七次下西洋时也将大批龙泉青瓷运往世界各地。特别是16世纪以后，开辟了大西洋经印度洋到达中国的新航道，中国瓷器包括龙泉青瓷可以直接大量销往欧洲，其盛况记载在美国人霍蒲孙等的著作《中国陶人艺术》中："中国古今名瓷，分布在全世界各个角落里，即印度、菲律宾、爪哇、苏门答腊、婆罗洲、波斯、阿拉伯以及非洲的埃及等都大量使用中国浙江青瓷尤其是龙泉青瓷。"

与上列文献性质相似，还有明代马欢的《瀛涯胜览》、巩珍的《西洋番国志》、费信的《星槎胜览》等，他们也都比较全面地提供了有关陶瓷之路的资料，其中涉及大量龙泉青瓷外销"海上丝绸之路"沿线国家和地区的情形。

## 二、沿海港口与龙泉青瓷的外销

龙泉地处浙江西南山区腹地，且瓷器属于易碎品，如何运送到世界各地，最好的办法当然是通过水运。龙泉是八百里瓯江之源，烧制瓷器的窑厂大都依照地势建在瓯江两岸，既利于青瓷的烧制，又利于青瓷的运输。前已说明，从龙泉青瓷在世界各地的发现情况来看，龙泉青瓷大都发现于海上丝绸之路沿岸国家，而海运必然经过对外交流的港口，为此，我们考察了当时可转运龙泉青瓷的几个重要港口，发现龙泉青瓷的外运基本上是通过瓯江运送到沿海的今温州、宁波、泉州等港口，再运送到世界各地。这与陈桥驿先生经过调查研究后得出的结论"从中国东南沿海各港口起，循海道一直到印度洋沿岸的波斯湾、阿拉伯海、红海和东非沿岸，无处没有龙泉青瓷的踪迹"，是完全一致的。

1. 温州港

温州港是龙泉青瓷外销的主要港口。根据历史文献记载，早在唐朝时期，我国与日本经济文化交流频繁，温州港就与日本通航了。到了北宋，温州港已经发展成为"城脚千家具舟楫"样的繁华港口了。宋元时期，随着龙泉青瓷的不断发展和对外交流的扩大，龙泉青瓷通过温州港外运的数量也不断增加，为了更好地发挥温州港的作用，提高其效能，南宋和元朝政府都加强对温州港的管理，先后在温州设置市舶务和市舶司，温州港成为我国较早的一个对外通商口岸。龙泉青瓷通过瓯江先运到温州，然后再转运或直接运往世界各地，当时的瓯江两岸显示出一片繁忙景象，根据《龙泉县志》记载，宋元时期"瓯江两岸，瓷窑林立，烟火相望，江上运瓷船只往来如织"。

前已有述，2007年12月27日，广东阳江市东平港以南的井里汶外海海域打捞出水的"南海Ⅰ号"宋代古沉船里发现了大量龙泉青瓷，专家们认为，这些龙泉青瓷就是从龙泉沿瓯江运至温州，然后再通过温州直接或转运至泉州、明州港，再通过海陆运往世界各地，证明温州港是龙泉青瓷的外销港口。

2. 宁波港

在唐朝，宁波称为明州，宁波港称为明州港。南宋改明州为庆元府，元代改称庆元路，明朝改为宁波府，宁波港拥有优越的港口条件，是我国古代重要的对外贸易港口。

宋元时期我国海外贸易发达，很多对外交流的物资特别是龙泉青瓷，都是通过宁波港运输到东亚的日本和朝鲜半岛等地区的。上文提到的新安海底沉船，学术界普遍认为就是从宁波港出发的，因为史料记载当时元朝与日本的贸易主要通过庆元路进行，沉船内有"庆元路"标志的称砣、瓷器用具等遗物也可证明这一点。沉船中的瓷器在宁波东门口的码头遗址、宁波东渡路遗址的宋元堆积层中也有发现，以上足以证明宁波港是龙泉青瓷海外销售的重要港口之一。

3. 乍浦港

乍浦港就是现在的嘉兴港，是浙江沿海比较古老的外贸港口。早在唐朝会昌四年（844年），为办理海运业务需要，设置乍浦镇遏使，宋元明时期又先后设置乍浦舶提司、乍浦市舶司、税课司。清朝康熙皇帝解除海禁后，在乍浦设有"海关"，此地海运事业兴隆，经济社会繁荣，成为"东南雄镇"。

考古发现，古代从乍浦运往世界各地的青瓷主要是龙泉青瓷。据《乍浦志》记载，宋元时期我国造船业发达，当时就有载重150吨的海运船只载着龙泉青瓷等物品从事海上运输了。以前认为，故宫收藏的六件纪年款瓷器是乍浦仿烧龙泉窑的产品，过去一直被称为"乍浦龙泉"。直到20世纪80年代，在龙泉的查田镇孙坑村发现了与其产品特征一致的龙泉青瓷，证实所谓的"乍浦龙泉"其实就是龙泉窑生产的产品，也进一步说明龙泉青瓷确实有从乍浦港运销海外的。

4. 泉州港

泉州港古代称为"刺桐港"，是我国古代重要的对外贸易港口之一，有1300多年的悠久历史，被认为是与埃及亚历山大港齐名的"东方第一大港"，冠以"海上丝绸之路起点"的美誉。很多龙泉青瓷主要是经瓯江从温州运到泉州，再通过泉州运往世界各地的。前面提到的我国元朝商人、航海家汪大渊在泉州写成的《岛夷志略》中记载，当时的龙泉青瓷通过泉州港口外销到的国家和地区很多，包括越南、泰国、缅甸、柬埔寨、新加坡、菲律宾、苏门答腊、爪哇等。

## 三、龙泉青瓷海上交流路径

众所周知，龙泉青瓷自宋代以来一直通过海上丝绸之路较为频繁地销往沿线国家和地区，宋元时期鼓励海外贸易，明代政府也曾经组织郑和进行大规模的远航，用龙泉青瓷与海外进行交流，后来实行闭关锁国的政策，青瓷外销等外贸受到一定的影响，但是龙泉青瓷的对外交流并未停止。当时龙泉青瓷通过政府的对外馈赠、民间的海外贸易等形式，流入亚洲、欧洲各国。厘清古代龙泉青瓷在世界各地的分布，可以梳理出龙泉青瓷通过海上交流的路径很明显地分为两条：一条是从上述各主要港口出发，运往东亚的日本、朝鲜半岛，这条海路我们应该比较熟悉和了解，兹不赘述。另一条是从泉州出发，直接或再转运至广州港，到达东南亚各国，或出马六甲海峡，进入印度洋，经斯里兰卡、印度、巴基斯坦到波斯湾或更远的地方。根据日本学者三上次男的研究，这条陶瓷之路深入到沿线各港口，进而转运到欧亚非内陆地区。以亚丁为中转港，陶瓷之路分为北上红海和南下东非两路。

这些地区都发现有宋末和元朝时期的龙泉窑青瓷。在红海沿岸埃及的库赛尔港，发现有宋代龙泉青瓷，说明这个小港一直在陶瓷之路上扮演一个海陆中转的角色，如东非坦桑尼亚的基尔瓦就出土有大量龙泉青瓷。在亚历山大港，也发现有南宋至元代的龙泉青瓷。

位于今苏丹境内哈拉伊以北的阿伊扎卜是陶瓷之路沿线最重要的港口之一。这里发现为数众多的龙泉青瓷。宋代的龙泉瓷在阿伊扎卜和库赛尔卸货后，都会经过陆路运到尼罗河边再转水运。沿河上溯，不仅到达今阿斯旺，更远达努比亚地区，这些地带都发现有 12 至 14 世纪的宋朝青瓷，特别是龙泉青瓷。沿河下行的，最重要的市场之一是今开罗南郊的福斯塔特遗址。

龙泉青瓷之所以能够遍布海外，除了因其精美与实用而得到各国各阶层人民的喜爱外，宋元以来统治者的重视、水陆交通与造船技术的发达等也是重要的原因，这些前人多有论述，此也不赘述。

## 四、结语

综上，龙泉青瓷是我国烧制时间长、覆盖范围广、产量较大的重要瓷器。正由于龙泉青瓷在对外交流中的深远影响，著名历史地理学家陈桥驿先生在《龙泉县地名志》序中给予了高度评价："在全省，甚至在全国，龙泉是个不同凡响的县份。一千多年以来，就是这个县份，以它品质优异的大量青瓷器，在世界各地为我们换回了巨额财富，赢得了莫大的荣誉。而龙泉一名，也就由此传遍天下。"并且"从中国东南沿海各港口起，循海道一直到印度洋沿岸的波斯湾、阿拉伯海、红海和东非沿岸，都有龙泉青瓷的遗迹，这条漫长的'陶瓷之路'，实际上就是中国陶瓷，特别是龙泉青瓷所开拓出来的"。

根据文献和考古资料显示，龙泉开始对外输出的时间为北宋，也有学者认为，龙泉青瓷对外输出的起始时间则很可能早自五代。其论据是因地理条件的便利，当时龙泉金村窑与已经外销的瓯窑产品类似，有可能仿烧瓯窑产品出口，再者，五代时期，龙泉青瓷的质量和规模都已经具备外销的条件。当然，这仍需要有力的考古证据。

宋代以降，随着对外交往的扩大而不断开拓着海上丝绸之路，增进了与沿岸国家的交流。有学者根据大量的考古证明认定，龙泉是宋代青瓷的中心产区，当属"国家级瓷器出口基地"。仅从此意义上来讲，龙泉青瓷在中国"海上丝绸之路"的开拓中就具有相当重要的地位。

**参考文献**

[1] 冯先铭. 冯先铭谈宋元陶瓷 [M]. 北京：紫禁城出版社，2009.

[2] 叶文程. 中国古外销瓷研究论文集 [M]. 北京：紫禁城出版社，1988.

[3] [日]三上次男. 陶瓷之路 [M]. 李锡经，高喜美，译. 北京：文物出版社，1984.

[4] 李德金，蒋忠义，关甲堃. 朝鲜新安海底沉船中的中国瓷器 [J]. 考古学报，1979（2）：245-253.

[5] 王元林，肖达顺. "南海I号"宋代沉船 2014 年的发掘 [J]. 考古，2016（12）：56-83.

[6] 项坤鹏. 浅析东南亚地区出土（水）的龙泉青瓷——遗址概况、分期及相关问题分析 [J]. 东南文化，2012（2）：85-95.

[7] 浙江省龙泉县志编纂委员会. 龙泉县志 [M]. 上海：汉语大词典出版社，1994.

[8] 陈桥驿. 陈桥驿方志论集 [M] 杭州：杭州大学出版社，1997.

［9］　林士民. 浙江宁波东门口码头遗址发掘报告［J］. 浙江省文物考古所学刊，
　　　　1981：108.

［10］　裴光辉. 龙泉青瓷［M］. 福州：福建美术出版社，2002.

［11］　叶英挺. 中国古陶瓷：龙泉窑［M］. 北京：人民美术出版社，2013.

［12］　何鸿. 域外浙瓷［M］. 南昌：江西美术出版社，2009.

# 英国东方博物馆的
# 龙泉窑青瓷收藏

## 王拥军

（丽水学院　民族学院）

**摘　要：**英国东方博物馆隶属于杜伦大学，作为英国的东方文化研究中心，有丰富的中国艺术收藏。东方博物馆的龙泉窑青瓷大多来自马尔科姆·麦克唐纳和其他私人捐赠者，现共藏有 33 件龙泉窑青瓷，主要是宋元明三朝的典型器型。东方博物馆的龙泉窑青瓷藏品作为中国陶瓷的代表在展示中国陶瓷历史、制瓷技术、物质文化和促进跨文化交流上起着重要的作用。

**关键词：**东方博物馆；龙泉窑青瓷；收藏

　　英国唯一的东方博物馆（Oriental Museum）位于英国东北部，隶属于杜伦大学（Durham University），是为学院教学研究服务的大学博物馆，其在英国大学博物馆的重要性仅次于牛津大学的阿什莫林博物馆（Ashmolean Museum）和剑桥大学的菲兹威廉博物馆（Fitzwilliam Museum）。东方博物馆的收藏源于东方文化研究的需要，二战之后，杜伦大学成为英国五所东方语言教学中心之一。1951 年，杜伦大学成立东方研究学院（School of Oriental Studies），托马斯·威廉·塞克（Thomas. William. Thacker）教授成为该院的首任院长。1952 年，东方研究院便开设了中文专业，继牛津、剑桥、伦敦大学亚非学院之后成为英国第四所开设中文专业的大学。杜伦大学中文系对中英间的文化交流起到了重要作用，中国著名诗人北岛 1987 至 1988 年曾在杜伦大学做访问学者并任教于东亚系，《胡润百富》创始人胡润（Rupert Hoogewerf）则是中文系 1993 年的毕业生。塞克教授认为，"若东方学院的目标是研究东方的文化，那就必须得有一个可供使用的博物馆"，学习语言和文学必须要了解其物质文化，塞克便由此开始搜集为教学和研究服务的东方文化藏品。塞克对东方博物馆的贡献可谓卓越，该馆目前最重要的展厅就是以其名字命名的"塞克古埃及展厅"（Thacker Gallery Ancient Egypt）。1950 年，随着英国东方语言和文化研究的深入，杜伦大学举办了东方及中国艺术系列的展览，逐渐形成了东方学的研究热潮。1953 年，该校汉语讲师雷蒙德·道森（Raymond Dawson）为纪念女王加

---

**作者简介：**王拥军，浙江丽水人，艺术学博士、副教授。

晃而策划了以卡尔（A. E. K. Cull）[①]收藏为主的中国青铜器展览。1954 年，格林宫图书馆（Palace Green Library）又举办了一场关于中国书籍和纺织品的展览，同年，杜伦大学还举办了第七届世界青年汉学家会议。这些与中国艺术和文化相关的展览为学院的东方文化研究赢得了广泛的声誉，东方博物馆由此迎来了马尔科姆·麦克唐纳（Malcolm MacDonald）阁下和查尔斯·哈丁（Charles Hardinge）爵士的慷慨捐赠。1957 年，位于里斯本的古尔本基安公司捐赠六万英镑设立古尔本基安基金会（Gulbenkian Foundation）用于博物馆建设；1960 年，以基金会命名的古尔本基安艺术和考古博物馆（Gulbenkian Museum of Art and Archaeology）正式向公众开放，这就是东方博物馆的前身。1981 年，古尔本基安艺术和考古博物馆更名为东方博物馆，并沿用至今。研究东方博物馆的龙泉窑青瓷收藏，对于了解百年以来中国艺术的海外传播及中国物质文化在异文化语境中的影响和价值都具有一定的标本意义。

## 一、来源：麦克唐纳和哈丁等私人藏家的捐赠

东方博物馆的前身东方研究学院在 20 世纪 50 年代便开始收藏艺术品，并接受个人的捐赠，至今已接受了 300 多位捐赠者的东方艺术藏品。东方博物馆现有东方文化藏品 3 万件，其中最著名的是埃及和中国藏品。中国藏品总共约 1 万件，占东方博物馆藏品的三分之一，涵盖从周代到现今的各历史时期。东方博物馆藏品最主要的来源便是麦克唐纳的中国陶瓷收藏，另外一个重要的来源便是 1959 年查尔斯·哈丁捐赠的 3000 件中国艺术品，以玉器为主。东方博物馆现藏中国陶瓷约 1000 件，其中约 400 件来自麦克唐纳的捐赠。中国艺术藏品现有两个永久陈列展厅，分别是"锦绣中华"（Marvels of China）（见图 1）和"麦克唐纳中国展厅"（China in the MacDonald Gallery）。"锦绣中华"展厅 2000 年向公众开放，当年为纪念东方博物馆开馆 50 周年而隆重推出，

图 1　锦绣中华展厅和明代拔步床

① 卡尔收藏可参见叶慈（Walter Perceval Yetts）编著的青铜藏品图录——*The Cull Chinese Bronzes*。

主要针对家庭访客。"麦克唐纳中国展厅"展出的是从新石器时代到现代的各式中国艺术品，主要以瓷器为主。东方博物馆的中国艺术收藏主要来自麦克唐纳和哈丁爵士的捐赠，对这两位捐赠者的生平追述大致可以描绘出龙泉青瓷从成为英国私人收藏家的珍藏到进入博物馆成为公共文化一部分的世纪历程。

1. 马尔科姆·麦克唐纳的中国艺术收藏

麦克唐纳是位政治家和外交家，出身于政治世家，是典型的"官二代"，其父亲拉姆齐·麦克唐纳（Ramsay Macdonald）曾两任英国首相，也是英国第一位工党首相。1935年伦敦举办中国艺术国际展览时，拉姆齐·麦克唐纳正是当时的首相，并参与了伦敦中国艺术国际展的组织活动。受父亲影响，毕业于剑桥大学皇后学院的麦克唐纳也早早地步入了政界。受当时盛行的东方艺术收藏潮流影响，加之在东方的从政经历，麦克唐纳也顺势开始了东方艺术收藏。1929年，被选举为政府议员不久的麦克唐纳以官方身份造访了日本京都。政务结束后，麦克唐纳顺便到韩国、中国旅行，在辽宁、北京、天津、南京、上海等城市都有过停留。受家庭环境和英国人嗜古传统的影响，麦克唐纳自小便开始收藏，最初主要是以搜集英国瓷器为主。正是此次远东之旅，使麦克唐纳感受到了中国瓷器的精妙。麦克唐纳的第一件中国瓷器藏品，便购买于此次旅行。1946年麦克唐纳担任英国驻马来亚总督，之后就任东南亚高级专员。这些经历使其有机会大量收集散落在东南亚的中国陶瓷。麦克唐纳在为其1972年出版的《马尔科姆·麦克唐纳中国瓷器藏品图录》（见图2）写的序中

就提到，"我对中国瓷器的喜爱处于沉寂状态，这种审美取向并没有死去，只是处于休眠状态。直到1946年才被唤醒"。麦克唐纳的这段自序说明在东南亚的公务活动对其中国艺术收藏起到了重要的影响作用，麦克唐纳的大多数收藏也大都是在此时期收集的。

图2　1964年任肯尼亚总督时的麦克唐纳和《马尔科姆·麦克唐纳中国瓷器藏品图录》

1955年，麦克唐纳转任印度高级专员，已经在东南亚工作了近10年并收藏了大量中国陶瓷的麦克唐纳不愿将藏品带到印度，便开始在英国寻找可以存放和展示的博物馆。在此之前，19世纪末20世纪初开始收藏中国瓷器的英国藏家已经有了不少处理自己藏品的先例。著名的如希腊裔的英国藏家乔治·尤摩弗帕勒斯（George Eumorfopoulos）因经济原因而无法让自己的藏品整体保存而散落，成功的则有大维德（Percival David）将自己的

1500 件中国瓷器藏品完整捐赠给伦敦大学亚非学院，至今依然完整地陈列在大英博物馆 95 号展厅。杜伦大学的东方博物馆正准备"中国展"，急需能体现中国文化的各式艺术作品。麦克唐纳与杜伦大学进行接洽，正式确定将自己的瓷器收藏借展给杜伦大学，最初的展期是 5 年。正是 1956 年的这次借展，使时任印度高级专员的麦克唐纳最终决定将自己的毕生珍藏永久陈列于杜伦大学的东方博物馆，以效仿大维德，构建一个可以永久存在、完整而综合、能够应用于教学的中国瓷器藏品体系。

麦克唐纳在 1956 年将收藏的中国瓷器借展给杜伦大学后并没有停止自己的收藏步伐，而是以更明确的目标来完善自己的瓷器收藏，以形成一个相对完整的中国瓷器收藏体系。而他之后几年的从政经历依然为他提供了这种收藏便利，作为印度高级专员，他的主要政务活动依然在亚洲。1962 年 7 月，即将卸任的麦克唐纳还因中印边界冲突问题作为英国代表团团长和高级外交官员，在日内瓦与当时的中国副总理兼外交部部长陈毅进行过近一个小时的会谈。1962 年 10 月底和 11 月初，继续斡旋中印边界问题的麦克唐纳还曾到访中国，受到了周恩来总理的热情接见。1963 年肯尼亚宣告独立，麦克唐纳从肯尼亚总督的职位上卸任并开始计划自己的退休生活。1969 年麦克唐纳将其所有的瓷器藏品以低价整体卖给杜伦大学东方博物馆，但条件是为其成立一个以其名字命名的单独展厅，这便是目前依然在展示的"麦克唐纳中国展厅"。由于麦克唐纳对杜伦大学东方艺术和文化研究的贡献及其政治影响力，麦克唐纳 1971 年卸任公职后即被聘任为杜伦大学校长，直至 1981 年去世。英国冷战历史学家，利兹大学（Leeds University）博士生亚历山大·肖（Alexander Shaw）于 2017 年 10 月 20 日至 12 月 21 日在东方博物馆策划了名为"美和外交：马尔科姆·麦克唐纳的收藏"的展览，可以看出，麦克唐纳的收藏依然在持续地发挥着文化影响。2018 年，亚历山大·肖整理了麦克唐纳的遗稿以《收藏的乐与痛》（*The Pleasures and Pains of Collecting*）为题正式出版，对麦克唐纳的收藏史有了较全面的呈现。

2. 哈丁的中国艺术收藏

2012 年 4 月 5 日，杜伦大学东方博物馆有两件珍贵的中国文物被盗。一件是清代德化瓷雕，另一件是清代碧玉云龙纹洗，洗内刻有中国古诗词。这件玉洗正是英国著名玉石收藏家查尔斯·哈丁爵士的藏品。哈丁的收藏以玉石为主，但也兼及瓷器和其他杂项。东方博物馆的中国艺术藏品除麦克唐纳的瓷器外，最重要的便是由哈丁捐赠的中国玉器了，精品有玉衣、玉制兵器和明清玉雕件等。所幸一周后，警方成功将盗贼抓获。此次失窃对拥有丰富中国艺术藏品的东方博物馆的安防敲响了警钟，某种意义上也是为东方博物馆做了宣传，使更多的人开始关注其东方艺术藏品。

哈丁爵士为五世从男爵，其家族来自杜伦郡的斯坦诺普（Stanhope）。哈丁毕业于伦敦哈罗公学（Harrow School），后就读于剑桥大学圣三一学院。1917 年，经历了疾病折磨的哈丁开始以收藏作为自己余生的乐趣来源。从小喜欢小动物的哈丁自然地爱上了中国玉器，中国玉雕对动物的生动呈现和玉质本身的温润品质吸引了哈丁，哈丁也由此成为英国著名的玉器藏家。哈丁把自己常去光顾的古董商行亲昵地称为"垃圾店"，他将这些地方视作可以休息放松、疗养身心的场所。1921 年至 1951 年间，哈丁爵士详细记录了购买藏品的经过，包括日期、金额、材质、购买来源、转赠和销售情况等。1961 年杜伦大学东方研究学院为其出版了藏品图录《玉：事实和虚构》（*Jade：Fact and Fable*）。哈丁爵士捐赠给东方博物馆的中国艺术品达 2757 件，其中大多数为玉器和宝石类，瓷器有 135 件。

东方博物馆收藏的第一件龙泉青瓷来自斯伯丁博士（Dr. H. N. Spalding）1954 年的捐赠，那是一只元代龙泉窑青瓷鱼纹盘（1954. Spalding34）[①]。1969 年，由于麦克唐纳捐赠的 24 件龙泉青瓷和哈丁捐赠的 1 件而迅速增加到 26 件，基本奠定了馆藏基础。之后东方博物馆于 1978 年购买了一件宋代龙泉青瓷盘（1978.131），1995 年又接受了桃乐茜·克劳福德·珮普女士（Miss Dorothy Crawford Pape）捐赠的 4 件龙泉青瓷，2001 年通过基金购买了 1 件宋代龙泉青瓷洗（2001.197），使龙泉青瓷的收藏总数达到 32 件。2006 年，缪尔博士（Dr. H. Muir）捐赠的一件明代龙泉窑刻花莲瓣纹棋格大盘（2006.76），直径达到 49 cm，是入藏最晚的一件龙泉青瓷，该器的入藏使东方博物馆的馆藏龙泉青瓷达 33 件（具体器型和年代如表 1 所示）。

表 1　东方博物馆藏龙泉窑青瓷器型和年代统计表

| 器型 | 年代 | | | 合计 |
| --- | --- | --- | --- | --- |
| | 宋 | 元 | 明 | |
| 碗 | 3 | 1 | 2 | 6 |
| 盘 | 1 | 2 | 2 | 5 |
| 洗 | 7 | 0 | 0 | 7 |
| 炉 | 1 | 1 | 1 | 3 |
| 罐 | 3 | 2 | 0 | 5 |
| 瓶 | 2 | 1 | 1 | 4 |
| 杯 | 0 | 0 | 1 | 1 |
| 像 | 0 | 0 | 1 | 1 |
| 亭 | 0 | 0 | 1 | 1 |
| 总计 | 17 | 7 | 9 | 33 |

---

① 括号内为博物馆藏品的编码。

东方博物馆的龙泉窑青瓷收藏大致可以透视出欧美博物馆中国艺术藏品的来源，总体上以私人藏家的捐赠为主，博物馆和政府基金购买为辅。就东方博物馆的龙泉窑青瓷收藏而言，33 件龙泉窑青瓷，有 31 件都是来自私人藏家的捐赠，只有 2 件来自博物馆自有基金的购买。因此，博物馆为私人藏家提供收藏指导和展示平台，私人藏家将其收藏捐赠给博物馆从而形成良性的互动，是值得效仿的措施。博物馆可以由此不断地丰富自己的馆藏资源，而私人藏家也得以借自己的一世珍藏留下永恒的声名。

## 二、品类：宋元明三朝的代表器型

现东方博物馆共藏有 33 件龙泉青瓷，分属宋元明三朝，其中宋代 17 件，元代 7 件，明代 9 件，大致能反映龙泉青瓷的主要历史发展面貌。就器型而言，数量最多的是洗，有 7 件且全是宋代器物；其次是碗，有 6 件；然后是罐和盘各 5 件，瓶 4 件，炉 3 件，杯、像、亭各 1 件。总体而言，东方博物馆的龙泉青瓷品质一般，并没有特别出众的产品，因此该馆 2010 出版的藏品图录《杜伦大学东方博物馆珍品》并没有龙泉青瓷入选。《杜伦大学东方博物馆珍品》收录了多件馆藏精品，中国艺术品入选最多达 16 件，其次是古埃及 13 件，日本、印度次大陆、近东和中东各 5 件，东南亚 4 件，韩国 2 件，大致反映了东方博物馆各地域的收藏数量。入选珍品的中国瓷器只有 2 件，分别是北宋定窑刻鸳鸯纹白釉碗 （1969.40）（图 3）和枢府式卵白暗花戏珠纹高足杯（1969.141）。这件北宋定窑刻鸳鸯纹白釉碗是麦克唐纳的最爱，花费了 750 英镑，

图 3　北宋定窑刻鸳鸯纹白釉碗
（碗口镶铜，径 23.4 cm）

是其所有藏品中价格最贵的，麦克唐纳自己也认为，"假使没有其他任何中国瓷器，单此一件就足以使我成为自豪而满足的收藏家（if I owned on other piece of Chinese porcelain, I should still be a proud and satisfied collector）"，可见这件定窑碗对其意义非凡。

相对而言，东方博物馆的龙泉青瓷缺少重器，如五管瓶、龙虎瓶、凤耳瓶、凤尾尊之类的标志性器型都未有收藏，但一些相对普遍的器型如莲瓣碗、双鱼洗、荷叶盖罐等是齐全的。本文选择一些比较重要的龙泉青瓷略做介绍，大致可以呈现麦克唐纳的龙泉青瓷收藏和东方博物馆的龙泉青瓷馆藏情况。

1. 南宋龙泉窑梅子青开片双鱼纹洗

如图 4 所示,洗径 12.8 cm,由麦克唐纳于 1969 年捐赠。该洗内底贴首尾相向双鱼纹为饰,梅子青釉色而开片,颇为独特。东方博物馆官网的中国藏品封面（图 5）用的就是这件双鱼洗,可见其在馆藏品中的价值。

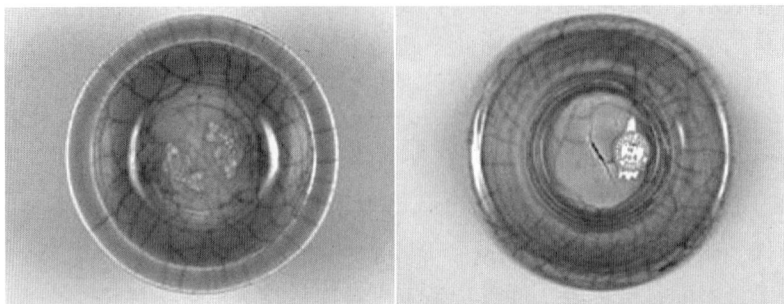

图 4　南宋龙泉窑梅子青开片双鱼纹洗（1969.103）

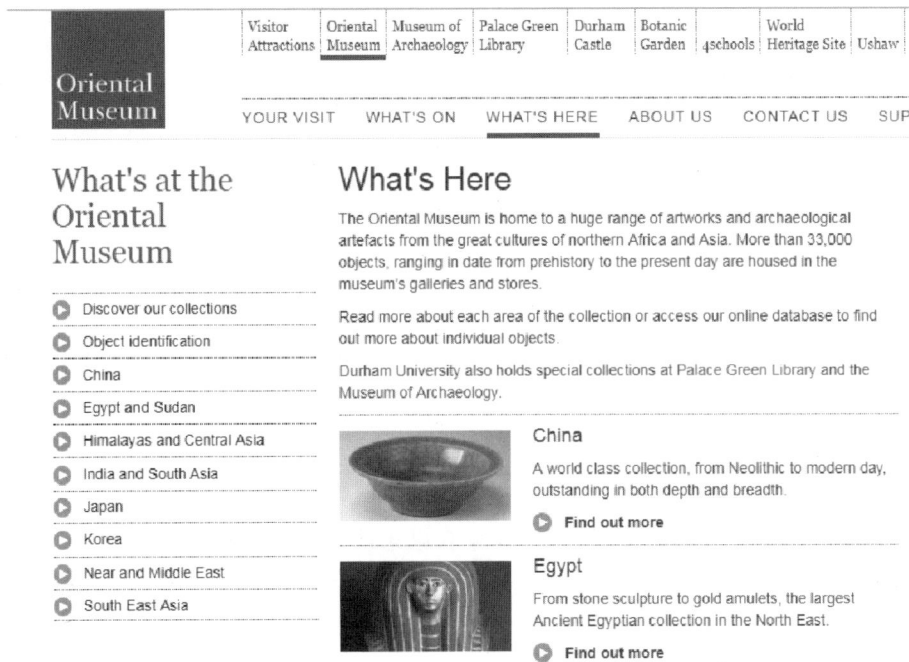

图 5　东方博物馆官网截图

2. 南宋龙泉窑青瓷贴花双鱼纹洗

如图 6 所示,洗径 11.3 cm,由麦克唐纳于 1969 年捐赠。该洗也是折沿口、斜弧腹、圈足,内底心同样贴印双鱼为饰,但双鱼为同向,且釉面光滑无开片,外腹壁浅刻莲瓣纹,瓣脊突起。

图 6　南宋龙泉窑青瓷贴花双鱼纹洗（1969.104.c）

3. 南宋龙泉窑梅子青釉刻花莲瓣碗

如图 7 所示，碗径 13 cm，由麦克唐纳于 1969 年捐赠。莲瓣纹是龙泉青瓷最为常见的纹饰，莲瓣纹碗也是南宋龙泉窑最为常见的产品，该器外饰两层莲瓣纹瓣面，纹饰规整，中棱凸起，层次丰富，碗内光面无纹，釉色与器型和谐，只是碗口沿略有缺损。

图 7　南宋龙泉窑梅子青釉刻花莲瓣碗（1969.101）

4. 元龙泉窑青瓷褐斑小罐（有木盖）

如图 8 所示，小罐高 6.2 cm，由麦克唐纳于 1969 年捐赠。

图 8　元龙泉窑青瓷褐斑小罐（1969.108）

褐斑点彩的元代龙泉窑青瓷在日本有专门的名称，为"飞青瓷"（Tobiseiji），日本人尤其钟爱此类型青瓷，新安沉船出水的龙泉青瓷中也有不少此类型瓷器，《大元帆影：韩国新安沉船出水文物精华》共收录了4件褐斑青瓷，分别是褐斑匜、露胎桃花纹褐斑盘2件和褐斑小罐（高7.1 cm）。其中的褐斑小罐与东方博物馆收藏的这件颇为类似，应该也是由日本流出的。另配置的木盖可能也是由日本人后来制作的。

5. 明代龙泉窑刻花莲瓣纹棋格大盘

如图9所示，大盘径49 cm，由缪尔博士（Dr. H. Muir）于2006年遗赠。此大盘为典型的龙泉青瓷明初官器，在土耳其的托普卡帕宫博物馆和伊朗的阿德比尔神庙都有丰富的收藏，盘面满覆纹饰，里圈为相对规则的棋格纹，外圈则是更具流动感的缠枝莲瓣纹。

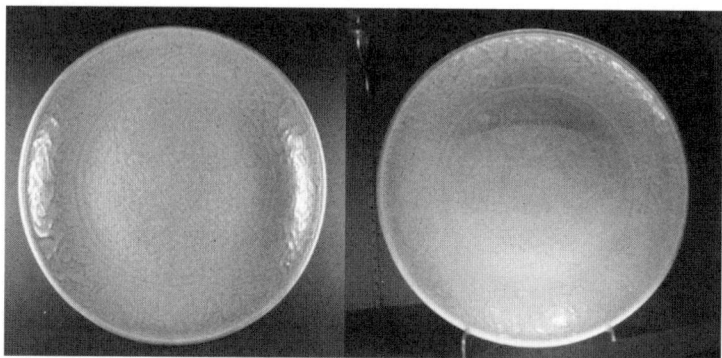

图9　明代龙泉窑刻花莲瓣纹棋格大盘（2006.76）

6. 明万历龙泉窑青釉镂空瓷灯

如图10所示，该件藏品高30.5 cm，由查尔斯·哈丁爵士于1969年遗赠。此镂空瓷灯的年代被东方博物馆官网定为万历年间，此时的龙泉窑生产工艺极粗劣，而此灯的釉质釉色已属稀见。龙泉青瓷中此器型也颇为少见，相类

图10　明万历龙泉窑青釉镂空瓷灯（1969.399）

似器物仅有美国纳尔逊·阿特金斯艺术博物
馆（The Nelson-Atkins Museum of Art）收藏
的一件南宋龙泉青瓷骨灰阁（图11），应该
是用于葬仪的明器。

以上所枚举的杜伦大学东方博物馆馆藏
的6件龙泉青瓷，大致能代表东方博物馆的
龙泉青瓷馆藏面貌，前5件都是相对常见的
典范器型，第6件则是非典型器。6件器型
中宋代3件、元代1件，明代2件，大致也
能反映出龙泉青瓷的历史发展面貌。就藏品
来源而言，前4件皆是麦克唐纳捐赠，后两
件分别来自哈丁爵士和缪尔博士，印证了英
国博物馆中的中国艺术藏品大都来自热爱中
国艺术的私人藏家捐赠这一事实。私人藏家

图11　南宋龙泉青瓷骨灰阁
（2001. 24. A，B），高32. 39 cm

通过向博物馆捐赠藏品为自己建立了留名纪念碑，从而完成了中国陶瓷在英国
的"体制化"。

## 三、意义：作为中国瓷器和中国文化展示的龙泉窑青瓷

东方博物馆的龙泉青瓷收藏虽然在数量和质量上远不如现陈列于大英博物
馆95号展厅的大维德中国艺术收藏，不需要单独5个展柜来展示龙泉青瓷，
但作为中国瓷器不可缺失的代表瓷类，作为中国物质文化的代表，作为东西方
文化交流的见证，依然以其具体的可见性而持续发挥着有形而无声的展示和见
证功能。

1. 作为中国瓷器的龙泉窑青瓷

东方博物馆"麦克唐纳中国展厅"展示的中国艺术主要以麦克唐纳收藏
的中国瓷器和哈丁爵士收藏的玉器为主，中国瓷器作为英国藏家最熟悉和最喜
欢的艺术形式，往往也成为中国艺术的代名词。最著名的依然是大维德的中国
艺术收藏，完全就是中国瓷器收藏。"麦克唐纳中国展厅"也以中国瓷器为
主，哈丁爵士的玉器则是对中国艺术的补充。就瓷器而言，龙泉青瓷作为中国
青瓷的代表，在中国陶瓷史的序列中占有不可替代的位置，这从东方博物馆的
馆藏展示中可以得到明显的体现。东方博物馆的中国陶瓷展示与大多数欧美博
物馆一样，也是以时间为序，从新石器时代一直延续到清末民初和现代。龙泉
青瓷作为宋元明三朝的代表瓷类，自然是不可缺失的。宋代有两个展柜共展出
15件中国瓷器，龙泉窑青瓷有2件，分别是南宋龙泉窑梅子青开片双鱼纹洗
（1969. 103）和南宋龙泉窑粉青贴花牡丹三足筒炉（1969. 106），位于展柜的

右下和右上位置（图 12）。麦克唐纳最钟爱的那件定窑鸳鸯碗则位于宋代展柜的上排居中位置，可以看出该碗在该馆藏品中的重要地位和价值。元代展出 7 件瓷器，龙泉窑青瓷有 3 件，分别是元代（或为明代）龙泉窑青釉划花草纹长颈瓶（1969.258）、元代龙泉窑青釉鱼耳鼎式炉（1969.264）和元代龙泉窑青釉褐斑小罐（1969.108），如图 12 所示。

（上图左为宋代展柜，右为元代展柜，右下两件器物分别是元代龙泉青瓷褐斑小罐和元代龙泉青瓷鼎式炉）

图 12　麦克唐纳中国展厅

除按时间序列展示中国陶瓷的历史发展面貌外，东方博物馆也从陶瓷装饰和瓷釉两个展柜专题展示中国陶瓷的装饰艺术和釉色类型。如图 13 所示，左边是陶瓷装饰展柜，上排的 4 件瓷器，自左至右分别是龙泉窑青釉贴花双鱼纹洗（1969.104.c）、景德镇青白釉双凤纹碗（1995.52）、耀州窑橄榄青釉刻花牡丹纹碟（1969.118）和定窑白釉芒口刻花莲花纹杯（1969.47.A），贴花双鱼纹便是龙泉窑青瓷宋元时期的主要装饰方法。图 13 右边是瓷釉展柜，占据大半展柜的便是明初龙泉窑官器——刻花莲瓣纹棋格大盘，49 cm 的直径足以使其吸睛无数，满覆青釉使刻纹毕现，质与纹的精妙融合可见一斑。瓷釉展柜上排左边展示的是前面提及的南宋龙泉窑梅子青釉刻花莲瓣纹碗（1969.101）、梅子青釉下隐现莲瓣纹，若隐若显淡泊自然颇具蕴藉含蓄之美。

**图 13　麦克唐纳中国展厅的陶瓷装饰和瓷釉展柜（下方为龙泉窑青瓷展品放大图）**

2. 作为中国文化的龙泉窑青瓷

东方博物馆的中国展厅有两个，除前已提及的相对专业化的以展示中国瓷器和玉器为主的"麦克唐纳中国展厅"外，还有"锦绣中华"展厅，其相对更偏向于大众化的中国文化展示，更适合于亲子出游的家庭访客。"锦绣中华"展厅以概貌式介绍中国的文化和习俗为主，分为"艺术和工艺""权力和身份""贸易：西方发现中国""贸易：中国发现西方""服装"等展柜。在"贸易：西方发现中国"展柜，青瓷是和唐三彩骆驼俑及外销瓷一起作为西方发现中国的文化物证来展示的（图14）。大量瓷器的外销不仅将中国瓷器生产技术传播到邻近的韩国和日本等国家，也将文化习俗传播到世界各地。源自法语专门意指青瓷的名词"雪拉同（Celadon）"从语意内涵的生成到普及，便是中国青瓷文化全球传播的一个缩影。龙泉青瓷作为中国物质文化的代表，在异文化的语境中传播着中国的文化艺术特征，也不断促使着文化交流与融合，共同参与世界物质文化和文化心理的构建。

**图 14　锦绣中华展厅的"贸易：西方发现中国"展柜和龙泉窑青瓷展品**

东方博物馆的龙泉窑青瓷收藏与其他中国艺术品一样，从中国流散之后又汇聚于英国东北部小城杜伦，作为中国语言学习和文化研究的证物而持续发挥着强大的影响。诚如雷蒙·道森所言，"中国工艺品由于它们具体、实在又无所不在，因而也许在形成西方人对中国的观念方面要比前面所议论的那些不可捉摸的文章内容能起到更大的作用"。龙泉窑青瓷作为中国物质文化的一部分，在提供给英国人对中国生活和情感的想象时，也为英国人的艺术创作提供灵感来源。2015 年 10 月至 12 月东方博物馆举办了名为"东方灵感"（Oriental Inspirations）的展览，展出的 20 多件陶瓷制品都是北方陶工协会（Northern Potters Association）的艺人借鉴东方博物馆的东方艺术收藏而创作的，体现了东方博物馆东方艺术收藏的丰富性及其对英国北方地区的文化影响。由此可以看出，以龙泉窑青瓷为代表的中国物质文化已然成为英国文化的重要部分，成为跨文化交流和影响的代表案例。如孔华润在《东亚艺术和美国文化》一书中"将东亚艺术视为当代美国文化的中心要素，视为亚洲文化融入美国人生活的证据"，我们同样也可将英国东方博物馆的龙泉窑青瓷视为中国文化融入英国人生活的证据。

## 参考文献

[ 1 ]　Oriental Museum. History of the Museum［EB/OL］（2013－01－01）［2019－02－18］https：//www. dur. ac. uk/oriental. museum/about/history.

[ 2 ]　Legeza, Ireneus Laszlo. A Descriptive and Illustrated Catalogue of the Malcolm Macdonald Collection of Chinese Ceramics［M］. London：Oxford University Press，1972.

[ 3 ]　Barclay, Craig. Treasures of the Oriental Museum Durham University［M］. London：Third Millennium Publishing Limited，2010.

［4］ 沈琼华. 大元帆影：韩国新安沉船出水文物精华［M］. 北京：文物出版社，2012.

［5］ ［美］毕宗陶. 中国陶瓷在英国：1560—1960［M］. 赵亚静，译. 上海：上海书画出版社，2016.

［6］ ［英］雷蒙·道森. 中国变色龙：对于欧洲中国文明观的分析［M］. 常绍民，明毅译. 北京：时事出版社，1999.

［7］ ［美］孔华润. 东亚艺术与美国文化［M］. 段勇，译注. 上海：上海书画出版社，2014.

# 深 见 器 重

## 戴雨享

（中国美术学院）

**摘　要：** 阐释自身对于艺术尤其是造型艺术的认识，指出"器以载道"，古代社会努力使制作的器皿达到物质与精神的完美融合。同时要求中国的艺术家要具备三种能力，在创作中要保持传统文化的个性，而非对西方流行艺术的刻意模仿，努力追求传统艺术的真谛。其中对自身在艺术道路上的成长过程也进行了描述。

**关键词：** 陶瓷文化；器以载道；传统文化；现代艺术

　　明末思想家顾炎武提出"道寓于器"的观点，认为"非器则道无所寓"。顾炎武强调了"器"的本体地位。老子把"道"作为世界万物的本源和宇宙运行的总规律，并把"道"与儒家伦理道德结合起来。"道"就这样成为封建社会中至高无上的精神理念，与此相联系的"重道轻器"观念在我国封建社会也影响深远，书中曰："形而上者谓之道，形而下者谓之器。"然而，"道寓于器"的观念也融汇于手工艺制作中，并逐渐衍生出"器以载道"的工艺造物思想。

　　中国艺术家应具备三种能力：第一，"重新发现"自己传统的能力。中国文化传统的现代转型，旨在敞开古老传统并体现其中的现代意义，让中国文化在裂变中释放思想。第二，技巧、观念兼备的能力。技巧与观念二者缺一不可，技巧意味着最充分地了解传统，而观念的创造，则证明艺术家理解自己的处境。第三，重建个人精神完整性的能力。当代中国艺术不应追求成为"时尚"，而是追求成为"经典"。回顾魏晋南北朝"百家争鸣"所产生的哲学思想，梳理自然山水与创作的关系，心物交融体会中国古代哲学家的人文精神，在创作中打上人文关怀的烙印……寻求艺术家个人的时代价值，拒绝随波逐流，彰显个性语言。另外，还要了解当代艺术发展的创作观念和思想脉络，体会当代艺术所要表达的价值取向和学术语义，拓展自身对艺术感知的广度和深度。

　　在创作构思中了解和选择有中国文化传承、衔接历史与当下的艺术表现方式。保持中国固有文化的独特性和不可替代性，而非与西方流行艺术亦步亦趋。注重传统与经典，体悟东方艺术是有序而渐变发展的，有其自身的发展图式，随着不同时期的人文取向、精神需求和审美意识而渐进。注重曾经代表中

---

**作者简介：** 戴雨享，中国美术学院教授，硕士研究生导师。

国审美精神的笔墨意趣与书画情怀，承载中国文人理想的山水情怀。其本身曾经代表着世界至高的艺术造诣，散发出的静穆、高雅、内敛的东方气质，更蕴含无限豁达与和谐的宇宙智慧，东方艺术的简约宁静与绵延文脉的生生不息意蕴相通，流淌在我们的血液中。

艺术家通过对中国古代哲学思想的认知，获得精神的启迪和心智的觉醒。当今的艺术家在作品中应注重陶瓷材料语言的创新及艺术本体语言的表达，注重自我的表达，强调作品的完整呈现和鲜明的艺术语言，听从自己内心的声音，冥思艺术本质并敬重材料，感恩技艺传承，追寻匠心精神，融入人文器皿的创新意识，探讨当代手工艺器物的人文性、艺术性及思想性；彰显自我的表现性符号和个人风格，融入当代审美，体现当代艺术的价值追求，展示作品的内在感染力。

我出生于景德镇，它是中国四大名镇之一，也是闻名世界的"瓷都"，曾经创造了辉煌的陶瓷文化，在中国美术史中享有重要的地位。小时候在父母的单位景德镇轻工业部陶瓷研究所艺术室里跑上跑下，看到各式各样不同类型的瓷器、瓷板和瓷塑。耳濡目染，看到父辈们认真描绘、拍图、作画、画瓷，兢兢业业，日复一日，创作出许多精美的瓷器作品。20世纪七八十年代，父辈们画瓷，是怀着对祖国陶瓷艺术的热爱，对陶瓷绘画创作技艺发自内心的喜爱，父辈们怀着满腔热忱，全身心地融入陶瓷艺术创作中。他们将自身对陶瓷艺术的理解与陶瓷先辈们传下来的技艺融贯在一起，通过在学校学习到的知识，结合当时一些艺术画刊、连环图画和有限的国内外书籍、画册，揣摩领悟，将它们创新融入瓷器的画面，将明清的陶瓷绘画蓝本进行再创作，传承和拓展了陶瓷绘画的装饰体系，取得了瞩目的成就，令我等后辈受益匪浅。

我从内心敬重父辈们付出的心血和取得的成就，感恩父辈们留下陶瓷绘画新的辉煌成果和珍贵的时代体验。让我们站在巨人的肩膀上，看得更远、攀登得更高……

假期里我悄悄地翻阅家中许多有关绘画的书籍，西方素描、石膏、人物和风景等在我十几岁的心灵打上了烙印，陶瓷艺术也在我的心中留下朦胧的印象。后来我报考了浙江美术学院（现名为"中国美术学院"）的陶瓷专业，通过四年的专业学习和受到当时"85"艺术思潮中各种西方哲学艺术书籍涌入中国的影响，以及当时浙江美术学院浓厚活跃艺术氛围的熏陶，毕业后到景德镇陶瓷学院美术系任教，经过头几年的迷茫，从1992年陆续开始陶艺创作。1994年，作品获全国陶瓷艺术与设计创新评比三等奖；1999年，作品获全国美展铜奖。从此走上与父辈不一样的陶艺创作之路。

传统的工艺及陶瓷装饰，父辈们在保持传承的基础上，也有创新体现。他们在明清陶瓷绘画装饰技法基础上，对时代发展变革中的新人新事物进行现实主义的分析思考，在陶瓷绘画上汲取其他画种的表现形式和描绘语言，将明清陶瓷装饰语言加以创造改良，提升人物塑造形象，改良陶瓷色彩的发色及绘制技法，提升烧制成功率，丰富表现技法。在传承中拓展，父辈们贡献出的聪明才智，为景德镇陶瓷彩绘的弘扬与发展做出了巨大贡献。

我在浙江美术学院工艺系陶瓷专业就读期间，正值中国改革开放，西方艺术思潮涌入中国，各种艺术表现方式层出，如劳申柏、亨利·摩尔、贾科梅蒂、塔皮埃斯等西方当代艺术家的作品被国内艺术期刊介绍，西方的哲学书籍如尼采、弗洛伊德、黑格尔等人的著作铺天盖地，年轻人痴迷现代艺术，畅谈形式语言，咀嚼生涩的哲学词汇，思考艺术人生和梦想，踌躇满志，充满激情。西方现代陶艺作品中的那种突破传统、大胆创新和注重陶瓷材料中泥性、率真、洒脱、充满张力的表现语言，以及全新的创作手法与理念，在我心中激起了创作的欲望，崭新的思维和西方艺术的创作观开阔了我们青年学子的视野，我们内心涌现出的创新意识，促使我走上了现代陶艺创作之路。

我敬重中国优秀的传统绘画，看过很多优秀的绘画作品。我比较关注宋元时期的山水作品，空间的处理、毛笔的线性感觉有很多值得学习的地方。特别是对人物绘画很感兴趣，传统人物作品的线性等很多方面都非常精到，比如清代"扬州八怪"之一黄慎的作品，他的线条比较独特，有张扬的章法及表现形式。著名画家张大千的人物仕女作品中也会有一点古人的影子，但黄慎的人物绘画有其独特的画风，特别是人物的线条，苍劲如石，对我影响很大。另外，我在人物方面有些自己的认识和感受，古代人物画表现的一些内涵很吸引人，比如清代仕女画家改琦、费丹旭等表达仕女的宁静状态、与世无争的内秀感觉，我非常喜欢这种状态，所以在创作的时候就特别注意人物的内在精神并融入当代的一些表现因素。虽然我平时也创作一些绘画作品，但是并没有向这方面发展，因为我选择了陶瓷专业。中国陶瓷艺术源远流长，我们这一代的陶艺人，希望对中国的陶瓷艺术能有一点推动作用。

1999年，我尝试在器物上做出洞穴的效果，构思灵感源自台湾著名漫画家蔡志忠书中的一张画，画面内容是庄子在盘腿打坐、听禅、冥想，他坐在山顶上，闭目"聆听万籁之声"，头顶斗转星移，周遭虎啸猿鸣，风吹过树林山川，吹过不同的洞穴，发出不同的声音，每一个洞穴就是虚空的状态。画面想阐述的是，人心犹如一管一洞，而一管一洞之所以各成其声，是因为在他们心中都有一个"仁者"在主宰。玄妙之气和万籁之声在时空回旋，时光在慢慢地流逝，改变着万物，自然在生息中变化，动物在嘶鸣，草虫在蠕动，内心与意念合一至天地之间。这张图片对我触动很大，由此产生了在作品中表现洞穴的灵感，创作了《静语》。

在形式上，由洞穴开始，到后来的陨石坑，逐渐向星空、宇宙观等方面接近，如作品《本空·若怡》《本空·符号》系列、《戏剧人生》等；在色彩视觉上，追求一种形式语言及釉色的变化，这一系列作品一直在创作，也一直在变，我觉得还没有完成，还要一直创作下去。

中国的哲学观跟西方的哲学观不同。宇宙在古希腊意指与"混沌"相对的"秩序"，而在古代中国，它所指的是空间和时间的统一体。战国末年的政治家尸佼对宇宙有一个明确的定义，"四方上下曰宇，往古来今曰宙"，"宇"就是包括东西南北四方和上下六合的三维空间，而"宙"就是包括过去、现在和未来的一维时间。中国的宇宙观与天、地、人有关系；气之轻者便为天，为日月，为星辰。中国古代先哲把"究天人之际"作为重要的哲学思考，逐渐形成了以"天人合一"为核心的人与自然和谐的天地观。而西方则注重人与神之间的关系。我创作的作品除了有洞穴的概念外，还有中华民族哲学观——宇宙观和天地观，并从一定的形式语言及色彩的视觉审美等角度，通过陶瓷特有的火的魅力加以呈现。强调作品视觉及形式美感，借以高温色釉陶瓷特有的纹理表现出作品独特的艺术内涵。

釉色会在高温烧制的过程中出现许多变化，这也让我的作品存在着很大的偶然性。我曾在1993年至1999年尝试过近百种釉色的搭配和变化，作品烧制了一窑又一窑，但最终让我满意的不过几十个。不同的釉色搭配、釉层厚度，都会带来不同的效果，在创作时，我必须让大脑保持在飞速转动的状态，快速决断出颜色的搭配。这建立在一些知识的基础上，包括对色彩的认知和感受，对陶瓷釉色工艺的了解，对以往烧成效果的经验积累等等。每次上釉都有试验的想法介入，都希望能进一步获取未知的釉色效果，其中既有挑战，也有经验渗入，虽然很累，我却乐在其中，只因为在那份偶然性之中，有可能会出现一个让我十分惊喜的作品。

2001年作品《有字天书》方块系列，以及《科举题文》《艺术简史》等是我读研究生期间创作的。其中有一组作品与时钟有关，时钟经过高温煅烧后，将其置入准备好的容器。玻璃、指针等都发生了不同程度的变化，我试图通过这种时间的变化及相应的肌理效果和文字处理来表达我对时间的敬重和对艺术本质的思考。

有一阶段，我偏好较随意的一类作品瓷枕系列，借助了古意，即宋代的瓷枕。如2005年作品《吾生何求》《瑞雪风花》就是特意追求泥的痕迹，保留自然的痕迹，并融入自己对艺术的阶段感知。立足活化传统，创新性思考当代表现语言。因为我的作品是阶段性的，所以每个阶段都有比较满意的作品。

有的阶段的作品是追求泥性的效果，关注泥性的自然痕迹，1999年作品如《泥释》《贤人的礼拜》《影子武士》，2009年作品《相思鸟·系列》等保留了很多手工及不同材料的泥所呈现的痕迹。这些作品希望借助泥土来寻求语言的自然表现，在语言方面，想避免粗糙，也想避免刻意纯化，从而获得一种艺术与人文的深层关怀。

再后来，2010年创作了《金榜题名》《纵横四海》官帽系列，把古代的官帽造型拉升处理，呈现为碑状，主体上绘制中国传统山水画，重峦叠嶂，大石上绘有寮、亭、草屋，小桥流水潺潺，意境悠远。作品的上半部分绘制成金色，隐喻着功名利禄与官帽之意，这些都是源于对中国传统文化的内涵活化和重新解读。

每个艺术家对艺术的认知度都不尽相同，我个人比较喜欢进行阶段性探索，每个阶段的作品都有自己的特色，希望作品能在不断的变化中获得进步。对于风格，我觉得无须界定，艺术作品表现是丰富的，风格是自然形成的，人有品格，作品也有品格。这里包含个人的认知、修养和感悟。

中国当代陶艺必然走向多元化，陶瓷材料作为一种表达语言的创作方向形成后，人们便开始探索与实践，进行富有个性的知识整合与创造，进行材料作为艺术表现媒介的可能性探索，不断完善、纯化作为精神载体的材料语言和形式语言，形成有个性风格的表述，不单是美的形式的创造。从文化的整合意识出发，探索陶瓷的本体语言，拓展陶瓷材料的表现力和外延，丰富陶瓷材料的当代语言和形式。文化不以形式的新旧作为考虑的标准，而是应关心其内在终极价值的体现。

我喜欢有文化深度地思考和探索，2016年，我尝试了一些与魏晋时期佛像有关的创作，如《目见空华》《云开空自阔》等。在创作观念上不断建构创新意识、具有时代特征的艺术表现形式，阶段性地将自己对艺术的不同感知，通过各种材料和表现手法加以呈现，传达出自己对艺术的理解和敬仰。

当代陶艺相较于其他材质的文化历史，曾经拥有的辉煌，代表了中华民族文化根性和民族审美，有其浓厚的文化价值。如同西方文艺复兴已过五百年，但其艺术价值仍历久不衰，依然是西方艺术史的经典，而此文化养分，在现代的艺坛经典演绎中，也再度复活。

随着中国当代陶瓷艺术教育的不断深入，陶瓷这一充满魅力的材质会与多种艺术成分、艺术思想、艺术样式的审美意识融合，从感受泥性、超越泥性到演绎泥性，以美学意识及表达精神内涵为主题，无论在观念上还是在形式上，反映出陶瓷文化史发展进程中流露的智慧轨迹与内在精神需求，创新和拓展出符合当代人的现代审美意识的优秀作品。以开放的胸襟和国际的视野来传承和发展中国陶瓷艺术，是我辈陶艺人的责任和担当。

# 宋代龙泉青瓷手工艺的造物观

李德胜

（丽水学院　中国青瓷学院）

**摘　要：**龙泉青瓷是中国宋代瓷业中的典型代表，其艺术特点和造物特征深刻反映了当时社会的文化思潮和审美追求。宋代龙泉青瓷器物力求朴实无华，体型崇尚清秀儒雅，品格超逸脱俗，呈现出简约平淡、复归于朴的艺术审美取向，其造物观对当下龙泉青瓷创作有十分重要的借鉴意义。

**关键词：**宋代；尚象；简约；典雅

## 一、宋代造物思想概况

纵观中国历史，宋代不论是在科技发展，还是在政治文明和造物文明等方面，都取得了极高的成就，它是人类历史上第一个全面实施文治的时代，创造了高度发达的文明，这种文明也深刻地体现在日用器物中。造物思想作为连接文化和器物的纽带，更有着现实的研究意义。

宋代是"郁郁乎文哉"的文化时代，在雅俗并存、淡雅舒缓的大文化中，读书为文、崇儒尚雅是当时的社会风气。宋朝大力推行科举制度、重文抑武，文人士大夫成为文化的主力军，他们引领时代文化的风尚，促进文化的繁荣发展；同时，当时的经济发展和商业繁盛，市民文化的崛起，促进了手工业的迅猛成长，为社会的发展奠定了丰厚的物质基础。两种文化相辅相成，文人引领的上层建筑与丰厚的物质基础共同筑造了繁荣的宋代文化，将宋代文化推向了历史的新高度，也带动了宋代器物的生产。

宋代的器物，淋漓尽致地展现出"清水出芙蓉，天然去雕饰"的艺术美感，没有烦琐的装饰，体现出质朴典雅的美学趣味。它与唐朝的艺术风格截然不同，唐追求华丽、恢宏，宋讲究平易、严谨。宋代的器物制造注重"理"，这和当时流行的理学思潮密切相关，将理学中的创作观念和艺术风尚挪移到器物制造中，在一定意义上促使这种简约典雅的风格成为当时造物的主流思想和人们追求的审美。

龙泉青瓷是中国宋代瓷业中的典型代表，它驰名中外，有着独特的造物风格和巧夺天工的艺术创造，是物质文明和精神文明的宝贵遗产，它的艺术特点和造物特征最能反映当时社会的文化思潮和审美追求。

---

**作者简介：**李德胜，浙江缙云人，教授，丽水学院中国青瓷学院副院长。

## 二、宋代龙泉青瓷的造物特征

### 1. 以物观物，回归本源

理学作为宋代的流行思想，它对当时的龙泉青瓷制造产生了十分重要而明显的影响。宋代的理学是佛教哲学和道家思想渗透到儒家哲学后出现的一个新思潮。北宋理学家邵雍提出"观之以理"的思想，倡导将主体内在的感受和情致渗透到审美对象中去，不受主体先入为主的偏见的影响，反对"以我观物"，提倡"以物观物"，注重回归到事物的本身。对陶瓷器物制造而言，即要回归器物本身的使用功能。

宋代龙泉青瓷深受宋代理学思想的影响，器物的设计更趋于功能化，摒弃了繁华无用的装饰，使器物的设计制作回归到最根本的目的。从种类上来看，宋代龙泉青瓷涌现出大量造型新颖的器物，如盘、碗、杯、碟、壶、罐、洗、炉、钵、觚、豆、水丞、笔筒、印盒、粉盒、渣斗、灯台、香炉、鸟食罐、砚滴和塑像等，还包括餐具、茶具、文房用品和陈设品等，可谓丰富多彩，是前一阶段无法比的。种类丰富的青瓷器物，达到了实用与美观的统一，给人们的生活带来了便利。

宋代的陶瓷在艺术上取得了很高的艺术成就。从总体看，陶瓷的造型简洁、优美，为我们创造了卓越、美的工艺形象。器皿的恰当比例和尺度，使人感到减一分则短，增一分则长，达到了十分完美的程度。这是宋瓷千百年来，为人们所赏识的原因所在。

壶是宋代龙泉青瓷中常见的日用器（图1），宋代龙泉执壶的造型和之前朝代的龙泉壶相比，早期壶外形敦厚，宋代则整体轻盈；早期造型圆润，宋代则修长；早期壶流短小，宋代则演变成壶口与把柄上端基本齐高的样式，柄也相对较长，方便五指伸入抓握；早期壶在流和柄上有兽类做装饰，宋代则去其装饰，简洁明了，便于使用。宋代的成型工艺达到了炉火纯青的高度，壶的坯体较之早期，做工精细轻巧，造型细致秀丽，体量轻盈便捷，操作实用方便。宋代龙泉青瓷令人赞叹，一方面适时地反映了文艺思潮和哲学思想的变化，另一方面又超越了思想的表象，受经济、民俗、技术等因素的影响，更真切地体现了时代文化的全貌。它遵循了回归器物本身的造物思想，制造的器物种类丰富，工艺精美，使用方便，关注百姓，回归生活，让人们的生活变得更加舒适方便。

图1　北宋八方执壶

2. 制器尚象，寄托寓意

"制器尚象"是中国宋代造物思想的又一主流思潮，它是宋代史学家郑樵提出的造物设计观，主张表现器物的象征性功能，让器物与文化通过设计这个纽带紧密联系起来。自古就存在器物的象征性，它有着物质和精神的双层作用。郑樵提出了一个关于器物制造和设计的深层问题，即器物的象征寓意，认为器物除了使用功能以外，还应"皆有所取象"。象征性实质是器物所承载的文化内涵，并采用一种相对直接的方式呈现。宋代龙泉青瓷的一些典型器和瓷器中的装饰均有"尚象"之意。

宋代龙泉青瓷中出现大量的鱼洗器（图2），在青瓷洗中间贴的首尾相对的双鱼，成为当时最常见的装饰纹饰。这和当时人们的生活习惯，以及"制器尚象"的造物观有密切的关系。首先，龙泉窑毗邻瓯江，鱼成为人们生活中一种习以为常的物象，将取材于生活的鱼装饰在器物之中，并赋予它美好的象征寓意。人们将"鱼"同"余"和"玉"相联系，代表"粮余"和"钱余"，同时"玉"又是人们所追求的君子之德，将君子比德于玉，玉的品质与人的品德相通，反映出当时人们的高尚追求与美好愿望。其次，宋代大力主张儒释道三教融合，认为三教相辅相成，缺一不可。鱼洗内双鱼装饰首尾相对，和道教文化中的阴阳鱼图有异曲同工之处，也折射出宋代的审美文化风尚。

图2　北宋刻划写意双鱼洗

图3　北宋五管瓶

五管瓶是宋代龙泉青瓷中的又一典型器，早先是随葬的明器，之后也发展成为具有象征意义的陈设用器。其象征意义与阴阳五行等中国传统文化思想相关，蕴含吉祥之意。浙江龙泉青瓷博物馆馆藏的北宋青釉刻花莲瓣纹五管瓶的瓶盖内就有墨书24字铭文："张氏五娘，五谷仓柜，上应天宫，下应地中，荫子益孙，长命富贵。"

从这段文字记载中可以发现，五管瓶是沟通天地、保佑子孙吉祥的器物（图3）。自古以来，带有"五"字的吉祥之词，不一而足。五管瓶取"五"根管，宋人认为五行有产生祥瑞之相，有着吉祥的美好寓意。《宋史五志》记载："天以阴阳五行化生万物，盈天地之间，无非五行之妙用。人得阴阳五行之气以为形，形生神知而五性动，五性动而万事出，万事出而休咎生。和气致祥，乖气致异，莫不于五行见之。"从宋史记载的这段文字中我们不难发现，宋代之所以如此盛行五管瓶，除了它造型美观以外，更折射出阴阳五行思想在中国古代的兴盛，人们通过器物寄托对美好事物的向往与追求。

观象制器，以象显道，宋人通过对天地万物的观察，用认知的形象、感知的意象和领悟的道象来创造器物。"制器尚象"成为造物设计取之不尽的思想源泉，对宋代龙泉青瓷的造型有深远的影响，也让青瓷制造有了更为丰富的思想内涵。

3. 简约平淡，复归于朴

绚烂之极，复归于淡。"平淡"是中国传统美学思想的范畴之一，它是造物思想的新高度，是一种成熟老练、典雅高尚的艺术境界。要造就此境界，必须达到一定的技术和心境，理性与冷静地对待器物。平淡的审美特点必定会造就简约的器物，这是宋代的造物思想，同时也反映出当时社会受"文治"思潮的影响深远。

宋代的龙泉青瓷与之前、之后朝代的瓷器相比，有着明显的不同，虽大多都不加任何的装饰，但也不失其艺术价值。器物多凭造型取胜，造型简洁优美、大方自然，没有琐碎装饰，不露加工痕迹，达到浑然天成的艺术境界。宋代龙泉青瓷是"平淡"审美思想的具体表现，龙泉制瓷匠师们不刻意去雕刻，复归于朴，重视器物的功能性和内在真正的质朴美感，给人清新脱俗的视觉体验，让人感受到宁静而雅致的生活气息。

作为日常生活中的日用器，碗最能够直接反映当时社会的造物思想。龙泉青瓷各个时期碗的造型风格各异。南朝受成型技术的影响，碗的造型拙朴（图4）；宋代的制瓷工艺达到了成熟阶段，碗的造型简洁明朗，线条流畅自然，纹饰简洁素雅，实用与美观并存，将造型、釉色与纹饰完美地结合在一起，通过极简的艺术语言表现出"疏淡含精匀"的审美意趣（图5）；到了元、明时期，碗的品质已大不如宋代之精美，一般多采用印模成型，制作粗率，胎质厚重，造型笨拙，纹饰堆砌（图6）。梅瓶、玉壶春作为宋代龙泉青瓷的典型器，简洁流畅的线条尽显简约平淡之美。许之衡的《饮流斋说瓷》中这样描述梅瓶："梅瓶口细而颈短，肩极宽博，至胫稍狭，抵于足则微丰，口径之小仅与梅之瘦骨相称，故名梅瓶。"宋代龙泉青瓷中的梅瓶，修长秀美，造型和谐；玉壶春（图7）的造型简洁，线条优美柔和，瓶颈细长，从颈部开始逐渐变宽，曲线变化舒缓，形成圆状下垂腹。梅瓶、玉壶春这两款经典器形展现了"端庄杂流丽，刚健含婀娜"的艺术美感，也体现了宋人喜爱简约平淡、复归于朴的艺术风格。

图6　明代龙泉窑刻花碗

图4　南朝青釉碗

图5　南宋刻花莲瓣碗

图7　南宋玉壶春瓶

宋代龙泉青瓷以造型精致端巧见长，以釉色单纯净润取胜，以纹饰简洁大方著称，追求"平淡"之美，绝非淡乎寡味，而是一种内敛雅致文化的体现，所谓"所贵乎枯淡者，谓其外枯而中膏，似淡而实美"，将自然朴素的美学思想淋漓尽致地展现在器物中。

## 三、结语

宋代独特的政治、经济和文化思潮形成了宋人推崇观之以理、制器尚象、简约平淡的造物思想，本文所引的宋代龙泉青瓷中的几款器物只是在时代造物思想影响下宋瓷艺术的一个缩影，为后世器物制造树立了典范。宋代龙泉青瓷不仅制作工艺精湛，其造物思想也是卓越千古。宋代崇尚理学，推崇古朴自然、温润典雅的美学品格，追求返璞归真的艺术风格和复归于简的人生境界，通过器物展现出超凡脱俗的造物思想和温文尔雅的艺术气息。简洁典雅的龙泉青瓷就如宋代文人思想一样，淡泊飘逸；如宋代的诗词一样，清新自然；如宋代侍女一样，委婉含蓄；如宋人画卷一样，静谧优雅……透过器物，呈现出宋人喜爱返璞归真的生活状态，爱好清雅恬淡的艺术风格，追求陶然质朴的审美情操，崇尚自然朴素的造物思想。

## 参考文献

[ 1 ]　田自秉. 中国工艺美术史 [M]. 上海：东方出版中心，1985.

[ 2 ]　脱脱. 宋史五志 [M]. 北京：中华书局，1977.

[ 3 ]　黄宾虹，邓实. 中华美术丛书：三集：第六辑 [M]. 北京：北京古籍出版社，1998.

# 基于绘画技艺下的
# 龙泉青瓷刻划纹饰研究

## 吴新伟

（丽水学院　中国青瓷学院）

**摘　要**：陶器刻划萌芽于远古旧石器时期，两晋、南北朝时青瓷刻划使用普遍。五代到北宋早期，通过借鉴学习，龙泉窑青瓷刻划技艺不断改进提高，到北宋中晚期，龙泉金村窑的刻划技艺手法自如、灵动、飘逸，达到独具江南灵秀之气的艺术效果。本文对如何将当下龙泉青瓷刻划置于中国绘画技艺下予以分析，融合绘画性技法展现笔法与刀法的工艺转换，叙述工艺美术适应时代转换新的视觉表达是本文关注的重点。

**关键词**：绘画性；龙泉青瓷；刻划

在中国陶瓷艺术的历史长河中，装饰手法多种多样，呈现出各异的独特风貌，令世人为之叹服。纵观陶瓷工艺，其装饰方法极多，可以清晰地看到刻划装饰的应用最为广泛。陶器刻划早在远古旧石器时期已有萌芽，而后两晋、南北朝时期在青釉瓷中刻划纹饰已被普遍使用。经过五代到北宋早期的不断改进，技艺提高，到北宋中后期"刻划纹饰"达到炉火纯青的地步，形成了具有时代特征的艺术风貌。

宋代龙泉窑青瓷刻划师傅懂得"工欲善其事，必先利其器"的道理，技艺不断改进提高。利用不同的刀具，在"类玉"的青釉色中，充分发挥刻划刀法与线条的魅力。对比其他宋代窑系，龙泉窑刻划技艺的运用更加流畅自如、潇洒飘逸，达到独具江南灵秀之气的艺术效果。这种刻划注重制作者的感悟与积累，注重工具材料与创作者观念的连接，是技工运用个体审美体悟后的经验表达。龙泉窑青瓷刻划纹饰根植于民间工艺美术，吸收了一定的绘画形式，其以满足市场生产为目的，无法摆脱民间工艺美术刻划装饰"世俗图案性"的艺术倾向。

本文关注的重点在于将当下龙泉青瓷刻划纹饰置于绘画层面予以分析，运用中国绘画表现手法实现刀法与笔法的艺术转换；以符号化的视觉呈现表达工艺体验、文化思考及视觉愉悦；龙泉青瓷刻划纹饰如何在中国画艺术中寻找营

---

**作者简介**：吴新伟，浙江庆元人，丽水学院中国青瓷学院教授，扬州大学硕士研究生导师，中国美术家协会会员。

养，从现代艺术中寻找出路，与"多元时代、多元共生"接轨，使之成为当代陶瓷装饰艺术的一个重要组成部分。龙泉青瓷绘画纹饰刻划工艺的创新是现代青瓷文化装饰艺术发展的体现，呈现的是一种现代文化艺术的"跨界共生"现象。

中国画属于相对独立的纯绘画艺术，然而青瓷融合绘画性技艺装饰却是一门工艺美术，它从器形设计到装饰制作直至烧成，需要经过一系列精细的工艺流程。它建立在龙泉青瓷传统精湛的工艺技术基础上，融合绘画技法元素，使其表现手法更丰富与多样化，促进现代青瓷装饰品味的提升。绘画性装饰艺术是龙泉青瓷的一种文化附属，它将显现出龙泉青瓷最为"文化"的亮光点。以单色釉色取胜的青瓷中融合绘画性的刻划装饰实践，首先是将中国绘画样式结合刻划技法运用到青瓷釉下的实践技艺研究，以最大限度地区别于传统图案样式而融合国画元素，将包括题材、技法、构图、题款、印章等在内的元素融入青瓷装饰釉中，装饰追求工细刻制而有笔意、深浅有虚实，最终达到在"类玉如冰"的釉色中清晰透明地呈现中国绘画性装饰。这些青瓷装饰的创新作品将现代艺术个性的审美情趣融合于青瓷技艺之中，它透视出现代绘画艺术者内心那股精神灵气，在青青釉色中传达出心灵与自然的和谐统一。这种装饰创新突出体现艺术观念与工艺制作水平及器型釉色达到完美的巧妙结合，发掘青瓷装饰新的表现语言和审美情趣。如青瓷《莲花吟斗笠碗》，作品直径为76 cm、高19 cm，粉青厚釉，是迄今为止龙泉青瓷行业成功烧制的最大的斗笠碗。此作品瓷胎釉的化学组成分析显示，其属于高铝质白胎（$ZrO_2$）0.5%，在青瓷大件制作时容易成型且强度高，在高温烧制时器形稳定性好，不开裂；通体施粉青色高钙釉，其中碱土金属氧化物（CaO）8%，碱金属氧化物（$K_2O+Na_2O$）5.2%，这样的胎釉化学组成有利于保证青釉的高温黏度，釉面光泽度强，同时达到较高的玻化程度，有利于凸显釉下绘画刻划装饰技法的特点。最突出的是青瓷融合绘画语言，采用阴阳结合的雕刻技法，釉层分明，虚实对比，相映成趣。斗笠碗上方阳刻一圈草书装饰，内容为古代吟莲诗，包括南朝萧衍的《夏歌》"江南莲花开，红花覆碧水。色同心复同，藕异心无异"等十几首，达460字。书法装饰行笔节奏使转纵横，经营章法或断或连，分行布白与青瓷釉色和谐有度。斗笠碗下方阴刻荷花装饰，一张碧绿如盖的荷叶占据大面积，在青釉中与亭亭玉立盛开的荷花、中通外直的荷柄形成鲜明的对比，利用飘落的花瓣将整个釉面串联在一起，如唐代李白的那首千古绝唱"清水出芙蓉，天然去雕饰"，凸显出荷花的自然美特征，青瓷厚釉效果与高洁清丽的国画荷花刻划装饰形成鲜明的艺术反差，透露出文秀、飘逸、舒展的视觉冲击力。该作品的创作原则是在泥坯上书写绘画后的刻划工艺再次表现，充分反映绘画意境，彰显其文化品质与精神内涵，运用矛盾与统一的创作方式，将两种艺术尽可能完美的融合与提升。这种创作方式是对静态龙泉青瓷与动态釉下绘画装饰的协调统一，是传统绘画与现代青瓷美学的激情碰撞与融合，使青瓷工艺技术与绘画艺术达到"以意呈象，以象造型"的独特艺术品格境界，既是对传统绘画艺术的回味与追溯，亦是对现代文化青瓷艺术的大胆开拓创新。绘画性刻划莲花系列的作品又如《龙渊荷塘》，沿口一圈草书入瓷，撰文："少居龙渊旧衙侧，衙前有荷塘一方，垂柳掩映。花晨雪夕，无日不与荷塘为伴。或垂钓于塘畔，或纳凉于柳下。当仲夏之夜，繁星满天，荷香沁脾，蝉鸣蛙鼓，有若天籁；或当宿雨初歇，雾气飘缈，流青滴翠，荷露映日，游鱼戏萍，几疑入瑶境，非复凡间。每自谓曰：几世修行得生龙渊乎？"洗内以左上侧取势构图，阳刻龙泉山泉中溪鱼，阴刻卵石，鱼之国画用笔飘逸丰腴，追求青玉之间动静相连，既显温润清透之质地美，又含清新泉深之韵的艺术效果。

通过龙泉青瓷玉质感的釉色深浅来表现绘画层次分明又相融相生的艺术效果，以达到"水之趣在天，瓷之趣在釉，釉之趣在饰"的境界是研究刻划装饰的重点。如2017年创作的茶具作品《泉上望春》，以龙泉当地的朱砂泥手工拉坯成型，多次精细修坯，为的是更好地刻划绘画和造型表现，露胎与出筋处呈现均匀的泥胎线，其中杯子的修坯独具技艺，泥坯未干之时加以薄修，成型后钳凹口作花瓣尖意是其亮点。茶具由盖碗、公道杯与数杯组合而成，高温素烧后，再施以多遍梅子初青的厚釉，于1280 ℃烧制而成，其中公道杯运用传统支钉烧制技艺，可见其复杂。此茶具器型饱满文雅，釉色青透如山泉之翠，刻划的技法与题材是关键，白玉兰是我国国画兼工带写中最有代表性的表现内容，长锋流畅勾线画玉兰花之造型，重结构与姿态，以中国白描画之技法在坯上细刻，通过刻划的深浅、虚实、长短，在青青釉色中将春之意、花之趣、泉之韵融为一体，呈现自然之春那一花一水的无限生机，清新静怡中深深心往那无尽之意趣，故名《泉上望春》。观其釉色和花形而现心境，品茶论道而养心性，是龙泉窑绘画性刻划技艺装饰追求的人文精神。

龙泉青瓷露胎装饰源于南宋后期，是青瓷技师们通过长期烧制实践总结出的杰出制作工艺，在胎料中有意识、有追求地掺入铁含量较高的紫金土，烧成后期经过二次氧化使装饰的无釉处呈现独特的朱色或黑色。台北陈昌蔚先生研究陶瓷露胎制作技法，可用蜡、兽脂等涂于陶瓷无釉处，使装饰纹样与釉色形成鲜明对比烧制而成，此应为元代制作瓷器工艺。中国绘画装饰融合龙泉哥窑青瓷装饰便启发于此，如作品《书镌碧玉斗笠碗》，直径41 cm，高8.5 cm，高铝质哥窑灰胎，铁含量较高，露台书法装饰在烧成过程中受氧化气氛影响呈棕红色；施石灰碱釉，碱金属氧化物（$K_2O+Na_2O$）含量为7.0%，易于釉面裂纹的形成及保证釉的高温黏度，釉层中存在较多的气泡和未融石英，玉质感强，釉厚约5 mm，与无釉的书法刻划形成鲜明的对比色差，相映成趣。斗笠碗内取环形古竹简装饰书法设计，粉青厚釉与棕红色露台相间，书体行草，以刀代笔，用刀使转纵横，莫不敛入规矩，写来却翰逸神超，浑朴流润，大有绵里裹铁之妙。哥窑施釉处裂纹错落自然，汇聚装饰丰富、高古于釉色一体的错落构建效果，洁如霜露的釉质感更是传达出一种独立高步的世外意境。

绘画装饰艺术扎根于龙泉青瓷传统技艺，尽可能地发挥青瓷传统烧造技术，最大限度地体现龙泉青瓷的特色，又将具有深厚历史底蕴的中国传统绘画植入其中，通过文化艺术与技术的叠合，增加龙泉青瓷的文化艺术附加值，提升龙泉青瓷的文化内涵。

青瓷绘画装饰在很大程度上扩大了青瓷的审美内容，有了绘画装饰的融合，青瓷在传统的釉色和器形之外多了中国绘画艺术所带来的线条形式和文化内容的审美价值。青瓷融合绘画刻划装饰已经不再是工匠的制作，而应该称为艺术家的创造，这是青瓷装饰最大的观念意义所在。远工而近艺，从业者的身份和素养逐渐影响和改变了青瓷工艺的品位和文化地位。应该将青瓷绘画装饰的创新探索纳入现代陶艺的范畴，它已经脱离了工匠制器时只问功用不究旨趣的传统，而成为表现个人心曲、伸延个性的重要方式。绘画艺术与青瓷的结合不是历史的偶然，它是华夏审美风尚和美学理想的必然。青瓷绘画装饰，是绘画与青瓷在艺术和应用方面的完美融合。绘画艺术作为一种装饰元素应用于青瓷技艺，不仅丰富了青瓷装饰的内容和形式，而且突破了传统青瓷仅以器形和釉色作为对象的单一审美模式，开拓了青瓷装饰和审美的新领域。基于绘画性技艺下的龙泉窑青瓷刻划纹饰研究，既是对传统龙泉青瓷文化的发掘与整理，更是对这一"刻划技艺"的绘画性解剖、认识的过程。找准龙泉青瓷刻划的绘画性本质特征与内涵，对于思考如何使龙泉青瓷文化艺术在当代获得新生，推动青瓷刻划技艺尽善尽美，以及龙泉青瓷装饰文化实践创新具有重要的现实价值。

## 参考文献

［1］ 中国古陶瓷学会. 中国古陶瓷研究［M］. 北京：紫禁城出版社，2006.

［2］ 张建平. 龙泉青瓷书法装饰创新研究［M］. 杭州：西泠印社出版社，2010.

［3］ 李刚. 青瓷风韵［M］. 杭州：浙江人民美术出版社，1999.

［4］ 孔六庆. 中国绘画艺术史［M］. 南京：东南大学出版社，2004.

［5］ 苏梅. 宋代文人意趣与工艺美术的关系［M］. 北京：中国社会科学出版社，2015.

［6］ 中国古陶瓷学会. 龙泉窑研究［M］. 北京：故宫出版社，2011.

# 龙泉青瓷二胡形制探究

林梓

（丽水学院　民族学院）

摘　要：对龙泉青瓷二胡的形状、结构、制作过程、关键技术、注意事项、发音原理等进行了介绍，对传承和弘扬传统龙泉青瓷艺术具有深远的意义。

关键词：龙泉青瓷；二胡；青瓷艺术；青瓷材料；青瓷工艺

## 一、龙泉青瓷二胡

　　龙泉青瓷二胡是以龙泉青瓷为材料制成的二胡，龙泉青瓷二胡是龙泉青瓷制作工艺与音乐演奏相结合的产物，是龙泉青瓷形制拓展的重要成果，对完善龙泉青瓷审美艺术具有标志性意义。

　　龙泉青瓷二胡既是龙泉青瓷烧制的工艺艺术，又是乐器演奏与表演艺术，因此"龙泉青瓷二胡的制作与演奏"是一门交叉性的课程。普通二胡的形制是龙泉青瓷二胡形制的重要参照，龙泉青瓷二胡的各部分形状分为圆柱形、方形、锥形、六角柱形及其他不规则形等，龙泉青瓷二胡的结构则基本遵从传统普通二胡的结构（图1）。

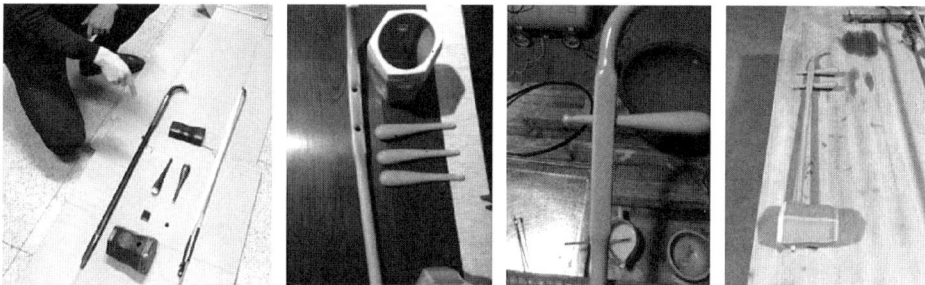

**图1　龙泉青瓷二胡**

　　龙泉青瓷二胡各部分形制参数的设定是烧制龙泉青瓷二胡的关键，也是决定龙泉青瓷二胡各部分烧制成效的重点。制作龙泉青瓷二胡最大的难点在于对龙泉青瓷二胡发音体的设计。

---

**作者简介：**林梓，江苏丹阳人，丽水学院民族学院教师。研究方向：二胡演奏与理论。

## 二、龙泉青瓷二胡的结构与形制

### 1. 龙泉青瓷二胡的总体器形

二胡的结构为不规则体，由多个部分组合而成，因此龙泉青瓷二胡在器形上相对复杂，也是由多个不同形状的物体组成，分为琴杆、琴轴、琴筒、琴托、琴头。

（1）琴杆（图2）

龙泉青瓷二胡的琴杆为长形圆柱体，参照普通二胡形制，其长度可控制在75~85 cm，横截面可制成圆形、椭圆形、不规则椭圆或者混合形状。其中，圆形截面的烧制难度较小，混合形状截面的烧制难度大。琴杆直径应在19~21 mm，最大误差不超过0.5 mm。

（2）琴轴（图3）

龙泉青瓷二胡的琴轴需缠绕琴弦，用于器乐的调音与定律，因此要求琴轴结实、牢固、可靠、不易损坏，普通二胡的琴轴为漏斗状或者锥形圆柱体，轴体表面有规则的凹凸弧线。龙泉青瓷二胡的琴轴也可设计成漏斗状，但粗细差需合理的粗细参数，且釉面应适量增大粗糙度，多刻纹，有助于琴弦的缠绕和固定。轴的粗细差应在3~6.5 mm之间，既可设计成普通光体表面，也可适量融入釉下彩花纹，增加琴轴的美观度。

（3）琴筒（图4）

龙泉青瓷二胡的琴筒可设计成整体型和组合型两种，琴筒形状可设计成方形、圆柱形、椭圆柱形或者不规则形等，圆柱形琴筒的制作较为容易，不规则形琴筒的制作则相对较难。从发声角度来看，琴筒形状为圆柱形或椭圆柱形发音更好，琴筒的中轴线长度应在12~13 cm，琴筒直径应在7.4~8.1 cm，这个参数能够保证龙泉青瓷二胡琴筒的发音共鸣。

图2 琴杆　　　　图3 琴轴　　　　图4 琴筒

（4）琴托

琴托的位置相对隐蔽，一般长约13 cm，宽7.5~8 cm，横截面为弧形。龙泉青瓷二胡的琴托设计应与琴筒长度、直径保持一致，若横截面设计成弧形，制作难度小，成本低，而设计成更为理想的半矩形则难度大一些，也更美观一些。琴托侧面和底面可加入釉下彩或釉中彩花纹，选用鲜亮的色彩。总之，龙泉青瓷二胡琴托外观设计应尽量做到高调、艳丽，能给人带来跃入眼帘的视觉冲击，提升龙泉青瓷二胡的外观品质。

（5）琴头

琴头是影响琴体美观度的最重要因素，是乐器的灵魂所在。当然，也可设计成有杆无头的简约风格。普通二胡常见的琴头有"如意头""云头""龙头""凤头"等（图5至图8）。对龙泉青瓷二胡琴头的加工与设计，"如意头""云头"的烧制与加工较简单，成本较低，而"龙头""凤头"的设计与烧制较难，成本较高。琴头的设计具有很大的工艺价值，也具有一定的烧制难度。

图5　如意头　　　　图6　云头　　　　图7　龙头　　　　图8　凤头

2. 龙泉青瓷二胡发音的设计与探索

龙泉青瓷二胡的发音需要进一步检测乐器各部分的发音与导音性能，使龙泉青瓷二胡声音的激发与传导畅通无阻，饱满浑厚，达到甚至超越一般胡琴类乐器的音质，因此需对"琴皮""蒙皮""琴筒""琴杆""琴托"等部分的结构性能进行研究与突破。

（1）琴皮

琴皮为龙泉青瓷二胡的核心振动体，是蒙在琴筒上的皮制品，琴皮应具有一定的张力和韧性，需选择质地均匀、厚薄适中的材料。可选择的材料有以下两种。第一，从越南或印度进口的上佳蟒蛇皮（图9），这种材料为纯天然动物制品，皮张蛋白纤维较粗，弹性好，质地匀，结实可靠，不易损坏，使用寿命长且振动发音优良。第二，可选择人工纤维皮（图10），这种材料伸展性能好，出产方便快速，厚薄可任意控制，基本不易受温度、湿度的影响，能较好地保存，且价格低廉，振动发音尚好，可大大降低龙泉青瓷二胡的制作成本，是制作龙泉青瓷二胡的较佳选择。

（2）蒙皮

龙泉青瓷二胡的蒙皮主要应把握蒙皮的松紧度，需根据琴皮本身的材料质地，以及琴筒材料的密度、体积、直径、内径、弧度等数值来做参考。皮蒙得紧，发音尖亮、干涩，皮蒙得松，发音浑浊不清，无法远传，需选择造价低廉的实验人工皮反复尝试。

（3）琴筒扩音性能的探索

龙泉青瓷二胡琴筒的作用是将琴皮振动的基音进行放大、处理和加厚，因此琴筒的形状与厚薄是决定发音好坏的关键因素。目前，普通二胡的琴筒横截面为规则的六边形，这是目前二胡发音效果最佳的琴筒形状，可以被龙泉青瓷二胡所借鉴，但难点在于琴筒内径的厚薄控制（图11、图12），内径的数值需参照琴筒材料的密度、质地等多种参数。木质二胡的琴筒内径在 6 mm 左右，而龙泉青瓷二胡的内径应小于这个数值，以增加琴筒内的空气体积，使龙泉青瓷二胡的琴筒具有更强烈的共振，以更好地增强声音的穿透力，有效地除去噪音，使音质更纯净，更接近理想的发音标准。

 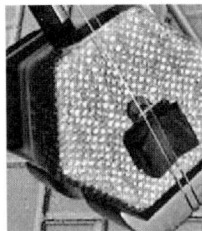  

图 9　蟒蛇皮　　　图 10　人工纤维皮　　　图 11　琴筒一　　　图 12　琴筒二

（4）琴杆的内径

龙泉青瓷二胡的琴杆既可设计成实心体，也可设计成空心体。如果琴杆为空心体，则更有利于琴体发音振动的传导，但有两个难点。难点之一，怎样使琴杆与琴筒振动的固有强度保持统一。难点之二，琴弦张力问题，一般琴弦为钢丝弦，空弦定音为内弦定"D"，外弦定"A"，因此，琴杆会承受较大的琴弦拉力。如选用实心琴杆，基本不会有问题，而使用空心琴杆，应按照琴筒直径与内径的比例关系以及琴弦拉力的承受范围综合计算出琴杆的内径，制作成本也较高。

（5）琴托的厚薄与声音的传导

龙泉青瓷二胡的琴托是与演奏者身体直接接触的部分，可有效地柔化、美化声音。琴托作为发音的承载体，应起到对声音的反射作用，力求使声音更具清晰度和厚度。琴托的设计应同时参考琴筒和琴杆的内径大小，再得出相对科学的数据。

## 三、结语

　　龙泉青瓷目前具有相对成熟的烧制工艺技术，而二胡目前在民族乐器中也具有代表性，因此对龙泉青瓷二胡的研制具有很大的学术意义、市场价值及较深远的后期效应。对龙泉青瓷二胡形制的探究力求最大限度地保证龙泉青瓷二胡整体美观和演奏时发音优良，同时在不断烧制的经验积累上，可对龙泉青瓷二胡的形制进行适当的改良、调整，尝试融合更多的艺术元素，使这种形式的乐器成为中国陶瓷乐器工艺的典范。

**参考文献**

［1］　浙江省轻工业厅. 龙泉青瓷研究［M］. 北京：文物出版社，1998.

［2］　吴涤. 龙音瓷乐——浙江龙泉青瓷打击乐器探究［J］. 中国音乐，2011（2）：205-207，212.

［3］　赵丹. 浅谈陶瓷乐器［J］. 景德镇陶瓷，2012（6）：38.

# 龙泉青瓷器皿把持方式探索

## 周莉

（丽水学院　中国青瓷学院）

**摘　要**：传统龙泉青瓷的日用器皿大多是工业化生产，产品造型单一，把持方式也被定格为拿、握、捧等常规方式。随着时代的发展，龙泉青瓷器皿不再只是满足人们的日常生活，"形"与"持"产生碰撞，承载着使用者的审美情趣、生活态度等。青瓷制作者应推陈出新，大胆进行个性化的艺术表现，在青瓷设计与制作中引入新的材料和工艺，积极探索把持方式的多样性，演绎龙泉青瓷全新的艺术表现。

**关键词**：龙泉青瓷；器皿；把持方式；审美情趣

　　传统龙泉青瓷以生产日用器为主，实用功能占主要地位，与人们的生活息息相关。在日常使用时，人的手同青瓷的餐具、茶具、花器、陈设器等都会有直接的接触，这让作者产生了人与器物之间把持关系的再思考。

　　传统龙泉青瓷的日用器大多是工业化生产，产品造型单一，把持方式也被定格为拿、握、捧等直接和器物本身接触的常规方式，缺乏民族特色和艺术表现力。随着时代的发展，龙泉青瓷器皿不再只是满足人们的日常生活，它还承载着使用者的精神需求、审美情趣、生活态度。人们在使用器物时，"形"与"持"产生碰撞，拉近了物与人的距离和情感。现当代的发展趋势，促使龙泉青瓷器皿不断创新。青瓷制作者应推陈出新，大胆进行个性化的艺术表现，从器物的工艺、造型和情感等多方面积极探索把持方式的多样性，打破传统的制瓷方式和审美情趣，在设计与制作中引入新的材料和工艺，演绎龙泉青瓷全新的艺术表现，赋予器皿新生命。

## 一、物以致用——传统龙泉青瓷器皿把持方式分类

　　传统陶瓷器皿一直传承和强化器物的使用功能，无论技术如何创新，实用第一都贯穿于艺术创作中，达到日常使用中的最佳把持效果。龙泉青瓷按不同的把持方式可分为以下五种。

　　1. 把手型

　　把手型指端拿的构件置于器物侧边的造型。把手型通常有两种，一种是端把壶，壶嘴和把手在同一水平线上，壶把手的宽度一般是器物整体宽度的三分

**作者简介**：周莉，浙江丽水人，丽水学院讲师，中国美术学院在读博士。

之一。端把壶的使用具有端时费劲、倾斜倒水时省力的特点，这是因为手与器物重心不在同一条垂直线上。另一种是侧把壶，壶嘴与把手成90°角，把手造型外粗内细。使用时，手握侧把，向外倒水不费劲。

2. 提梁型

提梁型指提拎部件粘于器物左右肩上，跨立在器物上端的造型。考虑人机工程学和烧制的难度，提梁的最高点一般离器物口部8 cm左右为佳，提梁壶是其典型代表，使用时，手拎提梁中间部分，手与器物重心处于同一条垂直线上，提拎时省力，但倒水时略显费力。

3. 拿捏型

拿捏型指器物没有多出的部件，造型相对整体。使用时最为方便直接，人手直接接触器物本身，但隔热差。器物的体积决定着使用者手的姿势，大器件造型多为两手捧，小器件造型一般为单手握。

4. 系绳型

系绳型指器物肩部粘有带洞孔的系，数量一般有两个、三个、四个不等，被等距离分布在器物肩上。使用时，将绳穿于系的洞孔上，用手提拎系绳。为了使用时方便稳当，通常系耳型器物整体造型不高，系的位置较高。

5. 双耳型

双耳型指器物主体两侧各附着一只耳，一般左右对称。使用时，人的两手分别握左右耳。耳小，手拿取时的接触面就小，所施的力就要大，所以耳的大小决定着人在使用时采用何种拿取方式。

通过上述分析可见，传统的龙泉青瓷器皿趋向于实用性，受到制瓷工艺、成型材料和器皿造型等因素的影响，人们使用时的把持方式被局限。随着时代的发展，人们不再满足于器皿的实用功能，开始追求精神层面的互动，这就要求青瓷制作者推陈出新，积极地探索制作新工艺，在对传统把持方式研究的同时开拓出更多新的拿取方式。

## 二、因材施艺——龙泉青瓷器皿把持工艺新探索

传统上，陶瓷同其他材料结合，多是辅助实用功能或是起到装饰作用。如定窑瓷器，多在口边包金、银，其目的是装饰覆烧法造成的无釉而质感粗糙的芒口。另外，如南宋时期的龙泉青瓷蚂蝗绊茶碗（图1）也是采用金属修复破损的碗壁，使其重新恢复实用功能，同时用以修复的金属锔钉还可起到装饰作用。而当下，青瓷制作者不再单纯地追

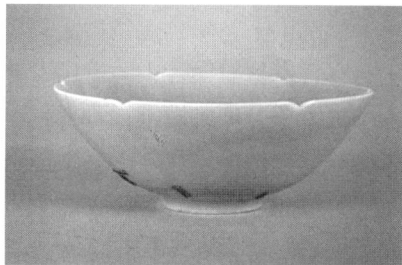

图1　蚂蝗绊茶碗（现藏于日本东京国立博物馆）

求造型上的装饰,而是充分挖掘新材料、新工艺,因材施艺,实用与审美并重,寻求人与器物之间更多样的互动。

龙泉青瓷器皿与不同材料结合进行创作,既拓宽青瓷的表现空间,产生新的视觉美感,又提供了更多样的拿取方式。下面以龙泉青瓷器皿与木质材料相结合为例,探索其带来的新颖把持方式。

木材的特点是质轻、强度高、有弹性、易加工、带天然纹理,不同的木材带给人不一样的视觉效果和触觉感受。如紫檀,纹理交错、有光泽、带香气、结构密、材质硬;黄花梨,结构细腻均匀、纹理斜而交错;菠萝格,纹理交错、深浅相间;铁力木,质糙纹粗、带有明显的棕眼,这些天然肌理都是工业材料无法比拟的。按硬度可将木材分为软木和硬木,硬木适合后期的加工,所以器物创作多与硬木结合。这种结合形成一柔一刚的对比,打破传统司空见惯的器皿造型,使作品流露出几分容于传统而又不同于传统的姿态,纯净中带有几分素雅,颠覆常规的把持方式,创造拿取方式的更多价值空间。

如笔者设计制作的作品《提盒》系列分别采用青瓷与柚木和菠萝格木结合。首先,在造型上,它的灵感是来自古代的提盒,这种带有大弧度提梁的造型,是无法用青瓷单独完成的;其次,在材质上,提盒 I(图 2)采用柚木和青瓷结合,柚木纹理线条优美,含有金丝,色泽冷黄,与淡青色青瓷结合,协调统一;提盒 II(图 3)采用菠萝格木与青瓷结合,木头纹理深浅交错,以点状分布,陶瓷部分青中泛红,与暖黄色泽的木头形成呼应,产生特殊的视觉效果和装饰风格,给人返璞归真的亲切感。此外,这种设计创造了新颖独特的新方法,改变了传统的拿取器皿方式。原来人们直接捧器皿,现在用手拎或用手腕挎器皿。日常挎篮子、挎皮包较多见,"挎"这个动作用于陶瓷上是一个全新的理念,时尚而不失传统。同时,《提盒》系列作品打破了现今将菜装于盘中,用手端盘上桌食用这样一个过程,它不只是物质上的享受,更追求精神上的需求。使用者将装有菜的盘子放在提盒内,拎或挎提盒上菜,到餐桌上再将菜取出,然后品尝,看似复杂的吃饭过程,已不再是简单的"食"这样一个动作,它让青瓷创作者与使用者产生共鸣,实现精神与物质的双重享受。中国美术学院手工艺学院院长周武教授评价道:"周莉创作的瓷木提盒系列,关注木材在青瓷器皿设计中的运用,并在把持方式及瓷木材料的结合方面,展开深入的思考和分析。她重视青瓷创作的实验性探索,敢于面对材料的藩篱,进行大胆突破,呈现出良好的学术品格。作品体现了跨学界设计的理念,表现手法新颖,造型独特。'提盒'系列以日常的青瓷器皿为题材,经过巧妙的艺术构思、提炼,升华为寄托着人们美好理想和艺术家高尚情感的作品,在国内学术展览中受到业界广泛的关注。"青瓷制作者大胆创新,打破传统,用全新的艺术语言,让使用者体验到全新的视触觉感受。

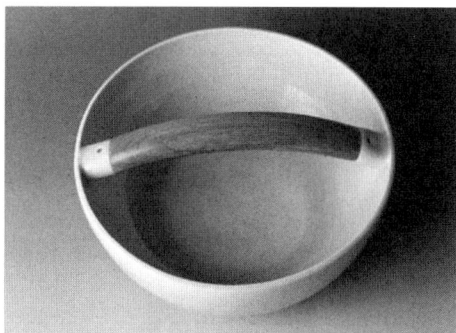

图2 提盒Ⅰ（丽水学院 周莉作品）

图3 提盒Ⅱ（丽水学院 周莉作品）

　　现在市面上最常见的龙泉青瓷杯多为陶瓷把手或是无把手。日常使用时，人们直接用手去抓杯子的把手或是拿捏杯身。质造公司出品的几款青瓷杯，将青瓷与木质完美结合，用木把手替代传统的陶瓷把手，形成特殊的形式美感。如星月杯（图4），使用者一手拿着暖色黑胡桃木托，另一手轻轻扶住带木把的青白色瓷杯，两种材质对比强烈，视觉冲击力强。又如桃花杯（图5），采用带有竖条细线纹理的红胡桃木与淡青色瓷相结合，陶瓷部分绘一枝桃花，连接两种不同材质，造型简约大方。它不同于市面上常见的青瓷杯，而是利用木质材料包裹住杯子下半部分（约杯身的三分之一高），使其造型独特，同时也防止烫手。精湛的设计，实用并带有艺术感，虽不华丽，但也不失平凡，适中的价格，使青瓷艺术大众化。

图4 星月杯（质造出品）

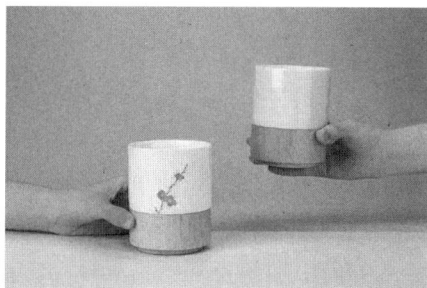

图5 桃花杯（质造出品）

　　在龙泉青瓷茶具器皿中，不乏木材的配件，如茶杯垫、茶托等，它们成为青瓷茶具的辅助部分，但并未真正意义上与茶具结合在一起，通常是一种硬结合，即不同材料非结构上的组合。随着技术的发展，青瓷制作者开始尝试青瓷与木材的软结合，让木材成为作品不可缺少的一部分，在功能上两种材料相辅相成，缺一不可。这类青瓷茶具样式美观，工艺独特，拿取方式与众不同，独具中国特色。正如瓷木结合茶具（图6），它打破了传统青瓷壶的使用方式，将青瓷与巴西花梨木结合，壶的木把手所处的位置同端把壶一样，但是造型截

图6　茶具（丽水学院　周莉制作）

然不同，不再采用端把壶的半圆弧形，而是采用与壶嘴垂直的造型，并通过小的陶瓷零件将木头与壶身结合，造型独特，为青瓷茶具输入新鲜血液，也为品茶人提供更多样的使用方式。配套的茶杯，也是采用陶瓷与木头的有机结合，陶瓷部分青中带红，红中泛青，结合纹理或隐或现的巴西花梨木，整件作品不静不喧，质地温润。使用时，人的手不再直接接触瓷器，而是同木头接触，带给使用者触觉、视觉和情感的新体验。

在中国当代青瓷器皿的创作中，新材料以包容的方式运用到创作中，这些材料不拘一格，除了木材外，还有金属、玻璃、布料、塑料等，它们成为青瓷创作的新宠。两种或多种不同材料的碰撞，带给人强烈的视觉冲击力，赋予青瓷作品新的生命，同时也创造了多样的把持方式。

### 三、心物交融——龙泉青瓷器皿把持观念新体验

现代青瓷制作者摆脱简单地模仿传统技法，大胆地在材料、技法、工艺、装饰等多方面进行探索和创新。正如德国艺术理论家威廉·沃林格所说："真正的艺术在任何时候都满足了一种深层的心理需要，而不是满足了那种纯粹的模仿本能。"新工艺的探索，带来了观念的转变，产生了情感的新体验，主要是以下两个方面发生了改变。

一是思想观念的转变，特别是对青瓷器皿好坏的评判标准有所改变。古代将完整、实用、均衡、美观等作为判断青瓷好坏的标准，"制器尚象""物以致用"这些文化理念贯穿青瓷器皿创作。而现如今，青瓷器皿的盛物观与古代"物以致用"的实用主义制瓷观念是截然不同的，实用不再是首要考虑的因素，创新、创意、独特、个性、多元等已成为新的创作理念，因而青瓷的创作空间被无限放大，从而使青瓷造型变得更加丰富多样，人们的拿取方式也有了无限变化的可能。

二是工艺技术的进步，促使青瓷制作者能够更大胆地创新方案，使青瓷器皿在造型和功能上更趋多元化。从传统的辘轳车制作，到电动拉坯机创作，再到现代的工业化生产，技术的发展给青瓷创作带来了便利和更多样化的可能。青瓷与木材结合的作品，也是得益于现代技术。首先，进行瓷木作品的设计，然后完成陶瓷部分的制作和烧成，接着先用电脑建模，再利用精雕技术雕出所需木头部分，最后将两部分有机结合，完成作品。这一系列的设计制作过程，离不开好的观念想法，更离不开技术支持。新技术的运用，新材料的结合，让

青瓷原本无法实现的造型都成为可能，为人们提供多样的拿取方式。

青瓷与不同材料结合的作品，既不失民族特色，又迎合现代社会，在传统中创新发展，提供多样的拿取方式，产生独特的装饰艺术，带来新的视觉效果。在高速发展的现代社会，人们厌倦工业化的青瓷器物，千篇一律的作品已很难在市场立足，人们更加喜爱自然化、个性化、情感化、多元化的青瓷作品。这些富有思想的纯手工作品不仅为青瓷创作注入新生机，也传达出创作者的内心情感。

## 四、结语

现当代龙泉青瓷器皿抛弃了传统的某些束缚，形成了独特的把持方式，开创了新的艺术风格。艺术家将工艺和造型艺术作为情感的寄托，塑造个性化、情感化的艺术作品。面对现代工业化产品大量涌现的社会，艺术家们对这类机械的、批量的产品的不满表现在了自己的作品上，用艺术作品的形式诉说着内心的独白和时代的境遇，用独特的艺术表现来创造青瓷器皿，将器皿创作置于新的高度，将泥、釉、火、综合材料的多重奏魅力构筑到器皿中，通过器物连接起创作者与使用者的心灵感触，赋予龙泉青瓷器皿新的表现和生命力。

**参考文献**

［1］ 杨永善. 陶瓷造型艺术［M］. 北京：高等教育出版社，2004.
［2］ 李正安. 陶瓷设计［M］. 杭州：中国美术学院出版社，2002.
［3］ ［德］威廉·沃林格. 抽象与移情［M］. 王才勇，译. 沈阳：辽宁人民出版社，1987.
［4］ 邵琦. 中国古代设计思想史略［M］. 上海：上海书店出版社，2009.

# 融通跨界　协同创新

## ——龙泉青瓷首饰的创新表现

### 周莉

（丽水学院　中国青瓷学院）

**摘　要**：随着时代发展，龙泉青瓷首饰脱颖而出，逐渐成为首饰界新宠。在传统青瓷首饰的基础上，开拓创新发展之路，融通跨界，从工艺、造型、情感等多方面去突破，使首饰呈现出新工艺、新造型、新语言的特质，演绎首饰全新的艺术表现，赋予其新生命。

**关键词**：龙泉青瓷首饰；跨界融合；创新发展

随着时代的发展，人们不再热衷于象征富贵的金银首饰，富有自然性、个性化的陶瓷首饰脱颖而出，逐渐成为替代传统金银首饰的饰界新宠。

陶瓷首饰的历史悠久，五角、圆形等陶环出现在西安半坡、河南庙底沟文化遗址中；到宋代，开始制作如玉般的青瓷首饰；明清时期，在陶瓷饰品上进行古彩装饰等，这些都为现代陶瓷首饰的发展奠定了基础。现代陶瓷首饰凭借其造型可塑性强、釉色装饰丰富、性价比高、绿色环保等优势，成为新型首饰并被大众所喜爱。

龙泉青瓷首饰除了具备陶瓷首饰的以上特征以外，还有一点与众不同的艺术特征，即"青如玉、明如镜"。讲的正是龙泉青瓷的釉色给人一种温润如玉的视觉效果，如冰似玉的质感美，让青瓷首饰散发着与众不同、温文尔雅、超凡脱俗的艺术气质。

## 一、龙泉青瓷首饰发展现状——面对机遇　迎接挑战

党的十八大报告指出要"建设优秀传统文化的传承体系，弘扬中华优秀传统文化"。十八届五中全会通过的《中共中央关于制定国民经济和社会发展第十三个五年规划的建议》中，要求"构建中华优秀传统文化的传承体系，加强文化遗产保护，振兴传统工艺"。个性化制作是传统工艺的核心，这种独特性也是工业化生产无法替代的，它是创作者技艺与思想的综合表现。

龙泉青瓷首饰讲究手工性创作，突出个性化表现，特别是青釉温润如玉。众所周知，玉不仅有材质美，更具有代表中国传统文化的人文精神，儒家文化

---

**作者简介**：周莉，浙江丽水人，丽水学院讲师，中国美术学院在读博士。

中有"君子如玉"的品格象征，玉是东方精神的物化体现。"青如玉"的特征促使龙泉青瓷首饰蓬勃发展，并呈现出多元化的种类。一是龙泉青瓷古瓷片首饰，是将具有宝贵历史价值的珍稀瓷片进行二次加工而成的时尚首饰，让古瓷片重新焕发出生机；二是龙泉青瓷釉滴首饰，釉滴表面光滑，形状饱满，可以用金银等贵金属镶嵌包边，或是直接采用釉滴制成与美玉媲美的首饰；三是龙泉青瓷坯胎首饰，制作方法是按照龙泉窑的工艺流程制作泥胎，再上釉烧成，后期再进行加工处理。

在现代工业迅猛发展的大背影下，龙泉青瓷首饰有着广阔的新机遇，但同时市面上的首饰材料百花齐放，青瓷首饰也面临着新挑战。作为青瓷手艺人，我们责无旁贷，有义务自觉肩负起时代赋予的文化复兴重任，用积极的态度推动青瓷首饰产业的创新与发展，树大国工匠精神，立时代手艺标杆。

## 二、龙泉青瓷首饰创新措施——跨界融合　创新发展

如何活化青瓷首饰工艺，使之在现代的生活中长久立足，关键的一点是在现代生活背景下青瓷首饰的创新发展。

柳宗悦在《日本手工艺》一书中指出，要用发展的眼光看待传统："只有拥有深远历史的国家，才能具有树立不倒的力量，我们必须珍惜传统，但不是单纯地回归过去，而是让过去活在当今。尊重传统之意，并非重复古代，若是那样就会陷于停滞或带来倒退。传统是有生命的，不可能没有创造和发展，传统的发展才是国家更加强大的基础。"艺术家要珍重传统，不是简单地重复过去，而是推演修正，融古出新。作为新时代的青瓷手艺人，我们要紧跟时代手工艺的转型与再造，通过智性创造，跨界协同，彰显手工劳作的人文价值，使龙泉青瓷首饰焕发新的光彩。

龙泉青瓷首饰的创新主要可以从工艺、造型、情感等多方面去突破，使作品呈现出新工艺、新造型、新语言的特质，演绎青瓷首饰全新的艺术表现，赋予其新的生命。下面就通过青瓷与其他材料的跨界融合、创新发展的实例来阐述这一观点。

（1）因材施艺，实用之美

青瓷首饰创作的核心在于尊重材料的属性，使用其特性，在艺术表现环节中植入思想的表达。材料是青瓷首饰艺术创作中不可或缺的因素，对于青瓷首饰艺术而言，材料具有自身独特的个性，它不止于黏土和釉料等固有的原料。

创作者充分挖掘新材料、新工艺，因材施艺。将青瓷首饰与金、银、木等不同材料结合，关注两种材料的对话，表现手法新颖，创造出青瓷材料不可独立完成的造型，也产生出独特的视觉效果，达到实用与审美并重的效果。

例如宁晓莉的青瓷项圈作品《舞》（图1、图2），将青瓷与银结合，形成花蕊、花瓣、枝叶连为一体的造型，两种不同的材料相辅相成，缺一不可，赋

予项圈首饰全新理念，时尚而不失实用，也充分展现了其他材料应用于青瓷首饰创作的独特效果。

图 1　《舞》（宁晓莉作品）

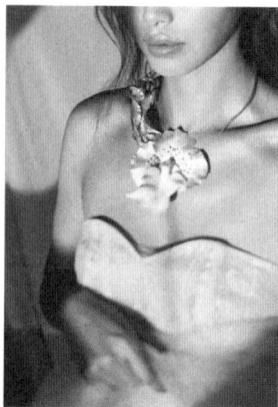

图 2　《舞》佩戴效果

（2）融古出新，发展之美

"融通跨界，协同创新"是新锐艺术者一直秉持的创作观，他们善于从传统的青瓷艺术中汲取营养，运用独特的视角来对待当代青瓷首饰的创作，打破传统司空见惯的首饰造型，使其流露出几分容于传统而又不同于传统的姿态。

就如林风眠提出的"推演修正"，我们要正视传统并创新发展。过去的青瓷首饰大多组合方式单一，如一个青瓷挂件加一条挂绳，几颗青瓷珠子串成一条手链等，但新锐艺术家不囿于旧习，凭借巧用材料和精湛的技艺改变传统青瓷首饰模式化的造型，演绎出融古出新的形态。

例如郑研的青瓷项链作品《润物》（图 3、图 4），就是打破传统项链固有模式，采用丰富的组合方式。用手工捏塑制作生动的花瓣造型，再用金属、玻璃管穿连，呈现出通透的空间感。作品凸显了当代青瓷首饰面对传统的态度，体现了传统与创新的学术指向。

图 3　《润物》（郑研作品）

图 4　《润物》局部

（3）心物交融，情感之美

艺术作品是艺术家与使用者之间的沟通纽带。正如俄国形式主义评论家施克洛夫斯基所说："艺术之所以存在，就是为使人恢复对生活的感觉，就是为使人感受事物，艺术的目的是要使人感觉到事物，而不仅仅是知道事物。"

对首饰的使用，人们也不再仅仅满足于物质上的需求，而是上升到精神层面的追求。当人使用青瓷饰品时，已经跨越了材料媒介的范畴，被赋予了精神层面的享受，让创作者与使用者产生共鸣，实现精神和物质的双重功能，这种新的体验也正是当代青瓷首饰创作的重要精神和目标。

胡崇洁的青瓷作品《嫁衣》（图5），是一件以青瓷为设计元素的婚纱，青瓷的宁静与婚纱的梦幻完美结合，产生一种特殊的装饰风格和视觉效果。设计者将内心对婚姻的向往，以及对纯洁、美好和幸福的追求，通过这件源于传统但又不同于传统的婚纱表达出来，不受时代模式化首饰样式、佩戴方式等的影响。心与物合，生活与艺术方可融通，作品以服装为载体，突出青瓷语言的表现，寄托美好的寓意，体现出青瓷首饰反哺于民众的情感之美。

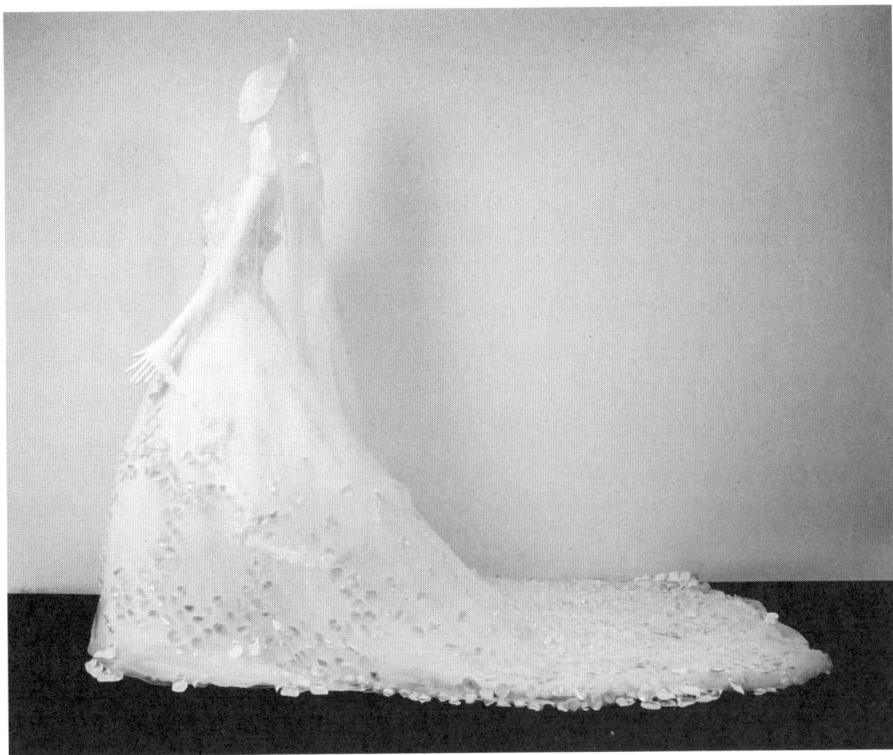

图5　《嫁衣》（胡崇洁作品）

## 三、结语

在高速发展的现代社会，人们厌倦了千篇一律的工业化首饰，带有自然性、情感性的多元化青瓷首饰更为大众所喜爱。各式材料，如金银、布料、木头、树脂、塑料等都以被包容的方式运用到现代龙泉青瓷首饰的创作中。青瓷与一种或多种材料相结合，融通跨界，协同创新，赋予作品新的生命，产生出独特的造型与视觉冲击力，同时也带来了更多样的佩戴体验。

在党和国家大力提倡弘扬中华传统文化的背景下，如何让青瓷首饰得以传承与发展，这是每一位青瓷艺术工作者、研究者、管理者及人民大众需要共同思考的问题。让青瓷首饰走出一条独特之路、长久之路，需要大家共同努力，重新认识青瓷首饰文化，扶持青瓷首饰产业发展，激励青瓷首饰艺术创作，推广青瓷首饰市场，在材料、技艺、造型、艺术、审美等多方面协同创新，与时俱进，融通跨界，为青瓷首饰的发展注入新的活力。

**参考文献**

[1]  杨永善.陶瓷造型艺术［M］.北京：高等教育出版社，2004.
[2]  柳宗悦.日本手工艺［M］.桂林：广西师范大学出版社，2011.

# 莲花纹样在龙泉青瓷中的应用
# 以及审美意义

陈小俊[1]，蓝岚[2]

（1. 丽水学院　中国青瓷学院；2. 中国美术学院　手工艺术学院）

**摘　要**：佛教文化与道家、儒家文化构成了中国传统文化的重要组成部分，对中国传统的造物观念有着重要影响。在中国造物史上，佛教文化中的许多元素被植入器物制作中。本文以莲花纹样为例，探讨莲花纹样在龙泉青瓷装饰中的表现形式、装饰工艺，以及莲花纹样装饰的审美特质。

**关键词**：莲花纹样；装饰工艺；佛教文化；龙泉青瓷

龙泉青瓷装饰纹样丰富多彩，有莲花纹、云纹、回纹、八卦纹等。莲花纹样以其丰富的造型、独特的审美情感，被广泛应用于龙泉青瓷装饰中。龙泉青瓷莲花纹样通常以胎装饰的形式出现，常见的有刻划花、贴花、印花、镂雕等。此类装饰的龙泉青瓷除了具有形式美感以外，还具有浓厚的宗教意味，承载着佛教文化的特质与内涵，并体现出中国传统以器教化、以器传形的造物观念。

## 一、莲花纹样的象征意义与佛教内涵

### （一）莲花的象征意义

在古代，莲花又被称为溪客、芙蓉、水芝，它以简洁有力的花形，圣洁幽香的气质深受世人喜爱。李白、周敦颐等文人墨客对莲花有着诸多的称颂，流传下许多对莲花圣洁、不染纤尘特质的描写。人们习惯用莲花来形容一个人的高尚品德。因此，莲花成为高尚品德的象征。随着佛教文化的传入，莲花更是充满着佛教文化的特质与内涵。

### （二）莲花纹样的佛教内涵

莲花在佛教文化中占有非常重要的地位，它被佛教视为纯净圣洁的代表，亦有"净土"之称。在许多佛教庙宇中，佛像的底座被称为莲花座。佛教主张通过修行到达西方极乐净土，因此对佛教的称呼中亦有莲宗之说，甚至人们对佛像的称呼都与莲花有关，如莲眼耦臂等，早期的佛教结社亦称莲社。莲花的自然特征体现了佛教不染的特性，还有其茎直而中空这一特点，正与佛教中

---

**作者简介**：陈小俊，浙江丽水人，丽水学院讲师，中国美术学院在读博士。
　　　　　蓝　岚，浙江丽水人，丽水学院讲师，浙江大学在读博士。

万事皆空的意念相符。佛教把莲花的自然属性与佛教的教义、规则、戒律相类比，逐渐形成了对莲花的崇拜。因此，各种佛像、器物、绘画中都有莲花纹样的表现，莲花形象渗入人们生活的方方面面。

## 二、莲花纹样在龙泉青瓷中的表现形式与工艺

### （一）龙泉青瓷中莲花纹样表现形式的变迁

莲花作为装饰最早可追溯到商周时期的青铜器，根据考古资料及出土瓷片来看，其最早应用于青瓷的例子为浙江上虞一带的越窑青瓷，此时越窑青瓷上的莲花纹样装饰多为莲瓣装饰，以刻划为主。唐代以后，越窑青瓷逐渐衰弱，龙泉逐渐取代上虞成为中国青瓷的主要产地之一。龙泉青瓷中的哥窑作为宋代五大名窑之一，其艺术成就达到了中国青瓷的美学高峰。根据历史遗存的资料与实物，我们可以发现，莲花作为中国传统文化符号被广泛应用于龙泉青瓷制作中。如宋代龙泉青瓷的莲花刻划花装饰、莲瓣镂雕装饰及后来的佛像瓷塑中的莲花装饰等。莲花纹样在龙泉青瓷上的装饰几乎贯穿了整个龙泉青瓷发展史，其装饰工艺技法主要可分为莲花刻划花装饰（图1）、莲花镂雕装饰（图2）、莲花印花与贴花装饰（图3、图4）、莲花堆塑装饰。

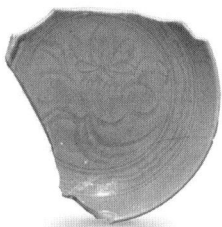

图1　南宋早期刻莲花纹供碗　　　　图2　北宋博山炉

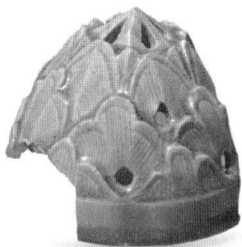

图3　元代印莲花纹洗　　　图4　元代印贴花莲花盘

### （二）龙泉青瓷莲花纹样装饰工艺

莲花刻花是指用竹或铁制的刀具在半干的瓷坯上刻出莲花纹样的线条或图案。莲花纹样刻花装饰几乎都是斜刀法，只是斜的角度不一，刻痕为内深外浅的

斜坡状，具有深浅、宽窄不一的变化。这种莲花刻花装饰，图案立体感较强，有浅浮雕的效果。此类装饰手法在两宋之间最为成熟，尤其是在北宋晚期，此时的莲花刻花装饰线条飘逸，用笔大胆干脆，最大限度地表现出莲花简洁有力的花形特点。这一时期的莲花刻花装饰多以缠枝莲花为主，此莲在品种上虽然有异于常见的莲花形象，但莲花圣洁的特质也被表现得惟妙惟肖。

划花工艺是指利用竹针或铁针在半干的瓷坯上划出莲花的轮廓或花纹，或是用篦梳状工具在坯体上划出排状细线条的工艺。这种工艺又被称为"针工"。莲花划花装饰在北宋早期应用较多，一般与刻花并用，北宋中期逐渐消失。到了北宋晚期，刻花与篦点组合的莲花纹饰比较流行。南宋早期开始，篦点消失，元中期又重新出现。这种装饰手法在两宋间最为成熟，其特点是洒脱豪放，具有较高的欣赏价值。

莲花镂雕装饰亦称"镂花"，又称"镂空"或"透雕"。其工艺流程是按设计好的莲花图案，将瓷胎镂成浮雕或将图案外的部分镂空雕透，多用于瓶、熏炉、笔筒等器物的装饰。堆塑装饰是指将手捏、模制、雕塑莲花形象的部件等粘贴在器物坯体或瓷塑佛像上的装饰手法。

印花装饰工艺是指用刻或雕有莲花纹样的瓷模，在干湿适当的瓷坯上印或拍出莲花花纹，或用刻有莲花纹样的模范制坯直接在瓷坯上留下花纹。印花装饰始于五代，两宋时期虽有使用，但不多见，元代时期印花莲花的装饰使用较多。贴花装饰工艺是指采用模制或捏塑的方法制出莲花的浮雕造型，然后粘贴在需要装饰的瓷坯上。

莲花纹样在龙泉青瓷中应用广泛，有用于日常生活器具的，有用于祭祀的，也有用于佛像瓷塑的。其造型有碗、钵、罐、盘、香炉、瓷塑等，几乎覆盖龙泉青瓷的所有类型。

## 三、龙泉青瓷莲花纹样装饰的美学特征

### (一)端庄圣洁的釉色之美

"天时、地气、材美、工巧"是中国传统制器选材、加工、成器的不二法则。带有莲花装饰纹样的龙泉青瓷多施粉青釉，质地细腻、如冰似玉，这种类玉的特质赋予了龙泉青瓷圣洁端庄的审美特质，这种纯净质地之美与佛教中莲花不染纤尘的圣洁之美不谋而合。正是这种"不谋"与"不期"的结合，真正体现了"文质彬彬"的中国制器的传统观念。也是这种观念让龙泉青瓷与莲花纹样结下了不解之缘，相遇、相伴世代如初，这种长期的交融给龙泉青瓷原本纯净自然的材质之美赋予了新的圣洁之美（图5）。

图5　南宋龙泉窑青釉莲瓣纹净水碗（现藏于遂宁市博物馆）

（二）千锤百炼的线条之美

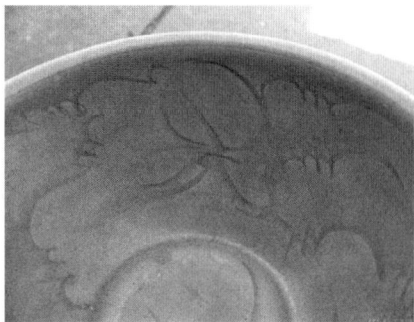

图 6　刻花莲瓣碗局部

龙泉青瓷莲花纹样装饰多采用刻划花装饰工艺。这种装饰工艺刻划出的莲花形象，线条流畅，深浅不一，把人的情绪悄无声息地融入线条之中（图 6）。经过长年刻划雕琢的积累与沉淀，这种过程已经不再是简单的刻划形象，而是一种刻划中的修行。这种修行与佛教念经修行有着密切的联系。正如千万次"阿弥陀佛"的吟诵，逐渐给人一种心灵的沉淀。从此，线条、心灵、青瓷再无彼此之别，带给人们一种妙寂离相、如如平等、亡于彼此的不二玄境，并促使人们在此玄境中修身践行、创造美。

（三）触动灵魂的宗教之美

莲花具有圣洁、不染纤尘的高尚品质。被抽象化了的莲花纹样更是带有浓厚的宗教色彩。因而，它与龙泉青瓷的结合在实现形式美感的同时具备了重要的宗教审美特质。正所谓以器教化、以器传形，带有莲花装饰纹样的龙泉青瓷与宗教之间开始了互相转化，也就是说，这种青瓷具备了宗教的教化特征。宗教是人类社会发展到一定历史阶段出现的一种文化现象，属于社会特殊的意识形态。佛教主张通过修行最终到达西方极乐净土的教义，催生了莲花的文化意象，并在此基础上塑造了符合佛性的人的思想与行为模式。通过把这种带有佛教教义的文化意象的莲花形象融入龙泉青瓷创造中，潜移默化地将这种特殊的意识形态嫁接于龙泉青瓷上，使带有莲花装饰纹样的龙泉青瓷具备了宗教特质。久而久之，这种器物就带有了教化功能，把人与器物紧密联系在一起，使器物具备教义的规范作用。在制作龙泉青瓷的过程中加入莲花元素，把这个制作与使用的过程与佛教修行联系起来，给龙泉青瓷带来了触动灵魂的全新含义（图 7）。

图 7　南宋龙泉窑青釉莲瓣纹盘（现藏于遂宁市博物馆）

## 四、结语

以莲花纹样为装饰的龙泉青瓷创作在龙泉青瓷发展史上有着重要的意义。一方面给龙泉青瓷提供了重要的创作题材；另一方面，象征圣洁、高尚品德的莲花形象给龙泉青瓷原本无暇纯净的质地之美赋予了全新的文化内涵，使龙泉青瓷在体现形式美感的同时具备了教化使命。它把龙泉青瓷与人的修行联系起来，塑造了一心向善的思想与行为模式。在漫长的社会发展进程中不断洗礼人们的心灵，促使人们的心灵得到升华、不断前进。

**参考文献**

［1］ 冯俊晖. 陶瓷装饰中莲花纹的发展与运用［J］. 陶瓷研究，2012（03）：47-48，54.

［2］ 王纳. 浅谈莲花纹样在陶瓷装饰中的审美意义［J］. 陶瓷科学与艺术，2013（02）：68-69.

［3］ 施琪. 陶瓷装饰中莲花纹样的发展历史［J］. 陶瓷艺术，2008，44（08）：65-66.

［4］ 谭天宇，龚正，刘传波. 东正教的静修主义［J］. 文史月刊，2013（02）：71-74.

［5］ 王纳. 浅谈瓷上莲花纹的文化内涵与艺术［J］. 景德镇陶瓷，2018（01）：35-36.

［6］ 张晓霞. 中国古代植物装饰纹样发展源流［D］. 苏州：苏州大学，2005.

# 高校手工艺教学中的师徒制研究

## ——以丽水学院中国青瓷学院龙泉青瓷专业教学为例

李德胜

(丽水学院 中国青瓷学院)

**摘 要**：师徒制是我国古代教育史上主要的教学形式，其影响自古至今。传统手工艺中"父子相传""师徒相授"的师徒制方式，为中国古代传统手工艺的传承做出了巨大的贡献。如何将传统手工艺的这种传承模式创新运用到现代高校教育体制中，是高校亟待解决的问题。文章从师徒制的内涵入手，对师徒制在高校教学中的组织形式、评价标准与现实意义进行分析，希望对当今高等院校传统手工艺的教育方式与体制改革有所裨益，做到真正意义上的古为今用。

**关键词**：师徒制；组织形式；评价标准；龙泉青瓷专业

自党的十八届五中全会提出"十三五"的规划建议，以"创新、协调、绿色、开放、共享"五大发展理念为主线谋篇布局，将"振兴传统工艺"作为文化建设的重要内容，令从事手工艺的匠人们为之振奋。龙泉青瓷专业作为丽水学院中国青瓷学院的主要专业之一，改革原有的教学方式与教学体系，是当下从事青瓷教学的教育者所面临与必须思考的问题。青瓷制作作为一种重要的传统手工艺，其传统意义上的师徒相传的模式，如何在当下大环境中进行再创新，如何在高等院校中变通实行，是本文所探讨的主要内容。

## 一、高校手工艺教学中师徒制的内涵

党的十八届五中全会提出并明确了文化遗产保护领域的一项重要任务——振兴传统工艺。对于传统工艺而言，"振兴"一词包含两个层面的意义：一方面，要传承传统工艺，这也是传统工艺面临的一个前提性问题；另一方面，需要结合当下时代背景，将传统工艺加以创新谋划，使其得到健康的传承并发展。几百年来，传统工艺的传承在民间多采用"师徒制"，即"师徒相授""父子相传"，也就是近几年来常说的"传帮带"的具体内涵。自 2011 年《中华人民共和国非物质文化遗产法》正式颁布并实施以来，各地的传统工艺出现了"非遗"传承人，这些"非遗"传承人的本职工作首先应当是传承，这也是传承人必须履行的历史使命。但随着时代的变革，这一大批"非遗"传

---

作者简介：李德胜，浙江缙云人，教授，丽水学院中国青瓷学院副院长。

承人的水平也必须跟随时代的发展而不断提高。近几年来，许多高校针对传统手工艺的传承提出了许多举措，培训机构也日渐增多，目的在于全面提高"非遗"传承水平。

目前，在全国各大高等院校中，传统工艺逐渐兴起并成为教育板块中不可或缺的一个体系。其中的一个重要原因是，全民对传承创新传统工艺意识的提高。教育部门意识到在当下中国及国际视野的大背景下，要想从根本上解决传统工艺的传承问题，必须依靠以学校为主的学校教育，这是传承传统工艺的必要体制保障。对于从事龙泉青瓷这项传统工艺的手工艺者，以及高等院校的教育者而言，既要为此感到庆幸，更要思考当下如何改革原有的教学方式与体系，提升高等院校传统工艺的教育水平，强调中华优秀传统文化对于艺术的滋养。同时，应结合时代背景与中国教育国情，做好传统工艺在高等院校中的教育传承工作，尽到手工艺教育工作者应尽的职责。

## 二、高校手工艺教学中师徒制的组织形式

对于传承传统工艺而言，学校教育的主要任务是培养一批高素质的手工艺者，发挥"大国工匠"的模范带动作用，使工匠精神成为生产者的行为准则和消费者的价值取向。学校教育作为传承传统工艺的体制保障，应该走在时代前沿，在传承传统工艺的基础上，加以创新发展。师徒制教学的组织形式，并非传统意义上的师傅带徒弟，其中的"师"在此处应该是教师。目前我国高等院校的艺术教育体系、课程标准、教材内容、教学模式、训练手段与评价系统，大都是模仿西方的教育体系，而传统工艺所形成的一系列传统文化，在这种体制下是受到轻视的。龙泉青瓷作为南方青瓷系，从南朝一直窑火相传至今，是东方文化中的瑰宝。自丽水学院成立中国青瓷学院以来，龙泉青瓷专业作为学院特色专业，一直备受青睐。究其本质，如何做好专业教学建设，确立青瓷教学体制，传承优秀青瓷文化，是青瓷专业的一个核心问题。

笔者认为，从中国青瓷学院龙泉青瓷专业的教学实践来看，师徒制在学校现有教学体系下，必须依靠工作室制教学来实行。工作室制改革了传统教学的管理方式，活化了艺术专业的教学规律，完善了学科管理制度与科学评价机制。工作室制教学的指导思想是以学科发展为基本导向，将工作室建设成为集学院教育教学、学术研究与社会服务三大功能于一体的最前沿组织。工作室制教学以人才培养为主要目标，发挥教师的主导作用，注重学生的主体地位，重视提高教学效益，提高学习质量，完善实践空间，满足教育需求；以专业教学为主体任务，建设课程体系，凝练教学特色，确立研究方向，开发教育资源，改善教学条件；以制度规范为保障措施，树立岗位意识，强化服务理念，理顺管理机制，形成规范程序，实现院、系、室之间的协调运作与良性互动。

根据中国青瓷学院龙泉青瓷专业开设的课程进行细分，可分为五大工作

室：传统青瓷工作室、现代陶艺工作室、陶瓷材料工作室、青瓷文化及陶瓷理论工作室、公共陶艺工作室。工作室的教学团队制度，塑造了工作室教师的集体荣誉感和教学思想的先进性。教学团队有一个相对长久的教学实践时段，有益于实现相对个性化的教学与教育思想。工作室的管理制度采用自为制度，体现教师与学生在相对固定教学空间中的教学与学习的自我管理与自为建设，可以调动工作室主体之间的竞争性教学。每个工作室可以依据工作室性质来确定课程负责人、课题负责人，并采用导师制度。由系主任统一调配各工作室的负责人，学生根据自己的兴趣爱好与特长选择进入相应的工作室学习，工作室的导师负责专业教学。这样既可以突出教师教学的主体地位，又可以凸显个性教学风格。在工作室制教学方式下，工作室导师带领一个或几个学生进行专业训练学习，形成"一对一""一对多"的教学模式。

在这种教学模式下，学生受到导师的言传身教，在真正意义上学习传统工艺技艺并培养人品。这种工作室制教学方式，就是师徒制教学在高等院校中的一种组织形式。这种教学方式与研究生教学中的"导师制"有着些许相近之处。这种教学方式不仅基于专业知识进行理论讲授，更注重实践操作的讲授示范，以及对学生为人处事品行的培养。如果说高校把握的是在社会发展中的办学定位，院系把握的是在学科发展中的定位，那么工作室则是体现学科的专业水平，并以具有特色性的学术定位反馈于社会发展，实现学校在社会发展中的办学定位，形成学校、学院、学科、学术功能的良性循环与最优效能。换言之，师徒制的教学方式在高等院校中的运行依托工作室，这是传统意义的师徒制在当代的再创新，能够真正意义上发挥教师的主导作用，注重学生的主体地位，达到教师与学生之间的最优关系。

## 三、高校手工艺教学中师徒制的评价标准

传统工艺发展至今，凝聚着中国人民的卓越创造力和宝贵实践经验，蕴含着中华文明的大量历史信息，师徒制对于工艺美术的传承起到了不可磨灭的作用。自古至今，中华手工艺尊崇自然，主张"器以载道"的造物思想。师徒制教学的评价标准则着重体现在三大方面：第一为内重品行；第二为外师造化；第三为中得心源。师徒制教学在学院中运行实施，具备因材施教、以人为本的教育理念。在工作室制教学模式下，一方面，学生技艺得到提升；另一方面，在这种耳濡目染、心领神会的环境下，在教师"言传，物传，心传"的影响下，既培养了学生的技艺水平，更培养了学生的处事品行。在进行评价时，首先，教师对该学生的学习过程和学习结果进行综合评价，这是导师对自己工作室内所教学生的评价；其次，其余工作室的主持人或课程与课题的负责人对学生的学习过程和学习结果进行综合评价；最后，再由院级领导进行综合评价，以此来作为工作室制教学的评价标准。上述综合评价中，其中最重要的

并不是该学生技艺如何了得，而是该学生品行是否端正，是否符合新时代的美育标准。"外师造化，中得心源"虽为唐代的画家所提出的艺术创作理论，但其后半句"中得心源"，恰好能体现师徒制在高校运行的评价标准。

## 四、高校手工艺教学中师徒制的现实意义

中国艺术作品的佳作频涌与艺术精神的世代承袭，师徒制在其中都起到了至关重要的作用。千百年的中国传统教育实践证明，师徒制这种教育方式最适合手工技艺的传承。师徒制以人为本，因材施教，切合传统手工技艺的特点及传承要求，兼顾规范与个性、技术与人文，以及理性与情感的适应性、开放性和包容性，培养了高素质的传统手工艺从事者，对于传承中国优秀非物质文化遗产，保护和弘扬优秀民族文化起到了关键性的作用。

当下，国家高度重视传统手工艺教育，强调要调整和改革现行教育体系，以教育创新来回应中华传统文化的传承问题。笔者认为，师徒制这种教学方式应该纳入高等院校教育体系，培养出技艺水平和艺术水平较高，有传承宝贵传统工艺的清醒认识和高度责任感，能够将所掌握的传统技艺加以理论梳理与总结的高层次、高素质的应用型专业人才。可能会有人认为，师徒制这种古板的教育模式已经被淘汰，不适合当下的时代背景。但笔者认为，师徒制虽有其封闭性等弊端，但千百年来的实践证明，其利大于弊，尤其对于传统手工艺教育具有特殊意义。结合当下我国教育国情，如何做到取其精华，去其糟粕，是当下手工艺教育者需要思考的问题。

## 五、结语

在高等教育中，保障传统工艺的传承是迫切需要探索并赋予实践的一个重要课题。本文所提出的师徒制教学模式在高等院校中的运行实施，是对当下高等教育现有的教育模式及体系提出的一个教学改革方案，也是笔者对师徒制的一种新理解。虽以丽水学院中国青瓷学院龙泉青瓷专业教学为例，但希望能以小见大，对现有高等院校教育模式的创新起到抛砖引玉的作用，也衷心地希望更多的能人志士为高校教育模式的改革创新添砖加瓦。

**参考文献**

[ 1 ]　李永林. 中国古代美术教育史纲 [ M ]. 南宁：广西美术出版社，2002.

[ 2 ]　陈文利. 中国传统美术教育的利弊分析 [ J ]. 教育与职业，2007（18）：190-191.

[ 3 ]　曹利华. 中华传统美学体系探源 [ M ]. 北京：北京图书馆出版社，1999.

[ 4 ]　宗白华. 艺境 [ M ]. 北京：北京大学出版社，1999.

# 龙泉青瓷唢呐的形制与创新

## 张敏桦

（丽水学院　民族学院）

**摘　要：** 龙泉青瓷距今已有一千七百多年的历史，其窑口是世界著名的历史名窑。在当今万众创新的时代背景下，笔者将龙泉青瓷与传统的民族吹管乐器相结合，通过现代制瓷工艺与古乐器制作技艺的结合，呈现了全新的一体化成型的龙泉青瓷唢呐。龙泉青瓷与民族吹管乐器唢呐的制作成功，体现出不同工艺综合体在不同领域、不同方向学科交叉的相融与互动。青瓷唢呐的制作成功既是龙泉青瓷在这一领域的突破，也是龙泉青瓷新品的开发和延续。青瓷唢呐音色明亮且浑厚，不受温度和湿度的影响，实为一件尝试性改革创新型的佳作。

**关键词：** 龙泉青瓷；民族乐器；唢呐；创新

## 一、龙泉青瓷唢呐

### （一）唢呐概述

唢呐又名喇叭，是亚洲、非洲、欧洲许多国家和地区广泛分布的双簧管类吹管乐器。唢呐主要由哨（哨子）、铜芯（芯子）、气牌（气盘）、木杆（杆子）、铜碗五部分构成。在我国，唢呐最早出现于北魏时期的敦煌壁画中，这说明唢呐进入我国比较早。唢呐自阿拉伯半岛经由波斯传入我国以来，经过不同朝代、不同民族，东西南北、南北东西，一直延续发展到现在，已经深深地融入我国不同地域民俗及民间艺术生活之中。例如，唢呐在戏剧表演、民乐演奏，以及民间的红白事和各种庆典活动中都有使用。唢呐传入我国的一些少数民族地区后，随着时间的推移又具有了独特的民俗风情及本土特色，并呈现出多姿多彩的缤纷现状。因此，在这样得天独厚的人文环境中，孕育出了姿彩绚丽的乡村唢呐山歌、八音曲艺等民俗唢呐文化。

几百年来，唢呐文化在民间民俗活动中广泛流传和运用。如江浙地区，很多村镇都有八音班，每个班都有几个唢呐手。他们把唢呐与传统曲艺相结合，代代传承。唢呐有大笛、短笛、大小笛、长筒等，需要几个人分别吹管，这既说明唢呐这一民族乐器类别的丰富性，也印证了唢呐已自然地融入我们丰富的民生民俗活动之中。唢呐是各族人民广泛使用的民族乐器之一，也是中华民族的特色乐器之一。因此，龙泉青瓷唢呐研制呈现的是对民族乐器唢呐发展的升

---

**作者简介：** 张敏桦，甘肃兰州人，丽水学院民族学院音乐系副教授。研究方向：民族民间音乐、瓷乐。

华和延伸。

（二）龙泉青瓷唢呐制作

龙泉青瓷唢呐制作的主要材料为高岭土，通过种子制作、模具成型、制胎、素烧、施釉、成品烧等六个步骤完成青瓷唢呐的制作流程。每个青瓷胎体之间要保持一定的间距，将耐高温的管子一次性固定挂在专用小窑中，悬空吊烧 8 h 以上。在素烧前要在青瓷唢呐胎体外表面适量喷水，使其外表面保持一定的湿度，素烧时要使温度在一分钟之内达到 800～860 ℃。在成品烧过程中，首先将素胎吊挂在特殊设计的专用小窑中，且每个青瓷唢呐素胎之间保持一定的间距，素烧后的胎体里外两面重新施釉风干，再将施釉之后的青瓷唢呐以悬挂吊烧的方式使温度一分钟之内达到 1310 ℃，吊烧 13 h 之后成品呈现（图 1 至图 3）。烧制成型的青瓷唢呐的青瓷锥形管和喇叭口为一体化成型（传统唢呐包括芦苇、气盘、核心、椎杆和碗，而且大部分唢呐的碗和椎杆是分离的），这也是青瓷唢呐与传统唢呐的不同之处。

图 1　龙泉青瓷唢呐立体图　　　图 2　龙泉青瓷唢呐后视图　　　图 3　龙泉青瓷唢呐主视图

## 二、龙泉青瓷唢呐音效特点

我国古代的陶瓷乐器可分为吹管乐器（瓷箫、瓷笛等）和打击乐器（瓷磬、瓷瓯、土鼓等）两大类。龙泉青瓷从开窑至今，一直没有出现过民族吹管乐器的烧制，龙泉青瓷唢呐的成功烧制是对传统竹木类唢呐的创新，也是在龙泉青瓷传统作品的基础上创新现代新品的首次尝试性开发。

经过多次试验失败后，青瓷唢呐终于取得了喜人的结果。F 调的青瓷唢呐在调试过程中所产生的音效惊人，发音轻快迅速，传导顺畅灵敏。首先，音量宏大，具有穿透力，高低音区的音色、音质稳定且较统一。在吹奏短音、连音、长音、顿音、跳音、气冲音、踩音时，都比较方便和顺畅，几乎听不到扭曲的变音，声音的传送力也比较好。在近千人的剧场里对其声音效果进行测试，发现坐在最后一排也能清晰听到青瓷唢呐声响传导的效果。与竹木吹杆及金属喇叭组合的唢呐声效相比，青瓷唢呐中低音区的声效显得更具有开阔性，音量宏大而宽厚，音质、音色具有金属性的传导效果。产生这些声音效果的原因是青瓷的高温烧制。青瓷唢呐经过两次高温烧制定型后，其管壁的密度很高。以这种高温烧制形成的高密度材质作为青瓷唢呐的制作材料，在唢呐吹管时，气息对管壁摩擦产生的音量和音质都有一定的影响。随着唢呐与传统青瓷的结合与改进，青瓷唢呐解决了一些传统唢呐存在的问题。青瓷唢呐在音量平衡和音色的美感方面相对统一，其整体效果更显优良。龙泉青瓷唢呐结合了青瓷与唢呐各自的特点，青瓷唢呐拿捏的手感适当，吹管顺畅，发声光洁，发声效果具备了唢呐整体音效的稳定性。同时，由于青瓷材质本身的稳定性，使得青瓷唢呐发出的声波频率高，声音较脆，而且高音稳定厚实，音量宏大。

### 三、龙泉青瓷唢呐与传统竹木唢呐对比

与竹木唢呐相比，龙泉青瓷唢呐的音效更为明确清晰。初期的青瓷唢呐试验品与传统竹木唢呐进行初步的试音对比，发现两种不同材质唢呐的音量、音色发音效果有一定的差异。传统唢呐声音的声线清晰，具有密集的金属音、亮头音，两者区分较明显，穿透力好，声音传得远，但存在一些不和谐的泛音与杂音。龙泉青瓷唢呐声线相对宽厚柔和，总体音位发音亮度相对更加宽大，其中高音穿透力更强，声音传导性更好、较集中，中低音更为浑厚温润、富有内涵，高、低音区音质干净，基本无杂音和噪音。

此外，传统唢呐易受到环境温度与湿度的影响，因热胀冷缩而时常影响音频效果，同时传统唢呐在吹管过程中因受人体呼气湿度等的影响，唢呐用久易发霉或开裂。龙泉青瓷唢呐因材料密度高，基本不受空气温度和湿度的影响，不易开裂且易清洗。龙泉青瓷唢呐外形美观、色釉饱满、声音丰富，具有比较强的音乐演奏表现力且演奏功能完善，给人深刻的印象。因此，它既是一件制作工艺精良的乐器，同时也是一件精美的工艺品。龙泉青瓷唢呐集静态与动态于一身，既有观赏价值，也有一定的收藏价值，可以更好地满足瓷器爱好者、音乐爱好者和普通大众对青瓷艺术的需求。

### 四、青瓷唢呐创新的意义

"China"是中国古代瓷器的代名词，在21世纪，我们采用具有悠久历史的青瓷制作工艺烧制出青瓷唢呐这种民族乐器，是青瓷制作工艺的又一重大拓展和进步。同时，用高岭土成功烧制青瓷唢呐是龙泉青瓷发展中的又一次尝试性创新，是青瓷与民族吹管乐器有机结合的一次创举，是龙泉青瓷新品的开发和延续，更是青瓷在当下发展新思路的开拓。

青瓷唢呐的研制是龙泉青瓷发展的实践创新，也是龙泉青瓷发展至今民族乐器制作的突破。与此同时，龙泉青瓷的发展完全符合习近平总书记提出的建

议，即实践创新和理论创新永无止境。在这万众创新的时代大背景下，将龙泉青瓷与民族吹管乐器唢呐相结合，通过现代制瓷工艺，把古老的民族乐器制作与现代的制瓷业融合起来，推陈出新，创造出一体化成型的龙泉青瓷唢呐。

随着科学技术的不断进步，民族乐器的改革与创新已成为中国科技文化建设的重要任务。唢呐作为中国传统的吹管乐器，其音量极具穿透力和吸引力，在演奏时通过控制力度的强弱能极尽表达人们的喜怒哀乐，是深受群众喜爱的艺术表演形式。唢呐乐器本身经历了不断的发展和创新，龙泉青瓷唢呐的成功研制，以完全不同的意义丰富了中国乐器的形式，拓宽了器乐表演空间。此外，龙泉青瓷唢呐的成功研发，产生了良好的社会效应，增强了自我知识产权的保护意识，影响了主流乐器市场，增强了民族自豪感。同时，还可以将携带方便、外形美观的青瓷乐器逐步推广应用于全国中小学、艺术院校和表演团体，推动中小学课堂音乐的教学改革，促进民族乐器的创新与发展。

## 五、结语

青瓷唢呐是龙泉青瓷文化与传统唢呐的结合，是传统乐器与材料科学相结合的创新与改良。通过对青瓷唢呐不断调试，将音质、音色和音量之间的平衡统一起来，使其能够达到最佳的音响效果，呈现出更好的演奏效果，让人们的听觉焕然一新。龙泉青瓷唢呐的成功研制促进了音乐艺术文化与青瓷文化的交汇融合，也为中国传统乐器制作注入了新鲜的血液，促进了乐器行业的进步，这也是万众创新的一种呈现。

**参考文献**

[1]　林志明. 龙泉青瓷烧制技艺［M］. 杭州：浙江摄影出版社，2009.

[2]　曾遂今. 中国乐器志气鸣卷［M］. 北京：人民音乐出版社，2010.

[3]　文化部文学艺术研究所音乐舞蹈研究室. 中国乐器介绍［M］. 北京：人民音乐出版社，1978.

[4]　张懿. 当代专业吹奏声学陶瓷乐器"陶笛"的设计研究［J］. 陶瓷科学与艺术，2010，5（09）：24-25.

# 五代至北宋早期龙泉青瓷的
# 工艺发展状况及其纹饰研究

吴容俣[1]，吴新伟[2]
（1. 鲁迅美术学院；2. 丽水学院）

**摘　要**：五代至北宋初期的龙泉青瓷正处于起步期，此时的龙泉窑正致力于学习国内青瓷系列中的多个窑口，或凭着地理位置的便利学习瓯窑与婺州窑，或趁着时局变动，借鉴越窑与耀州窑，由此得到有关共性与差异的体悟。本文将选取最具代表性的龙泉金村片窑区实物标本与越窑等窑口标本进行对比，并通过修足、胎骨、釉水、纹饰等方面认识此时段的龙泉青瓷。

**关键词**：龙泉窑青瓷；工艺；纹饰

## 一、五代至北宋初龙泉青瓷的胎、足及对应器型

从多件标本的胎与底足来看，五代至北宋初期的龙泉窑工艺优劣程度参差不齐，较为精细的一批多为炉、钵、瓶等器型，较多借鉴越窑技术，而较为粗糙的一批则多为碗、碟等器型。

（一）五代至北宋初期龙泉青瓷借鉴越窑较多的"细路"①

五代到北宋初期的越窑工艺正处于"贡瓷"的顶峰阶段，如宋代《清波杂志》所载："越上秘色器，钱氏有国日，供奉之物，不得臣下用。"此处的"钱氏有国"，指的就是五代时期钱氏为君的吴越国，由此可知，越窑的秘色瓷作为吴越国的贡品，地位是十分高的，高到臣子和平民都不被允许使用的地步，正如《贡余秘色茶盏》所云："陶成先得贡吾君。"同期龙泉窑的这一类器物借鉴越瓷的制作成本十分之高，主要体现在胎土的多次研磨以及薄胎壁所带来的高变形报废率，如此高的制作成本必定赋予物品以高价，不符合当时一般民众的购买力，这就意味着这类产品将较少被用于生活中，碗盏碟盘的烧造数量便自然少了。但是，由于五代末至北宋初期是佛教兴盛阶段，具体表现于吴越王钱弘俶尊处州高僧德韶为国师，以及称臣于北宋皇庭的吴越国在公元960年复兴杭州灵隐寺等史实之中，由此不难推断，当时人们在佛事上是狂热

---

作者简介：吴新伟，浙江庆元人，丽水学院中国青瓷学院教授，扬州大学硕士研究生导师，中国美术家协会会员。

①　"细路"：制作较为精细的一批物件。

而慷慨的，上述的这类借鉴越窑的"细路青瓷"便会经常以香炉、钵这几类佛前常见器物的器型出现，其底足露胎面积小，挖足较深，足壁光滑平整，圈足外撇。

此外，最值得一提的是，与目前学界"明器制作工艺普遍较粗"这一认识相悖，彼时龙泉青瓷中的一些明器制作较为精良，这或许与彼时先民重视"丧事"的心理有关。其中较为典型的，当属藏于浙江龙泉堂的五代双系盘口盖瓶，此物高 40 cm，口径 11.8 cm，底径 9.2 cm。从底足看，其挖足较深，圈足外撇，圈足内近乎满釉，且存在四处相隔 1 cm 的扁小长方形的垫烧痕迹，由此可以推断出垫烧之物应为瓷土掺石英砂的泥条。深挖足比肩（底足与瓷器主体交接处）、圈足外撇、满釉效果与泥条垫烧痕迹，这些特点便犹如"复刻"一般，将上林湖越瓷的底足风格呈现出来。此类样式较多受当时或唐代的金银器影响。从胎体看，其整体胎壁较薄，这点与同期的越窑瓷器特征较相近。

（二）工艺较粗糙的五代至北宋初期龙泉青瓷

此类型瓷器多数以碗碟的形式出现。平底（或轻微内凹）与浅挖足成为主要底足样式，其中浅挖足延续至南宋，并在明代复兴。以标本为例可以看到，其底足呈现浅挖足的特征，圈足十分浅，刀法凌乱犹豫，釉水止于足上而不及足内，为小泥饼垫烧所致，且底胎有颗粒感，断裂面显示胎体厚、胎色黄、胎质粗松的特点，弹之则闻发闷之声。产生这一系列特点的原因在于，彼时制作此类龙泉青瓷的瓷土淘洗研磨不匀不细，颗粒较粗，含杂多。烧结程度多停留于生烧或半生烧，瓷化度不高，所以胎质疏松，有轻微陶质感，松则易碎，故胎体多制作粗重以达"耐用"效果。上述之弊端种种，降低了此类器物的价格，先民择其为生活用瓷，故碗碟等"趴件"① 器型多见。

## 二、五代至北宋初期龙泉青瓷的釉水

（一）釉面

五代至北宋初期龙泉青瓷多施石灰釉，华东政法大学马骋教授主编的《龙泉窑》一书中提到："龙泉窑产品在南宋以前施石灰釉。"这是一种以氧化钙为主要成分的釉料，俗称玻璃釉，易流釉、透明度高、光泽优、适应性强、硬度高是其主要优势。这种釉料使当时的龙泉青瓷釉面看起来如一汪清泉般透亮，再加之彼时龙泉青瓷施釉较薄的习惯，我们以肉眼可以直接看见拉胚痕迹与瓷胎的细小气孔，这一点与越瓷釉面相近，而不似瓯瓷与婺州瓷釉面的乳浊感。彼时龙泉窑窑工们掌控窑温还不是很熟练，一些瓷器的釉中气泡较为明显，也是肉眼可视的。此类瓷器釉胎结合十分紧密，现存标本中，鲜少出现剥

① "趴件"：宽大于等于高的物件。

釉现象，触觉上给人以润感而不发涩。

（二）釉色

最具代表性的釉色是习于越瓷与耀州瓷的艾色。所谓艾色，顾名思义，就是如干艾草一般青中兼闪灰黄的颜色，其色调较深，给人一种古朴、沉稳的沧桑草木之感。较多出现于北宋初期的还有黄釉（或闪绿），这种釉色经过在土地中的长时间掩埋，会产生一种"有如膏腴"的蜡质感，颇为朴拙。淡青釉也较为常见，其色实为浅青闪灰，给人清丽感的同时也给人一种单薄感，惹人怜爱。

## 三、五代至北宋初期龙泉青瓷的部分代表性纹饰

（一）花卉题材

1. 莲花

莲花是五代末至北宋初期龙泉青瓷最具代表性的花卉纹饰题材之一，具有圣洁、高雅、超然的美好寓意，主要分为外饰莲花和内饰莲花两种。

外饰莲花，顾名思义，装饰在瓷器的外表面，多只表现莲瓣而非莲花整体，多出现在梅瓶、五管瓶等立件与盏托、碗碟之上，又分为浮雕和平面刻划两种。浮雕莲花多出现在盏托这类不以"内里"示人的物件之上，多层莲瓣使莲花更具立体感，花型或仰或覆，仿生之意明显，仿佛以物为蓬，层层绽放，给人一种"青莲柔而挺"的既视感。平面刻划的莲花纹通行于立件类与碗碟类，莲瓣内多饰以细密的纵向篦纹，表示花瓣中的经络，碗碟外的莲瓣纹多为单层，体态细长，尖端呈钝圆状态，形状紧凑。一般来说，装饰莲瓣纹的碗碟，内部常会搭配以四瓣芭蕉纹或是素面。立件外的莲瓣纹则层数较多，一般是遍布通体，为在一个平面上表现出层次感，窑工会把中部莲瓣表现得大，而上下两端偏小，用今日的眼光看，这是一种较为高明的焦点透视法，莲瓣体态较丰腴，其内经络表达也不再局限于纵向的篦纹，取而代之的是从莲瓣中线向两边散去的细线。

内饰莲花，装饰在瓷器的内里面，大多见于碗碟类的"趴件"。与外饰莲花不同，其表现的几乎是莲花的整体（包括瓣、茎，偶见荷叶），多采用刻划手法，落斜竹刀以凸显花体，线条稳定有力，花体体态沉稳，左右几乎对称的三瓣莲、四瓣莲、五瓣莲和七瓣莲较为多见，莲茎纤细，两刀而成，多呈"反S"形，轻柔之像跃然眼前。多数标本显示，此类莲饰，连瓣带茎，刀数控制在20刀左右，可谓"寥寥数笔，意象尽显"。花体周围是细小而密集的篦点，赋予釉面以波动感，表现的或许是湖面上那如碎镜一般的"粼粼波光"。比较北宋中晚期及南宋的莲纹来看，五代至北宋初期的莲纹在一刀之中是很难看出线条粗细变化的，这样便会造成莲花在稳重与柔和之下的死板，失了几分灵气而多了不少"匠气"。

2. 菊花

菊花也是五代末至北宋初期龙泉青瓷的代表性纹饰题材，其被大量运用于装饰碗碟类的内底部，以内底圆心为中心，用"半刀泥"的手法，顺时针划出"反C"形线条，以表现肥美饱满的菊花花型。据笔者推断，此纹饰习于耀州窑，不仅因为其在耀州瓷上的大量出现，更是因为在中国历史上菊花的审美最高潮出现在定都西北方的唐朝，《咏菊》《长安晚秋》《行军九日思长安故园》等著名唐诗均是以菊花作为主要意象的。由此，同处西北，也最靠近唐王朝经济文化中心长安的陕西耀州窑便先于国内其他窑口受到这股审美思潮的影响，开始运用菊花纹，要早于地处东南远离长安且处于初生阶段的龙泉窑。若与后世瓷器对比，菊花纹与明清彩瓷上盛行的团花纹（皮球花）以及日本皇室的团菊族徽亦有异曲同工之妙。

（二）动物题材

鹅这种动物由于"一夫一妻"的生活习性、"千里送鹅毛"与"羲之爱鹅"的故事，渐渐被赋予了忠贞、有义、才学非凡的寓意。因而鹅纹饰被更多地运用，尚处于广泛学习阶段的五代至北宋初期龙泉窑自然不会落下这股"鹅风尚"。从目前笔者所掌握的实物标本来看，鹅纹多饰于碗碟内壁，数目多为四只，且常伴以波浪形水纹与错落有致的短篦纹，以增加画面流动感，"肥鹅戏水"之景跃然眼前。在种类上，彼时的龙泉青瓷鹅纹主要分为两种：一种脱胎于全国常见的普通家鹅；另一种则是对南方特有的"瘤头鹅"的模仿，但这种动物的学名其实是"番鸭"，属于鸭类，在金村片窑址所处的浙南地区较多饲养，地方代表性较强。前者鹅的头部较小，喙部较短，颈部修长，鹅纹整体以六刀而成，体态匀称，其中翅膀部分以"斜刀一扫"的手法表现，且落刀力度明显轻于其他线条，这便赋予鹅身一种扑水后敛翅的动态感，鹅头部略突出于胸部则带来了一种前进的趋势。后者为了突出"瘤头鹅"头部的硕大，缩短且变细了颈部并使头部线条更为弯曲，制造出一种类似于"寿星额"的效果；其喙部较之于普通鹅纹的喙部更长，鹅纹整体以八刀而成，其中"瘤状物"为单独的一刀表现而不与颈部线条连作一体；臀部则以一内一外两刀而成，加厚了形体的"下盘"，使其体态更为丰腴的同时也避免了加大头部而带来的"头重脚轻"之感；翅部以右宽左细的短篦纹表达，增加了一种"羽质感"。后者鹅纹较之于前者，线条更具有弹性，形态更为灵动。

（三）人物题材

"婴戏纹"是以儿童游戏作为主要场景的装饰纹样，有多种叫法，如明代王宗沐在《江西省大志·陶书》中称其为"娃娃""耍戏娃娃"。此类图样出现时间较早，在汉代便可以觅到其踪迹，山东两城山出土的汉代画像石《母子图》与陕西绥德贺家沟梁汉墓画像石《母子图》均是其有力佐证。寓意上，婴童形象常与丫莲、桂花叶搭配在一起，取"连生贵子"之意。由此，其便反映出一种人们对于繁衍生息的期待，如福建农林大学姚琛教授在《中国传统婴戏纹形成的原因》一文中所提到的："它们（婴戏纹）逐渐演变成为对生命与生育崇拜的象征性造型。儿童具有健康自然之美，也是人类延续生命的象征。"婴戏纹在五代至北宋初期龙泉青瓷上表现得较之明清两代彩瓷上的婴戏纹更为简约写意，表现重点不在婴童开脸而在其整个躯体的动态感，其体态普遍弯曲，头颅倾斜，双臂微曲抬起，呈弯腰屈膝蓄力将跃之状，碗碟内壁普遍装饰四个婴童，每个之间间隔一朵莲花，且短篦纹遍布碗内，以示水波，一派"孩童荷塘戏水"之景由此而出。从目前为数不多的带有人物开脸的龙泉青瓷婴戏纹标本来看，其五官集中于头部的下三分之一部分，多为侧颜，由此可以推断出侧颜正身是彼时龙泉瓷器婴戏纹的常见体态。从其线条特点来看，无论婴戏纹开脸与否，其躯体上的多数线条是"一线之内，粗细有变"，是富于弹性的，于是一种跳跃感便会带出灵动感。

## 四、结语

五代至北宋初期的龙泉青瓷像是中国青瓷史上的一面多棱镜，折射出了耀州瓷、越瓷、婺州瓷等名瓷的魅力，在多个窑口竞争的时代，"模仿"与"借鉴"对它来说不代表着劣质，而代表着在几个巨人肩膀上开始的登攀，为超越而进行的博采众长，这也为日后北宋中期到南宋末期"龙泉青瓷盛世"打下了坚实的基础。五代至北宋初期的龙泉青瓷虽然处于起步期，但从釉水、纹饰等多个方面看，它的发展已经初具特色。

**参考文献**

[1] 中国古陶瓷学会. 中国古陶瓷研究［M］. 北京：紫禁城出版社，2006.
[2] 张建平. 龙泉青瓷书法装饰创新研究［M］. 杭州：西泠印社出版社，2010.
[3] 李刚. 青瓷风韵［M］. 杭州：浙江人民美术出版社，1999.
[4] 孔六庆. 中国绘画艺术史［M］. 南京：东南大学出版社，2004.
[5] 苏梅. 宋代文人意趣与工艺美术的关系［M］. 北京：中国社会科学出版社，2015.
[6] 中国古陶瓷学会. 龙泉窑研究［M］. 北京：故宫出版社，2011.

# 埏 土 为 器

## ——关于匠心精神的思绪

## 戴雨享

（中国美术学院）

**摘　要：** 中国手工器物融合物质之美与精神之美，尊崇自然，注重材质，讲究物
我和谐等。西方国家以手工艺、绘画、建筑为基础，发展出了现代设计，并且所
有设计流派都带有浓厚的西方古典美学内涵和创新思维，在对传统的传承与弘扬
上，中西方可以说是异曲同工。艺术的发展离不开美育，离不开师者的言传身教，
离不开精益求精、坚持不懈和守护传统的工匠精神以及全社会对这种精神的尊重。
只有充分弘扬工匠精神，才能够造就具有当代审美理念的陶艺家及崇敬手工艺的
创造性人才。

**关键词：** 工匠精神；手工器物；陶艺家

　　智者创物，埏土以为器，中国历代有很多非常瞩目的手工器物，从早期的
彩陶造型及装饰纹样、青铜器皿的造型和装饰手法、精美的丝质服饰和髹漆器
物，到宋代五大民窑瓷器、元青花瓷、明清彩瓷，等等。手工艺术的传承与创
新，一直在延续，在发展中书写着中国器物美学。历朝历代都重视手工艺传统
的继承与发展，注重实用器物的美学，使中国手工器物融合物质之美与精神之
美。古代造物思想——尊崇自然、注重材质、物我和谐等，对人性的尊重、对
器物文化内涵的追求、对东方美学的诠释等造物观，始终影响着今天陶艺学子
的精神世界。

　　造物本质上具有文化性，它表现在两个方面：一是人类的造物和造物活动
作为最基本的文化现象而存在，它与人类文化的生成与发展同步，并因为它的
发生证实文化的生成；二是人类通过造物和造物活动创造了一个属于人的物质
化的文化体系和文化世界。

　　英国著名的哲学家培根曾说，艺术就是自然与人，艺术的力量不言而喻。
艺术文化向前发展成为衡量人类文明进步的重要标志。艺术的发展离不开美育
的弘扬与传播，正是一代代有志之士不辞劳苦地为传道、授业、解惑前赴后
继，才使得中华文明源远流长，不断地传承与发扬光大。与专业的艺术创作相
较之，尊长恩师的言传身教，不仅教导写字画画，更教导做人做事。师者默默

---

**作者简介：** 戴雨享，中国美术学院教授，硕士研究生导师。

无闻地在讲堂走完一生，而他教出的学生可能名扬天下，因而师者最令人尊重与敬佩。北宋大儒张载《正蒙》中有《大心篇》，其中说道："世人之心，止于闻见之狭"，"成心忘，然后可与于道"。求学不单是心，不单是物，而需超越心、物。志有多高，认识就有多宽广，当然，这里还包含才、胆、识、学，相济而成。太史公司马迁语："好学深思，心知其意。"然而自身的体认和实践，是成功之首要。

在日本一直强调"职人"和"匠人"的文化里，手艺得到尊重，敬重器物的"工匠精神"一直没有缺失。"匠人"在日语中写成"职人"，职人，是日语中对于拥有精湛技艺的手工艺者的称呼，以前主要是指传统手工业者，而现在许多掌握着尖端技术的制造业者也可以被称作"职人"，虽然字面上看起来简单，但"职人精神"代表着精益求精、坚持不懈和守护传统。因此，在日本"职人"是一个令人肃然起敬的称谓。匠人最典型的气质是对自己的手艺拥有一种近于自负的自尊心，并为此不厌其烦，不惜代价，但求做到精益求精，完美，再完美。这份自负与自尊，令日本匠人对于自己的手艺要求苛刻。从江户时代起，日本就已经形成了传统的匠人文化。匠人们拥有极强的自尊心，对于他们来说，工作做得好坏，与自己的人格荣辱直接相关。正因如此，他们对自己的工作极度认真，对于如何使手艺达到熟练精巧，他们有着超乎寻常甚至可以说近于神经质的艺术追求。他们对自己的每一件器物、作品都力求尽善尽美，并以制作出优秀作品而自豪和骄傲。

不久前，电台讲述了中国古代一个故事，大概内容是：有一位杰出的玉雕匠人在雕琢的器物内签上自己的名字，这令当时的皇帝非常不悦，将其关押，责令他不许签名，否则斩立决。皇帝令其重新雕琢一件作品，聪慧的玉雕匠人潜心创作出一件精美绝伦的旷世之作，并且将自己的名字刻在皇帝发现不了的地方，皇帝以为匠人折服了，为了自己的威严还是将匠人杀害。但是在千年后的今天，人们发现了玉器里隐藏的签名，从中看到了中国匠人的智慧和坚持自己名誉的操守，以及对造物的信念和敬重。

中国的历史上不乏匠人精神，几乎所有的人都熟悉"庖丁解牛"的故事，听过他的故事，我们无不惊叹他的解牛技术。同样是在创造了这个成语的《庄子》中，还有一篇《达生》也讲到一个"匠人"故事：有个叫梓庆的木匠，技艺非常了得，他用木头雕一种乐器，叫鐻，见过的人都觉得精巧无比，只有神鬼之功才能做得出。鲁王很惊叹，就召见梓庆问："这么精妙的东西，先生是怎么做出来的？"梓庆回答说："我只是一个木匠，哪有什么奥妙呢？只不过在做工前，我不敢耗费精神，静养聚气，让心沉静。斋戒三天，我不再怀有庆贺、赏赐、获取爵位和俸禄的思想。斋戒五天，我不再心存非议、夸誉、技巧或笨拙的杂念。斋戒七天，我已不为外物所动，似乎忘掉了自己的四肢和形体。然后我便进入山林，观察各种木料，选择质地好、外形最与鐻相合的，此时镂的形象已经呈现于我的眼前。我将全部心血凝聚于此，专心致志，精雕细刻，用自己的纯真本性融合木料的自然天性制作，器物精妙似鬼神之工，也许是因为这些吧。"

古代中国天人合一、和谐共生的设计美学观念，恰好符合当今多元信息时代的新美学观念。立足于满足人、物、自然和社会可持续发展的目标要求，当代中国陶艺家深刻理解自己民族的文化特质和历史传承使命，在向传统追寻文化血脉和灵感启迪时，从文化的发展动因上解读传统，产生我们应有的洞察力、理解力和美学观，从而在作品中体现其独特的创造性。

精神和文化是我们走向未来的支柱，唯有创造一流产品、一流作品的人，才能发掘出蕴含其精髓的精神和文化来。但能造出一流产品的人，只是就技艺而言，并不代表其在精神境界上也达到了相应的层次。

中国美术学院手工艺术学院陶艺系注重传承，创新教学理念。毕业生优秀的陶艺作品展现了当代青年陶艺家的追求，作品彰显出当代语言、当代器物造型及思想的锐意，注重陶瓷材料语言的创新和艺术本体语言的表达，以及自我的表达。强调作品的完整呈现和鲜明的艺术语言，不被时尚思潮左右，听从自己内心的声音，思考创作主题的表达，探讨当代手工艺的创新观念和艺术感知的碰撞。作品具有鲜明的表现性符号和个人风格，能融入当代审美，体现当代艺术的价值追求，展示作品的内在视觉感染力。

研究生李蒙的作品《方器》好似一个没有任何功用的"物"，就像一个行走的凳子，没有时间给人考虑"我可以拿它来干什么"。但是此方器也具有器皿功能，可用作果盘盛放东西，也可当作凳子来歇息。由此看来，当代陶艺创作的实用与非实用的主观理念，已经由创作者转移到观者身上。艺术家的创作不再单纯只是主题思考的造物过程，往往也要考虑到观者与作品之间无形的"交流沟通"所形成的状态。正如一个日本陶艺家所言："我作品的创作完成不是在出窑的一瞬间，而是在它们被摆放到展厅或被观者购买回去开始欣赏和使用的一刹那。"虽然当代陶艺的理念很重要，但都是围绕着一个重要的中心主线，那就是"美"。这种"内容"与"形式"组合而成的美，可以给人如洪钟大吕般的震撼，如"无声之乐""大音希声""孤掌之音"。

艺术作品的"美"是简单的，简单到一眼看上去就会喜欢得爱不释手，没有原因也没有道理，这是人类审美共同的公理。但就是这个"美"，也是无比难的，难到为了达到效果，艺术家要不停地提高技艺及情操修养。真正好的东西可以经历时间的淘洗越来越耐看，历史留下的艺术作品是纯粹的精神与气质。就像《石涛画语录》里说："太古无法，太朴不散，太朴一散而法立矣……。"

器物通过形状、材质、光线、影子，所形成的"物的语言"和"人的语言"，创造出理性、感性、空间等特征，进而成为思考的工具；正因为有了这

些器物，进而形成思想。（日本著名建筑师黑川雅之的名言）

创新器皿是当代陶艺创作中的重要表现之一，陶艺研究生翟振辉一直在找寻新的表现手法和人文思想的融入，从器皿造型到釉料配制及烧成方式，将木料与器物相结合，注重温润手感，视觉上考虑造型的尺度，传达出色彩的和谐。中国古代文人喜石，曾经有陶渊明卧石，白居易爱石，柳宗元论石，米芾拜石，晋朝文人注重石头的气韵，宋代文人注重其精致，明代文人注重文玩的品质。

在中国当代陶艺近20年的发展中，从对西方艺术模仿，对中国传统文化内涵的思考，发展到拓展自己的视野，树立自己的艺术观点，进而有自己的思想。如果用自己的想法造就一个"艺术"的世界，形成当代审美意识，将对未来陶艺走向具有启示作用。

让我们做当代手工艺的思想者和践行者，不断向内心追问，用东方美学理念和当代创新思维，立足于提升当代生活品质，倡导东方人文手工器物创作。崇尚"匠人精神"，兼具宽厚文化理论与艺术专长，了解中外艺术文化与古今思想，为培养具有当代审美理念的陶艺家以及崇敬手工艺的创造性人才而努力前行。

# 龙泉青瓷瓷笛形制与音质探究

## 张敏桦

（丽水学院 民族学院）

**摘　要：**龙泉青瓷瓷笛是龙泉青瓷与民族乐器制作、器乐演奏的有机结合及创新发展，也是龙泉青瓷新品的开发和延续。龙泉青瓷瓷笛是龙泉青瓷与民族乐器制作两种不同学科交叉的工艺综合体，其结合传统竹笛制作工艺、青瓷制作工艺、外观设计，以及乐器制作、乐器表演等综合的艺术创新形式，是一个涵盖多门类、多方向、多领域的综合性青瓷艺术研制项目。龙泉青瓷瓷笛在传统竹笛形制的基础上，有自身独特的外观特点，这种青瓷乐器色泽秀丽、饱满，发音音质含蓄浑厚，音色美妙，声音传导通畅，是一项颇具创新价值的改革尝试。

**关键词：**龙泉青瓷；瓷笛；形制；音质；调试

## 一、龙泉青瓷瓷笛

龙泉青瓷瓷笛是青瓷材质与乐器形制的结合体（图1）。笛分为"曲笛"和"梆笛"两大类，能够演奏各种调式和旋律。瓷笛这种乐器是瓷制工艺、美术工艺、乐律理论、乐器制作及演奏技艺的融合，是龙泉青瓷制作工艺与乐器制作改革创新共同发展的交合点，它既是一件乐器，又是一件颇具欣赏价值的工艺收藏品。龙泉青瓷瓷笛兼顾了青瓷的悦目、乐器的悦耳，将青瓷制作工艺推向更高、更广的领域。

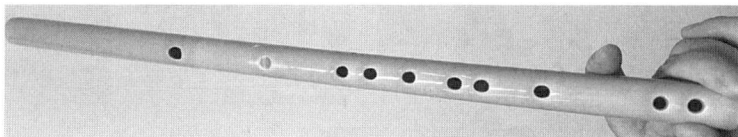

**图1　龙泉青瓷瓷笛**

## 二、龙泉青瓷瓷笛的形制与改良

1. 龙泉青瓷瓷笛的基本形制

龙泉青瓷瓷笛的形状借鉴于传统竹笛，目前所研制及试验的瓷笛采用传统F调竹笛的制作标准，灌浆制坯，内外壁面上釉，一体化烧制成型。首先以900 ℃的温度素烧定型，再用最高1300 ℃的温度烧制完成。对于瓷笛的制作，

**作者简介：**张敏桦，甘肃兰州人，丽水学院民族学院音乐系副教授，研究方向：民族民间音乐、瓷乐。

前期依据选择的模板开模制作泥坯，先确定泥胎的厚度和尺寸，再拉泥坯长度为 78 cm 以上（这个长度在青瓷中是一个突破）。灌浆后，为了防止变形，要用一种特殊方式晾干。这种瓷笛的基本形状为空心圆柱形（图2、图3），外壁丝润光滑，内壁光滑可透（图4），手感触摸光滑。其试验品具体参数为：笛全长 50 cm，直径 2.1 cm，内径 1.6 cm，内壁厚度 0.25 cm，吹孔直径 1.08 cm（图5），膜孔直径 0.8 cm（图6），出音孔直径 0.88 cm（图7），按指孔直径 0.8 cm（图8）。

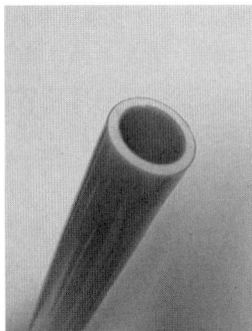  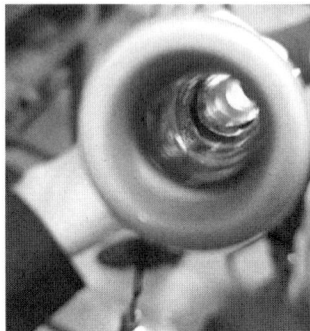

图 2　瓷笛外形一　　　图 3　瓷笛外形二　　　图 4　瓷笛内壁

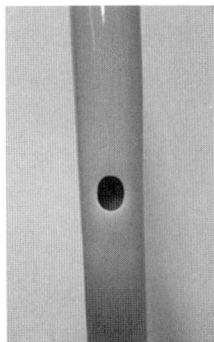 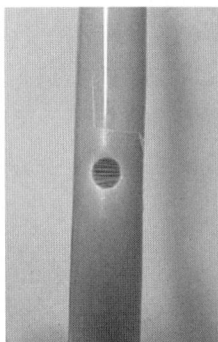 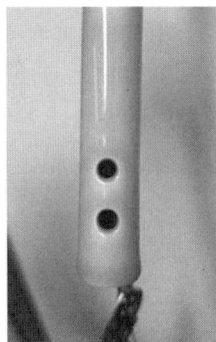 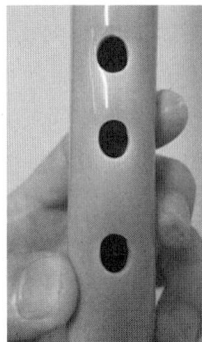

图 5　吹孔　　　图 6　膜孔　　　图 7　出音孔　　　图 8　按指孔

2. 龙泉青瓷瓷笛制作中的问题与改良

（1）烧制问题与改良

因龙泉青瓷瓷笛为长管形状，在烧制过程中易变形，会产生弯曲、内径不匀、管壁厚薄不均等问题，对龙泉青瓷瓷笛的美观度及瓷笛的发音、音准、音色有一定的影响，且龙泉青瓷瓷笛在烧制过程中管内、外径厚薄的微小差异也具有较多不可控的因素。所以，前期要用吊烧的烧制方式，经过 900 ℃ 的前期烧制，其破损率达到 30%。吊烧之后上釉，接着再胚釉两次，用专职的小窑在高达 1310 ℃ 的条件下高温烧制。每窑烧制 35 支，烧制后破损率为 35%，最后只有 30% 的成功率。

就龙泉青瓷瓷笛的烧制问题而言，提升龙泉青瓷瓷笛烧制成功率的关键，就是解决瓷笛在烧制过程中笛身变形与弯曲的问题。有以下两种解决方法：第一，保持笛身一体化烧制方式，尝试缩短瓷笛管长，增加管直径，加大管内空气容积，这样既能提高烧制成功率，也能改善瓷笛的音质，增大瓷笛的音量；第二，采用笛身多段烧制的方法，比如"二接笛"，甚至"三接笛""四接笛"，将瓷笛笛身分段烧制，后使用金属、竹木、石料或动物骨角材料连接成笛管整体，这种多段接制的设计可更大地提升瓷笛烧制成功率，也能够制出长度更长的龙泉青瓷瓷笛，甚至可以制作出低音 G 调的大笛子。

（2）音律调整与改良

瓷笛烧制成型，这只是瓷笛主体的完成。因为瓷土黏稠、上釉厚薄及高温烧制等因素，可能会造成瓷笛器型、吹孔及把位孔的收缩变形，所以后续任务的关键就是对瓷笛吹孔进行细致地打磨微调，调试过程与试吹试音同时进行。调试首先从吹孔开始，打磨吹孔的外侧边沿，再根据吹孔气流的摩擦关系，对吹孔内壁边沿形成斜面的坡度式打磨，这样是为了吹孔气流顺畅，便于气流瞬间顺着瓷笛管壁到达每个把位孔。

龙泉青瓷瓷笛为瓷制材料，其与传统竹制笛在材质上有较大差异。在对试验品试听与吹奏中往往出现某些音准和偏差问题。一般情况下，依现场听辨并调整瓷笛按指孔大小和位置，基本能解决演奏音高"两个八度"音准问题，但极高音的发音需精细调整，在反复尝试调整笛膜松紧度的前提下，可调整管内径与内壁的厚度进行综合考量。

## 三、龙泉青瓷瓷笛的声音质量评估

### 1. 龙泉青瓷瓷笛的声效

龙泉青瓷瓷笛为瓷制乐器，据现场 F 调瓷笛的演奏与听辨，其声音洪亮、开阔，具有很强的刚性与穿透力，高低音的音色、音量、音质较统一，出音快，发音传导灵敏、稳定，很少有声音的扭曲，能够轻松演奏长音、短音、连音、跳音、顿音、踩音、气冲音等。在可容纳 600 座的剧场对其声音进行测试，发现演奏的每一音符均能传到观众席最后一排。因此，龙泉青瓷瓷笛是一件良好的独奏与合奏乐器，它能够胜任技巧性和风格性独奏曲的演奏，也能胜任与南北派的吹打乐、江南丝竹、广东音乐及潮州音乐等器乐合奏。

### 2. 龙泉青瓷瓷笛与传统竹笛声效对比

龙泉青瓷瓷笛试验品与竹笛进行声效比较，发现两种笛的音色与音质有一定的差异。传统竹笛声音的声线清晰，具有密集的金属音、亮头音和底音的泛音，区分较明显，穿透力好，声音传得远，但存在一些不和谐的泛音与杂音。龙泉青瓷瓷笛声线相对柔和，总体音位发音亮度相对较弱，其中高音穿透力强，远传性好，较集中，中低音更为浑厚，带有温润的鼻音，富有内涵，高、低音区音质干净，基本无杂音和噪音。

此外，竹制笛易受到环境温度与湿度的影响，因热胀冷缩而时常音准不稳定且难以控制，同时，竹制笛用久易开裂。龙泉青瓷瓷笛因材料密度高，高温定型比较困难，基本不受空气温度和湿度的影响，不易开裂，且易清洗、易保存，但材质较脆，应避免碰撞、摔落。

龙泉青瓷瓷笛比传统竹制笛有更明显的优势，它的高音接近传统竹笛的声效，而中低音接近西洋长笛的声效，是一种富含更多音色层次的乐器，能有效地替代竹笛进行演奏。

## 四、结语

龙泉青瓷瓷笛是龙泉青瓷与民族乐器制作、器乐演奏的有机结合及创新发展，也是龙泉青瓷新品的开发和延续。龙泉青瓷瓷笛是一件外观秀丽、色泽饱满、观感极佳的青瓷工艺品，也是一件制作精良、音色丰富、演奏功能上佳的乐器。相比于传统竹笛，其色泽更华丽，更易保存，总体声音质量也更胜一筹，这种瓷笛能够胜任独奏和与丝竹乐器的合奏，甚至能够担任大型民族管弦乐团竹笛高、中、低声部的演奏，在多种形式的演奏中能够完全替代传统竹笛来进行音乐作品的诠释。龙泉青瓷瓷笛既有较强的音乐演奏功能，又具有静态及动态的观赏价值，还有一定的收藏价值，能较好地满足瓷器爱好者、音乐演奏者及普通大众对艺术文化的需求。

龙泉青瓷瓷笛较好地将青瓷制作工艺与音乐表演技艺熔为一炉，创造出全新的青瓷乐器产品，它具有较高的艺术价值与市场价值。应对龙泉青瓷瓷笛产品进行更全面的研发，使其涵盖更多的艺术元素，开辟一个青瓷艺术与音乐艺术交叉的新领域。

**参考文献**

[ 1 ]　浙江省轻工业厅. 龙泉青瓷研究［M］. 北京：文物出版社，1989.

[ 2 ]　吴涤. 龙音瓷乐——浙江龙泉青瓷打击乐器探究［J］. 中国音乐，2011（02）：205-207，212.

# 艺术人类学视域下中国陶瓷上的
# 文学图像研究综述

## 沈其旺

（丽水学院　中国青瓷学院）

**摘　要**：中国陶瓷上的文学图像，具有一个完整透彻的符号化象征语言系统，其美学本质与文学艺术有直接"血缘"。这些文学图像作为陶瓷的组成部分，是绘画艺术的物化形态。以艺术人类学的方法研究这些图像，不仅能从陶瓷本体的美了解古代工匠的智慧、技艺与审美，还能够解读特定历史时期的文化面貌，进而认识艺术中人的文化精神和文化本质，而不是只停留于技艺层面的研讨。

**关键词**：人类学；中国陶瓷；文学图像

## 一、研究的动态

中国陶瓷上的文学图像，它不是绘画的一个种类，而是陶瓷绘画的主要内容，是陶瓷文化的一部分，是器物的有机组成部分。在全球一体化迅速发展的今天，传统文化艺术中的人文精神正日渐式微，流行的快餐式消费文化越来越泛滥，因此对中国陶瓷绘画这类非物质文化遗产展开研究，也就显得尤为重要。

从艺术人类学的视角来看，陶瓷上的文学图像置身于庞大的文化语境之中，也是被灌注了人们的思想情感与特定历史下的社会文化的载体。以艺术人类学的方法解读陶瓷上的文学图像，不仅能从陶瓷本体的美了解古代工匠的智慧、技艺与审美，还能够通过将陶瓷上的文学图像还原于其所处的文化语境下，解读特定历史时期的文化面貌，从而更进一步地认识艺术中人的文化精神和文化本质，而不是只停留于技术和艺术形式层面的讨论。

陶瓷上的文学图像具有一个完整透彻的符号化象征语言系统，其美学本质与文学艺术有直接"血缘"。从研究现状来看，陶瓷上的文学图像作为陶瓷的组成部分，是绘画艺术的物化形态。因此国内外关于陶瓷上文学图像的研究，主要从陶瓷和绘画艺术两个层面展开。

---

**作者简介**：沈其旺，江苏灌云人，美术学博士、博士后，教授，现为丽水学院中国青瓷学院院长，浙江省"2011计划"龙泉青瓷协同创新中心副主任。主持2018年度国家文化和旅游科技创新工程项目"中国龙泉青瓷创新工艺研究"。

近年来，随着国际上对非物质文化遗产重视力度的加大，学界对陶瓷上的文学图像领域的研究也逐渐增多，但国外几乎没有专门针对中国陶瓷上的文学图像的研究。相关的研究只是零星出现，如日本三上次男所著《陶瓷之路》（李锡经、高喜美译），是一部研究中国陶瓷发展史和古代中国陶瓷外销史的重要著作，作者汇编了世界各地对中国陶瓷的考古成果，书中对陶瓷装饰图案仅是简单描述而没有展开深入研究，更谈不上对陶瓷上的文学图像进行系统研究。英国简·迪维斯所著《欧洲瓷器史》（熊寥译），仅部分内容涉及中国陶瓷对欧洲的影响。国外对中国陶瓷装饰研究的论文主要集中在日本，如中野徹的《宋代陶瓷的纹样》（孔六庆译），长谷部乐尔的《清朝的彩绘瓷器》（孔六庆译），矢部良明的《景德镇民窑的展开（上）》和《景德镇民窑的展开（下）》（孔六庆译）。上述这几篇文章对中国古代陶瓷纹样及绘画等展开了一定的研究，但由于地域的局限等因素，这些寥寥无几的国外研究成果，都没有形成系统的学理研究。尽管如此，它们对本文的研究还是很有参考价值的。一些日本画册，如矢部良明编著的《陶瓷大系·元代染付》，藤冈了一编著的《陶瓷大系·明代赤绘》，斋菊藤太郎编著的《陶瓷大系·吴须赤绘·南京赤绘》，为本文的研究提供了珍贵的海外资料。

目前，国内对中国陶瓷绘画和民间美术研究的成果主要集中在以下三个方面。

1. 艺术源流、传承现状研究

这类研究的重要著作是中国硅酸盐协会主编的《中国陶瓷史》，该书由国内多方面的陶瓷专家历时多年编写而成。书中系统论述了中国陶瓷的历史演变，资料翔实，是广大从事陶瓷研究、生产、设计、教育，以及文物、考古、历史研究、工艺美术等工作者的珍贵文献。另外，李知宴的《中国陶瓷史》、叶喆民的《中国陶瓷史》、熊寥的《中国陶瓷美术史》等，也注重对中国陶瓷历史进行梳理和分析。这类研究主要集中于对中国陶瓷的历史源流整理，缺乏对陶瓷绘画的系统研究。

2. 文化价值和社会功能研究

这类研究大多从陶瓷绘画的大视野出发，通过横向、纵向的比较，展现陶瓷绘画带给我们的人观、神观、宇宙观等哲学思想和文化内涵。如张朋川、张晶著的《瓷绘霓裳——民国早期时装人物画瓷器》；李雨苍的《谈宋代陶瓷装饰》；宁钢的《设计的时代性与地域性——以清三代景德镇官窑瓷器装饰为例》；张朝晖、宁钢的《中国当代陶瓷审美文化的多样化发展》；蔡花菲、宁钢的《浅绛彩对青绿山水瓷画的影响》；耿宝昌的《明清瓷器鉴定》；杨琮的《论元、明青花瓷画艺术的发展演进》；方李莉的《艺术人类学的本土视野》，从艺术人类学的视角对景德镇民窑、传统手工技艺传承进行个案研究，这里把艺术放在一个完整的、具体的生活情景中来理解，给我们带来全新的研究思路。总之，这些研究涉及民族学、社会学、艺术学、设计学、材料学、文学和地理学等多学科的理论与方法，给陶瓷绘画理论的宏观建构打下了坚实的基础。

3. 中国陶瓷和区域性陶瓷绘画艺术的造型认知和审美认知系统研究

这类研究大致可以分为以下两种类型：

一是把陶瓷绘画纳入整个陶瓷发展史的层面进行研究。如《中国陶瓷绘画艺术史》（孔六庆，2003 年）以年代为线索，分析了陶瓷绘画艺术从宗教实用性到审美娱乐性的历史演变过程；景德镇陶瓷学院美术系编写的《陶瓷彩绘》（1961 年），书中以运用大量实物图片的方式探讨了中国陶瓷绘画艺术的起源和现存各地陶瓷绘画的艺术特征、工具和媒材的审美特色等；刘淑凤的《中国绘画与陶瓷艺术简论》，虽然内容涉及陶瓷绘画的工具材料及创作方法，但是研究没有深入到陶瓷图像的系统层面。

二是对区域性陶瓷绘画艺术的审美研究。目前这类专著及研究性论文呈逐渐增多的趋势，反映出学界对陶瓷绘画艺术的重视程度越来越高，如陈雨前等的《景德镇陶瓷文化概论》，作者从文化的角度进行研究，为我国陶瓷绘画艺术设计创新和非物质文化遗产保护的深入研究提供了有益的参考。类似的还有朱伯谦的《浙江古代瓷器的研究》、汤苏婴的《人物题材图案的元青花及相关问题》、张永安的《元代青花瓷画赏析》等。此外，还有部分关于陶瓷绘画艺术的文化普及性图册，客观上对陶瓷绘画艺术起到了较好的推广和传播作用，在此不一一赘述。

上述这些成果从多个角度对陶瓷上的文学图像进行了研究，也为本文研究提供了诸多的理论依据，但随着研究的深入，发现还有诸多问题未涉足，特别是关于我国陶瓷上的文学图像谱系考据和图式再造，尚未形成有体系的研究成果。

## 二、研究的价值

1. 学术价值

在全社会对非物质文化遗产保护和重视，借以激活传统文化语境的前提下，陶瓷文学图像作为集中体现历史、文化、宗教和美学思想的民间艺术资源，它的传承与创新显得尤为重要。本课题通过对我国陶瓷上的文学图像的谱系考据和图式再造的理论研究，有助于了解本民族在社会发展中的生命观、宗教观、审美观以及风俗礼仪的衍变轨迹，洞悉其独特的审美范式和文化模式在特定的社会结构与文化结构中民族文化语境的关联，破译本民族在文化生成和发展过程中文化符号的意蕴，揭示出本民族文化发展的基本道理，从而有效确立传承与创新的正确思路，这也是本课题研究的学术价值。

中国陶瓷上的绘画，其实属于中国文学图像的外延。中国最早的绘画来自原始彩陶，并对日后绘画的生成与发展产生深远的影响。无论是马家窑文化中的彩陶舞蹈纹盆（图1），还是仰韶文化中西安半坡的彩陶人面鱼纹图（图2），都充分说明陶器绘画早在新石器时代就已经出现了。

图1　彩陶舞蹈纹盆（中国历史博物馆藏）　图2　彩陶人面鱼纹图（陕西半坡博物馆藏）

经历了数代的缓慢发展，到了宋元时期，陶瓷绘画开始呈现出占据陶瓷装饰主流的倾向。元代，景德镇成为中国陶瓷业的中心，从此景德镇陶瓷产品畅销世界，世界便以景德镇陶瓷来认识中国。白釉、青花，是元代陶瓷绘画的标志性符号（图3）。明清时期，陶瓷绘画中的文学图像终于完全占据陶瓷装饰主流而汇成了滚滚洪流（图4~图7）。

图3　元代青花梅瓶《萧何月下追韩信》（南京市博物馆藏）　图4　明代嘉靖青花《八仙祝寿图罐》（故宫博物院藏）

图5　清代康熙青花《三国故事
图盘》（故宫博物院藏）

图6　清代康熙《五彩渔舟唱晚
图盘》（故宫博物院藏）

图7　清代程言画《浅绛彩山水花鸟方瓶》

2. 应用价值

当今世界，传统艺术普遍面临传承难、保护难的问题，陶瓷绘画也是如此。因此，如何有效保护、传承和利用陶瓷绘画艺术，成为研究的热点之一。本课题拟以陶瓷绘画中的文学图像为对象展开研究，透过其图式语言外在的视觉特征，发掘其内在的文化内涵。同时，在陶瓷绘画工具、技术材料方面展开研究，突破原有的审美经验，挖掘陶瓷上的文学图像中符合当今时代的设计语言，并力求在其设计再造和资源利用上拓宽思路，结合自身的专业实践设计衍生产品，以此达到传承和发扬陶瓷上的文学图像的目的。

## 三、研究的内容

1. 研究对象

陶瓷绘画作为中国传统民间文化中最受欢迎的艺术形态之一，在当今社会正面临着两大问题：一是陶瓷釉色如何融合中国画创意理念、工艺分析和技术实践；二是中国民间美术基本理论的匮乏，阻碍了陶瓷绘画这一宝贵民族文化资源的深入挖掘和研究。以陶瓷绘画中的文学图像为研究对象，对其所具备的宗教性、民俗性、民族性、审美性展开研究，以当代视觉艺术的价值取向和方法论来审视传统，挖掘其深厚的文化信息内涵，梳理其源流和谱系，提炼其图式语言，建立陶瓷上的文学图像再生设计的应用体系，在充分认识当代设计思潮的基础上，探索这一民间艺术语言可持续发展的途径。

2. 总体框架

（1）中国陶瓷上的文学图像艺术的谱系研究

中国陶瓷上的文学图像孕育于独特的自然生态和人文环境之中，不同的陶瓷文化圈因地域和文化的差异呈现出各自的艺术特色，从现有的研究著述来看，多数研究成果在陶瓷绘画造型艺术谱系的考据上还不完善。本课题拟从景德镇、龙泉、宝丰、磁州等传统的陶瓷文化圈出发，梳理陶瓷上的文学图像的缘起和衍生、基本成因和文化内涵，阐释其造型与宗教、文学、美术及民俗等传统文化之间的深层次文化联系，对陶瓷上的文学图像与其他载体的绘画进行分类比较，完善中国陶瓷上的文学图像作为造型艺术的谱系建设，借以激活其在当代的美学价值。

（2）中国陶瓷上的文学图像的图式语言研究

陶瓷上的文学图像从最初简单符号化的形象，逐渐演化成极具象征性的艺术造型，除了其自身的形式美感之外，更沉淀有文化、历史、社会、宗教等丰富信息，这种独特的图式语言系统是我们研究传统绘画艺术不可或缺的宝贵资源，但目前国内针对其图式语言的理论研究还不完善，对其深厚的文化内涵和图形设计的精髓也缺乏追根溯源。本课题拟对其图式语言展开研究，通过梳理各个历史时期的陶瓷绘画造型特征，分析其与传统美术的内在关系，揭示图式语言承载的本民族文化心理和民族精神，提炼传统图式所蕴含的造型、色彩、秩序、气韵态势等原发性语言，进而在现代艺术设计中延伸出更新、更深的精神理念和审美象征意义，为当下的艺术设计领域提供丰富的民间美术元素和养分。

（3）中国陶瓷上的文学图像艺术的工艺材料研究

几千年的陶瓷绘画手工技艺传达出造物者淳朴的设计思想和材质的天然美感，但是近年来现代工艺的大量应用对这一传统手工艺的冲击和影响也越来越大，最显著的问题是商业化过程中简单的符号挪用和机器化生产使陶瓷绘画材质与工艺的天然美感不复存在。本课题拟对陶瓷绘画的各类工艺材料展开研究，探讨承载图式语言的工具媒材在这类图像发展变迁中的功能，挖掘其与本民族所处的自然环境、日常仪式化行为和文化生态的关系；同时开展陶瓷装饰技艺和创新制作的调查收集工作。在系统收集的基础上，归纳各类陶瓷装饰的工艺特征，结合陶瓷独特的制作技艺，进而探讨国画创意装饰的可行性和多样性。通过调查梳理陶瓷绘画的材料和工艺的脉络，分析其自然物化的观念和内在的审美特征；探索如何把传统手工艺与现代科技相结合，在材料、工艺和形态上有所创新，增加陶瓷上的文学图像这一传统艺术的神秘魅力。

（4）中国陶瓷上的文学图像艺术的创新设计研究

陶瓷上的文学图像作为传统的民间美术造型，由祭祀产生，以游艺而止，现今以它作为祈福禳灾的民俗活动已日趋少见，关注更多的则是它独特的文化意识和美学精神，其生存土壤的改变使得这一民间艺术形式正面临着走向没落的沉重压力，要让其持续焕发生命力，唯有发展与创新。本课题拟在陶瓷上的文学图像再生设计方面展开研究，建立起陶瓷绘画的形、光、色、点、线、面、体等造型艺术应用体系，在传统图式的形、意、神方面进行深度的挖掘，寻找传统与现代的契合点，将现代审美情趣与艺术观念结合起来，进而发掘陶瓷上的文学图像新的表现方式和美学价值。结合自身的专业实践，设计衍生工艺美术品，打造符合时代要求并具有中国特色的现代设计，为我国的文化创新工程提供思路与对策。

3. 重点难点

① 重点。本课题的研究重点在于通过对陶瓷上的文学图像所蕴含的宗教、民俗、生命意识和审美功能的研究，建立和完善其图式语言的基本理论体系，在再生设计上展开研究，打造出符合时代要求并具有中国特色的现代设计。

② 难点。本课题的研究难点在于陶瓷上的文学图像再生设计继承与创新的合理性问题。该问题的解决需要两个前提：一是再生设计需要以图式语言的基础理论体系为指导，在其中寻找行之有效的属性与方法；二是再生设计不是简单地搬用原始符号，进行肤浅的形式美与现代美的组装，而是要把这一民间艺术真正融入现代设计之中，在学术视野的深度和广度上都能够体现出创造力。

4. 主要目标

本课题的主要目标是通过对各个时期陶瓷上的文学图像的谱系、图式语言、工艺材料和设计再造的系统性研究，为现代陶瓷艺术设计提供丰富的文化资源，为我国传统陶瓷艺术的发展和继承提供普遍性的对策与思路，为当前文化创意产业的发展服务。研究的最终目标，是通过设计学、文学、艺术学、民族学和社会学等学科的交叉研究，促进人类艺术学开辟新的研究领域。

## 四、思路方法

1. 研究思路

本课题试图通过中国陶瓷上的文学图像，解析中国古代人民的社会生活、文化、政治、经济、宗教、语言等，研究中国古代民族关系与认同的历史场景，以促进中国陶瓷绘画艺术的传承与创新。综合美术学、设计学、民族学、民俗学、艺术人类学和社会学等诸多学科知识，构建起陶瓷绘画艺术图式语言的基本理论体系，并通过对陶瓷绘画艺术工艺材料的历史沿革和现状的研究，寻找陶瓷上的文学图像再生设计的有效途径，完成中国陶瓷上的文学图像的谱系建设和图式再造的研究目标。

2. 研究方法

① 文献研究：目前已经搜集到许多国内外有关陶瓷绘画艺术的文献资料，并从中获取大量陶瓷上的文学图像资料，整理归纳出陶瓷上的文学图像在发展演变轨迹中存在的问题，做好研究定向工作。

② 实证研究：通过田野调查、传承人访谈、工艺材料考察等方式，获取陶瓷绘画艺术的图片、文献、影像等多方面资料，对陶瓷上的文学图像的谱系、图式语言和工艺材料展开研究。

③ 案例研究：以代表性的陶瓷上的文学图像造型为例，透析其图式语言的内在规律，揭示其工艺材料审美功能和文化内涵。

④ 比较研究：对各地陶瓷上的文学图像进行横向和纵向的比较研究，对其未来走向和图式再造给出建议，为我国传统文化艺术的传承和发展提供蓝本。

## 五、创新之处

1. 学术思想的特色与创新

本课题以陶瓷文化中的绘画艺术为研究对象，以建立和完善图式语言的基本理论体系为目标，这是研究的特色之一。目前，国内外学者在民族民间艺术的研究过程中往往重保护，轻发展；重继承，轻再造。本课题在研究过程中把陶瓷绘画艺术的图式再造作为研究方向，坚持通过再生设计来继承和发展民族传统艺术、提高艺术创造力，这是本课题在学术思想上的一次创新。

2. 学术观点的特色与创新

在现有研究成果中，以下观点还没有受到关注并进行系统阐释，因此本课题的研究具有创新性：

① 通过把研究对象的图式语言进行符号再造，赋予传统元素新的内涵，对传统工艺的继承与创新要做到传统与现代相契合，做工艺美术的革新者和创造者。

② 强调研究对象的再生设计才是避免这一传统民间艺术被逐出现实生态系统的有效途径，并就这一艺术形式的可持续发展做出研究尝试，从而给出对策和建议。

3. 研究方法的特色与创新

坚持理论与实践相结合的方法是本课题研究的一大特色。在研究过程中，除了建立和完善图式语言的基本理论体系之外，还强调对研究对象的材料工艺进行实践研究，对研究对象未来的设计开发作出尝试。

　　在研究过程中将按照理论与实际相结合的原则，利用陶瓷绘画艺术的工艺特色和图式语言进行再造设计，为当今时代文化创意产业的发展拓展新的空间。在研究过程中始终坚持合理开发和有效利用的原则，通过对我国陶瓷绘画发展史略和生存现状的研究，可以为当地文化生态的保护与建设提供实践基础和理论依据，对当地社会文化经济的发展具有极大的促进作用；为相关领域的研究人员提供新的素材和研究路径；为艺术设计、美术创作等相关专业的学生学习、研究民族传统文化艺术提供参考。在研究过程中通过对陶瓷绘画图式语言的提炼和再设计，可以为当今设计行业提供丰富的传统文化元素，对促进我国文化创意产业的发展具有一定的积极意义。

## 参考文献

［1］　孔六庆. 中国陶瓷绘画艺术史［M］. 南京：东南大学出版社，2004.

［2］　李知宴，程雯. 中国陶瓷简史［M］. 北京：外文出版社，1996.

［3］　中国硅酸盐协会. 中国陶瓷史［M］. 北京：文物出版社，1982.

［4］　赵宪章，顾华明. 文学与图像［M］. 南京：江苏凤凰教育出版社，2012.

［5］　［日］三上次男. 陶瓷之路［M］. 李锡经，高喜美，译. 北京：文物出版社，1984.

［6］　［英］简·迪维斯. 欧洲瓷器史［M］. 熊寥，译. 杭州：浙江美术学院出版社，1991.

［7］　方李莉. 艺术人类学的本土视野［M］. 北京：中国文联出版社，2014.

［8］　［英］罗伯特·莱顿. 艺术人类学（The Anthropology of Art）［M］. 李东晔，王红，译. 桂林：广西师范大学出版社，2009.

［9］　张朋川，张晶. 瓷绘霓裳——民国早期时装人物画瓷器［M］. 北京：文物出版社，2002.

［10］　［日］藤冈了一. 陶瓷大系·明代赤绘［M］. 东京：平凡社，1972.

# 龙泉青瓷造型艺术中的禅意探析

## 杨吴伟

（丽水学院　中国青瓷学院）

**摘　要：**龙泉自五代开始烧制青瓷，早期的龙泉窑制瓷技术及其艺术风格都受越窑的影响，至宋元时期形成了独特的风格特征。龙泉青瓷碧绿莹润，如无瑕美玉般的釉质和静雅朴质的器物造型所营造的美学意境，与禅宗美学的审美情趣相契合，一度成为中国传统文化精神与审美品格的重要代表。龙泉青瓷独特的工艺特性之美及其形、色、意等都传达着中国传统的审美观，其典雅、端庄、古朴、雅致的造型营造出的独特意境，让器物衍生出几许禅意。

**关键词：**龙泉青瓷；造型艺术；禅宗美学

## 一、禅宗美学思想与青瓷意境

佛教自传入我国后，便逐渐与传统儒家、道家的哲学思想融合，形成具有我国传统观念特色的禅宗文化和禅宗思想。禅宗把佛教的"空"的思想发展到最大，衍生出了禅宗美学，就是用最简单的方式表现复杂的内容。禅宗要表现的不是去追求什么，而是要呈现物体本来的面目，即展现其最美的一面。传统中国美学从自然主义出发，而禅宗讲究的是意境，意在追求心灵的境界，让人感受灵活且微妙的精神体验，这是对传统审美经验的一种颠覆，让欣赏主体具有了一种精神性，衍生出新的感性体验来。禅宗体现出一种纯自然的古朴美学，所传达的是一种素美的内涵与外在特征，通过岁月沉淀表现出一种顺乎自然、不刻意造作的"拙"的美感。它所呈现出的美是独特的性灵之美，虽不耀眼，但有种无法言语的自然韵味。禅宗美学含蓄内敛之美和"化繁为简"的美学思想与龙泉青瓷在造物思想、造型特征、色彩材质等方面的审美特征都有着共通之处。"自古陶瓷重青品"，龙泉青瓷常以"类玉似冰""制瓷如玉"作为审美的标准，青绿颜色正是大自然的色彩，青色的幽玄、静谧也正符合了禅宗美学的审美情趣。如纯青的粉青釉色与禅宗美学单纯简约的追求不谋而合，梅子青釉色沉稳自然的视觉感受正契合了禅宗美学的直观体验，故探析青瓷蕴含的禅学意境可拓展青瓷审美的精神体验。

---

**作者简介：**杨吴伟，浙江云和人，博士，副教授，丽水学院中国青瓷学院副院长。

## 二、宋代龙泉青瓷经典器型禅学特征

### 1. 淡青釉青瓷器的内敛之意

龙泉窑从创烧以来，经过北宋早期的不断发展，直到北宋中期，已初具规模，龙泉窑在这一时期的制瓷技术与越窑还是一脉相承的，釉层、釉质、釉色都与越窑相仿，主要的烧制器物为淡青釉瓷器。这时期的淡青釉瓷器胎质较细，器型规整端巧，胎壁厚薄均匀，底部旋修光滑，圈足高而规整，釉面光洁，透着淡淡的青色，釉层稍薄。产品则以盘、碗、盒、罐、执壶、托盏等日用器皿为多，造型纤巧，式样优美。如图 1 所示的这件托盏，作荷花形式，造型端庄大方，工艺规整，盏的内壁素面无纹，外壁刻重瓣仰莲，双层花瓣内篦状器刻划线纹装饰，托碟口唇微向外呈折沿，盏与托都是灰胎，青绿色釉，乳浊半透明状，整个器物造型曲线过渡柔和，体现出古朴、淡雅的造型特点。

图 1　北宋龙泉窑托盏
（现藏于云和县文管会）

这一时期除了生产一般的日用器皿外，梅瓶、多管瓶、盘口壶等更是独具特色。许之衡在其著作《饮流斋说瓷》中详细地描述了梅瓶的形制、特征及名称由来："梅瓶口细而颈短，肩极宽博，至胫稍狭，抵于足微丰，口径之小仅与梅之瘦骨相称，故名梅瓶。"梅瓶因其瓶口小到仅能容下梅枝而得名，最初设计的功能是用来装酒。梅瓶工艺精致，常饰有各种刻划花纹，造型优美，如图 2 所示。

多管瓶是龙泉窑在北宋时期开发的新产品，有五管、多管等类型。器物以釉色装饰为主，釉下采用垂直刻划的方法进行装饰。纹饰设计样式丰富，综合运用刻花、划花等多样技法，青色的釉层下显现凹凸的纹理，在丰富器物审美元素的同时，使得器型更具节奏感和韵律感，同时也更具立体感。青瓷釉层微透，纹饰线条流畅自然，富有层次感的造型线条呈现出动态美，如图 3 所示。其朴素的造型设计中隐含着对生活的体悟，折射出浓郁的禅宗美学思想。

图 2　北宋龙泉窑刻花梅瓶
（现藏于松阳县博物馆）

图3　北宋龙泉窑五管瓶
（现藏于北京故宫博物院）

这一时期的器物，采用当地瓷石原料制作胎料，其中硅含量和铁含量较高，因此胎体显得较为厚重，胎色也比较暗，给人以沉稳的感觉，并且这一时期的龙泉青瓷器物釉层较薄，一般纹饰刻划得较浅，借助釉色的衬托，营造出一种若隐若现的朦胧之美，是禅宗美学含蓄内敛之美思想的体现。

2. 厚釉青瓷的简约意蕴

到了南宋时期，龙泉窑的风格特征发生了变化，成功烧制了粉青、梅子青瓷器，颜色非常均匀润泽。北宋时期胎体较厚，釉层较薄，常带有开片；南宋时期胎体变薄，釉层加厚，釉面没有开片。要想使青瓷釉色达到理想的色调，需要厚厚地挂上多层釉才能使青釉色调具有深厚凝重的美感。一般厚度为 0.5~1 mm，最美的青绿如翡翠般的梅子青厚度达 1.5 mm 以上。南宋晚期的粉青、梅子青器物重釉饰，器型规整，制作精致，釉层厚润，犹如堆脂，细腻平滑，优雅凝重，令人赏心悦目，将青瓷釉色之美演绎到极致。除烧制工艺的进步外，禅宗审美思想对龙泉青瓷的审美特征也产生了一定的影响。南宋龙泉青瓷器物清秀儒雅、超逸出俗、心物划一的美学风范，体现了宋代工艺美术在文人的哲学思想和艺术风格的影响下，所具有的清淡含蓄的艺术风格和设计理念，与禅宗美学所推崇的审美标准是一脉相承的。

这一时期工艺技术的改进及厚釉装饰的风格特征使前期的釉下刻划纹装饰不再适宜。龙泉窑工根据厚釉工艺的特点，制作出了很多独具龙泉窑特色的经典造型，如玉壶春、葫芦瓶、贯耳瓶，还有造型别致的凤耳瓶、吉字瓶、花觚等。玉壶春瓶造型优美，以变化的弧线构成柔和匀称的瓶体。葫芦瓶因瓶体似葫芦而得名，小口，短颈，瓶体由两截黏合而成。图4所示的贯耳瓶器形仿自汉代的投壶式样，长直颈，扁圆腹，有圈足，靠近瓶口颈部两侧有一对对称竖直的管状贯耳。图5所示的凤耳瓶的基本造型是浅盘口，器身呈筒形，上半部长颈造型，斜肩，筒腹近足处微敛，暗圈足，颈两侧装合模成型的凤耳，整体器型刚直有力，配合对称的凤耳，显得庄严中正。这些造型抛弃了复杂纹饰，用一种"极简主义"的设计理念来表现器物的轮廓线条造型。龙泉青瓷追求简约的造型设计，与宋朝追求简约雅致生活相适应，纹饰图案的装饰手法消解，更多地将设计重心转移至造型与釉色上，正是禅宗美学"化繁为简"美学思想的直观体现。南宋龙泉青瓷风格素雅、简约，用简单的形态、纯净的釉色，创造了一种自然的意境，更符合禅宗美学追求单纯简约的意蕴。

图4 南宋龙泉窑贯耳瓶
（现藏于遂宁市博物馆）

图5 南宋龙泉窑凤耳瓶
（现藏于松阳县博物馆）

### 三、当代龙泉青瓷器的禅学意境

当代的龙泉青瓷工艺继承了宋代青瓷厚釉技术，遵循对传统釉质和色彩的追求，但在创作理念上，呈现出完全不同的表达。古代器物制作最核心的是功能需求，无论是出于实用目的还是欣赏陈设用途，古代的器物都是有功能的。而对于当代的很多作品来说，实用功能需求可以被摒弃，更强调器物营造的意境之美，或者是青瓷艺术匠人的思想观念表达。

当代青瓷艺人们追求传统青瓷的技艺和文化精神，结合当代思想来创作青瓷作品。他们有较为成熟的创作理念，在作品中表达自己对青瓷文化思想的理解及个人情感，作品脱离了传统青瓷器皿的形态，从中国传统文化中寻找主题，用青瓷自然纯净的色彩，表达个人的文化追求。因此，当代青瓷创作是多元化的，不再停留于对自然色彩的再现，而是追求对思想、文化的思考和个人创作情感的表达，以及青瓷釉色带来的意境之美。

传统瓷器的生产不带有个人色彩，"匠人"的制作是不留名的，而发展到当代，青瓷的设计制作在造型、装饰、表现的技法和意境追求上呈现出不同的个人风格。

中国陶瓷艺术大师卢伟孙是土生土长的龙泉人，从小学习传统的青瓷制作技艺，在中国美术学院陶艺系参加过专业进修，接受了正统的专业艺术教育，又吸收西方的陶艺创作理念，其青瓷作品的个人风格逐渐凸显，在青瓷传统精神的基础上体现了当代风格特征。其作品《烟雨江南》（图6），用传统的拉坯工艺塑造了器皿简练、饱满的造型，材料上选用龙泉两种不同发色效果的

图6 烟雨江南（卢伟孙作品）2010年

"哥窑泥"与"弟窑泥"进行绞胎制作，强调单纯工艺中的丰富色彩对比效果。整个器物造型流畅，两种泥料的色彩交织，与无纹粉青釉色自然融合。作品采用中国式田园抒情的特色，泥釉自然地营造了虚实相生的天地之间情景交融、烟雨空蒙的江南景致，幽远意境油然而生。禅宗美学崇尚天然真实，把"平和、自然、朴素"之美作为理想之美的典范，作品塑造的意境很好地契合了禅宗美学的思想追求，开拓了无限的审美想象空间，带给观者自然真实的审美体验。

龙泉青瓷守艺人李震，有着对龙泉青瓷古韵的独特理解。其作品意境多以釉的厚薄深浅来呈现，通过多年潜心研究施釉工艺，充分掌握了龙泉青瓷釉的厚薄变化及堆积效果等技法，采用传统龙泉窑基础青釉和紫金土，不加化学颜料，保证青釉的天然矿物性质，烧出的釉色晶莹剔透，质感如玉，营造出龙泉青瓷釉天水一色的神秘、静谧。其代表性作品《春满江南》（图7），选用荷叶作洗的造型，用堆塑工艺丰富细节，运用龙泉传统出筋露白的工艺，造就底面与造型体积之间釉层厚薄的对比，浅白色的游鱼翔于厚釉堆积如湖面的浅盘底，营造了江南春意、鱼游湖底的诗意画境，真正实现了"情与景汇，意与象通"的境界，表达了人与自然和谐共存、天人合一的禅学意境。

图7 春满江南（李震作品）2015年

## 四、结语

传统青瓷的简约、朴素、天然为美的品格，最大限度地发挥材料的天性，显露其色泽、肌理和质地，以契合和造就人的感觉的丰富性。除了造型装饰等基本美学特征，还应更多地从中国传统的文化思想角度就龙泉青瓷的文化内涵进行审美研究。龙泉青瓷釉质温润、色彩沉静、造型典雅的审美特征，与禅宗的审美思想精髓天然契合。龙泉青瓷世界闻名，除了关注青瓷发展历史和观赏青瓷精美的釉色和造型外，要更好地了解青瓷，更深入地体会青瓷的美，还需要深入发掘中国青瓷背后蕴藏的文化思想内涵。

**参考文献**

［1］ 王鸿智，李峰，邵庄．传统日用陶瓷设计的禅学之美［J］．陶瓷学报，2016，37（6）：755-758.

［2］ 朱伯谦．龙泉窑青瓷［M］．台北：艺术家出版社，1998.

［3］ 石红．我国古代梅瓶初探［J］．文物世界，2006（5）：42-48.

［4］ 王芳．南宋时期龙泉窑与官窑的比较研究［D］．北京：中央民族大学，2012.

［5］ 李明珂．守护与超越［D］．景德镇：景德镇陶瓷学院，2008.

# 龙泉传统龙窑构造及青瓷烧制技术研究

周晓峰[1]，裘晓翔[2]，周易通[3]

(1. 丽水学院　中国青瓷学院；2. 龙泉市博物馆；3. 龙泉市新东方青瓷工作室)

**摘　要：**龙窑是我国南方地区自商周以来普遍采用的烧造瓷器的窑炉形制。在高新技术和信息技术发展的时代，龙窑的烧制技术曾一度被认为是落伍的技术。但在"人类非遗"保护和传统手工艺振兴的背景下，龙窑又逐渐受到关注。本文在梳理相关文献的基础上理出龙窑的历史沿革脉络；通过对龙窑遗址的实地调研考查了龙窑的基本构造，分析出各部分的功能，通过科学的测试数据和参与龙窑青瓷烧制实践，分析总结出龙窑青瓷烧制的工序规范、窑温变化规律和烧制技术特点。龙窑烧制工序规范，烧造技术独特，有较高的历史文化价值和技艺传承价值。对古龙窑进行原真性、活态性保护，有利于龙窑青瓷烧制技术在当代焕发出新的活力。

**关键词：**传统龙窑；构造；功能；烧成技术；龙泉青瓷；价值

龙窑是我国南方地区自商周以来普遍采用的烧造瓷器的窑炉形制。因其形状呈长条形，依坡而建，窑头至窑尾自下而上延伸，烧制瓷器时火势向上爬升，像俯冲而下的火龙，故俗称"龙窑"。学术上按火焰流向关系又称其为"平焰窑"。2010年在浙江上虞、德清等地发现了早在商周时期烧制原始青瓷的龙窑遗迹（图1）。东汉晚期，龙窑已形成火膛、窑室、排烟室三大基本构成（图2），对从原始瓷到成熟青瓷发展实现质的飞跃起到了重要作用。唐宋以后的龙窑结构更加完善，瓷器烧造技术更加先进，促进了制瓷业的全面繁荣发展。

图1　南山商代窑址

图2　尼姑婆山三国西晋窑址

**作者简介：**周晓峰，浙江龙泉人，研究员，硕士生导师。

**基金项目：**浙江省文化厅文化科研项目"龙窑的建造与龙泉青瓷烧制技术研究"（ZW2017054）。

## 一、龙泉窑龙窑历史发展脉络简述

龙泉窑创始于我国龙窑技术相对成熟并趋于完善的晚唐五代时期。早期吕步坑南朝至唐初窑址，是迄今为止发现的丽水地区最早的窑址，其长度已达39.85 m，宽1.70 m，坡度前段10°、尾部12°（图3）。窑具以泥质垫饼和支烧柱为主，图4所示为吕步坑遗址出土的碗。黄坛窑（唐代时属龙泉县）为中晚唐时期的窑址，考古发掘出龙窑残长2.80 m、宽1.55 m，发现支烧具和匣钵两种窑具，表明龙泉窑业在唐代已掌握匣钵套烧技术。据文物普查资料显示，龙泉晚唐五代时期窑址已达31处，从龙窑的规模、龙窑长度、窑具改进等，可以推测最迟在晚唐五代时期，丽水地区窑业的烧造技术已经成熟。

图3　吕步坑南朝—唐代窑址

图4　碗（吕步坑窑址出土）

到了北宋，金村、大窑一带已成为龙泉窑窑业中心，并快速发展到安福、白雁、梧桐、安仁等地，后扩散到丽水周边县域，窑址规模已达159处。在金村发现刻有"天福秋，修建窑炉，试烧官物，大吉"铭文的器物，这可能与宋代庄绰《鸡肋编》所说"钱氏所供"相关。从金村、大窑等窑址的文物标本分析，窑具有匣钵、垫圈、支烧具，装烧方式有匣钵单件、多件叠烧等方式，垫烧方式从北宋早期的垫圈泥条发展为北宋中期至两宋之际的圈内泥块、粗垫饼形式，龙窑烧制技术逐步革新发展。明代陆容《菽园杂记》中载："青瓷初出大窑……次则金村……匠作先以钧运成器，或模范成形。候泥干，则蘸油涂饰，用泥筒盛之。真诸窑内，端正排定，以柴簝日夜烧变。候火色红焰无烟,即以泥封闭火门,火气绝而后启。然上等价高,皆转货他处,县官未尝见也。"这是关于龙泉青瓷烧制技术的记载。"宣和中,禁庭制样须索,益加工巧"进一步说明自北宋以来龙泉窑青瓷烧制技术及其产品层次品级都相当高(图5、图6),龙泉窑已进入宫廷视域,以"制样须索"方式为宫廷烧造官器。

图5　五代龙泉窑盏托

图6　北宋龙泉窑刻划纹鸳鸯戏水碗

南宋时期龙泉窑的制瓷技术登峰造极,窑址增加到316处,其中核心区大窑片区就有窑址64处,南宋龙泉青瓷被推到历史发展巅峰。南宋时期的窑体长度不断加长,如安福、山头窑址群等地就有数座龙窑长度已超过60 m,功能构造非常完善,装烧量惊人(图7)。此时开始出现素烧技术(利用还原焰烧成"粉青""梅子青"厚釉青瓷),并且已达到炉火纯青的境界。图8所示的南宋龙泉窑盘口瓶即是用此技术烧制而成的厚釉产品。在装烧时,基本为一匣一器,匣钵以"M"形为主;早中期使用泥质小贺饼垫烧,南宋中晚期至元早期大量采用瓷质垫饼,使瓷坯与垫饼的收缩系数保持一致而确保成功率。部分高档产品不用支钉支烧,尽量达到整器满釉,这类产品在大窑和溪口等处有较多发现。

图7　溪口瓦窑垟宋代窑址

图8　南宋龙泉窑盘口瓶

元代时期,随着疆土的拓展,经贸文化交流增多,龙泉窑业迅猛扩张,窑址数量达到 445 处,规模空前。道太源口的元明时期龙窑窑址(图 9)长达 97 m,估计每窑可生产 2 万多件瓷器。元代装烧方式沿用南宋的一匣一器,因元代的瓷器体量增加,胎体厚重,匣钵容积也随之加大,出现了直径为 50~60 cm 的匣钵。元早期的垫烧具用瓷质垫饼,中期以后用垫圈,垫托常放在坯件的外底,碗、盘等瓷器的外底一圈无釉。在宋元明三朝,龙泉窑成为中国青瓷发展的脊梁,参与"海上丝绸之路"开拓。据雍正《处州府志》记载,瓯江两岸"窑牌林立,烟火相望,江上运瓷船只往来如梭",反映的正是龙泉窑在当时的繁荣景象。

图 9  源口元明时期窑址

明代基本沿袭元代的技术和规格,早期仍然以"定夺样制"的方式为宫廷烧造官器(图 10),直至天顺年间,朝廷仍差"内官"到处州府监造瓷器。据考古出土文物与海外收藏文物对比发现,"郑和下西洋"时期用于贸易和赏赐的青瓷产品大部分都出自大窑枫洞岩窑址(图 11)。枫洞岩出土的青瓷盘最大直径约 80 cm,因此匣钵的直径需 100 cm 左右,烧造大件瓷器是该时期龙窑的重要特点。垫烧方式要用外底垫圈方式,底部一圈无釉。因海外需求量大,为增加装烧量,一个匣钵内垒叠套装两三件不同尺寸的同类型碗、盘的现象经常出现,致使瓷器内底无釉或一圈无釉,这已经影响到部分瓷器的品质。

图 10  明代龙泉窑五爪龙盘

图 11  大窑枫洞岩元明时期窑址

窑体长,虽装烧量大,但生产周期也长。因此,随着龙泉窑海内外市场的拓展,元明时期龙泉龙窑开始出现长短并存的局面,30~40 m 的窑炉又重新出现，这种短窑在随后的发展中逐渐定型。从现存龙泉区域的龙窑看，晚清至今的龙窑沿袭了这种形制，长度基本在 30 m 左右，头部窑室内宽 1.3 ~ 1.5 m，中部窑室内宽 1.8 ~ 2.0 m，尾部窑室内宽 1.5 ~ 1.6 m，窑室内高度 1.6 ~ 1.8 m。

明中期以后龙泉制瓷业渐渐萎缩，清代时窑址只剩大窑、竹口、孙坑等处。至民国时期，龙泉窑业已转移到宝溪、上垟一带。目前仍保留有清代龙窑 1 座、民国时期龙窑 7 座。建于清光绪年间的"曾芹记古窑坊"和民国时期的五股窑（图 12）、陈家窑等仍然窑火兴旺。

**图 12　民国宝溪五股窑**

## 二、龙窑构造与功能

龙窑的主体结构由窑基、窑体、窑棚三部分组成，其他还有通道、工作台、作坊等相关配套设施。

### （一）窑基

窑基是经平整、夯实形成的有一定坡度的地面基础，一般深挖 20 cm 左右夯筑窑床，坡度保持在 10° ~ 20°。坡度和长度影响着龙窑的高差，高差越大，抽力矩就越大，火焰流速也越快。早期龙窑的分段烧成技术尚未成熟，窑头火膛的有效火焰长度有限，如在商周到战国时龙窑结构以大窑头、陡坡、短窑身的特征出现，被朱伯谦先生总结为"短、宽、陡、矮"四个特点。隋唐时期开始逐渐定型，坡度基本稳定在 10° ~ 20°。龙泉的近现代龙窑长度以 30 m 左右为多见，坡度以 20°以下为宜，若高差大于 13 m，则不利于烧成。如宝溪乡金品龙窑，窑长 22.0 m、宽 2.5 m，窑室内宽 1.8 m，倾斜度 15°，烧制的青瓷成品率较高。

（二）窑体

窑体包括窑头、窑室、窑尾三大部分，如图 13 所示。

1. 窑头

窑头由火膛、灰坑、燃烧口、架柴口组成，是龙窑的关键部位。窑头护墙呈八字形向外敞开，形成一个烧窑点火的工作台面。火膛，即燃烧室，呈半圆形，火膛正前方的窑壁设有燃烧口和加柴孔，用于添柴和点火。火膛底部

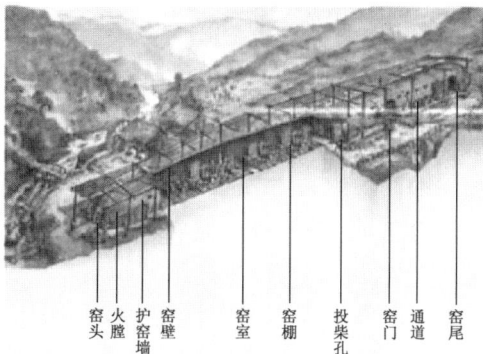

图 13　龙窑结构图

为灰坑，火膛与灰坑之间由炉栅分开，炉栅呈算眼状，底部由放射状砖柱支撑，灰坑用于送风和排灰。早期龙窑的火膛面积较大，火膛长度占龙窑全长比例高，如尼姑婆山 Y1① 火膛纵深 1.7 m、后壁宽 2.2 m；唐宋时期火膛大小基本稳定于纵深 0.8~1.2 m、后壁宽 1.6~1.9 m。现存龙泉近现代龙窑火膛结构基本延续唐宋形制，呈 1.0 m×1.3 m 的半圆形，顶部向前方倾斜，有利于窑头部位的升温，如图 14 所示。

2. 窑室

窑室是放置匣钵的空间，由窑床、窑壁、投柴孔、窑拱、护墙、窑门组成，是龙窑的主体部分，如图 15 所示。

图 14　龙窑窑头结构图

图 15　龙窑窑室结构图

① Y1 为文物考古编号。

在明代以前，窑床即为夯实的斜坡，上面铺设河沙石，用以稳固匣钵。匣钵未发明前将筒形支烧具直接插入沙中，匣钵应用后在窑床上先垫置底层匣钵，使之水平固定，将整个窑床的匣钵布置成阶级形。现存的清末民国时期龙泉区域龙窑窑床修建成阶级结构，便于旋转匣钵和开展装窑、出窑工作。通常把一个阶级称为一节或一间，间距1.0~1.3 m，宽1.6~2.0 m，阶级间高差0.2~0.3 m，各阶级一般均匀分布。

窑壁用耐火砖或废弃匣钵砌筑，一般以耐火黏土做成泥浆用于黏结。窑壁内侧缝隙处用耐火黏土抹平，经高温后形成坚硬的烧结面，目的是防止热量散失。

投柴孔对称设置在两边窑壁，是实现"火膛移位"的关键。战国萧山前山龙窑窑址遗存长10.0 m，发现有疑似投柴孔的遗迹，推测此时已开始采取"火膛移位"技术以达到烧制长窑之目的；宋代投柴孔遗存发现较多，如两宋之际的对门山BY15发现投柴孔10个，呈对称分布，投柴孔间距1.1 m左右，普遍用泥抹成圆形。据观测，龙窑中松柴燃烧的火焰长度为1.0~1.5 m，因此投柴孔1.0 m左右的间距设置是较合理的。现存的龙泉清末民国时期龙窑的投柴孔间距基本控制在1.0~1.3 m，每间窑室两边的窑壁上开长0.1~0.2 m的方形孔，对称分布，外侧护墙在投柴孔处留八字形开口，以便添加柴火和观察火焰颜色。投柴孔设在窑顶与窑壁相接处，若设置偏低，则易造成负压，导致冷空气进入，若偏高则喷出的火焰会很大，使投柴有困难，而且会延缓升温速度和烧成时间，浪费燃料。

窑拱呈圆弧形向上隆起，呈"鲫鱼肚"状，有利于形成窑内的"动压"。一般用0.3 m×0.4 m的楔形土坯砖错缝平砌而成，拱形穹顶距底1.70~1.85 m，顶面用2.0~3.0 cm的耐火黏土封糊。窑拱背上铺一层河沙石，其用途有三：一是增强外部压力；二是起到保温作用；三是一旦燃烧时出现细小裂缝，河沙石能自然滑入缝隙进行填补。

护墙砌筑于窑壁外侧，略向窑壁倾斜，高度到达窑壁与拱顶的连接处，厚度达0.3~0.4 m。龙窑烧制过程中产生强大的压力和膨胀力，容易造成窑壁受损，护墙则起到稳固窑壁的作用。

窑门一般设在窑室一侧，窑体每7.0 m左右设置一个窑门，供装窑、出窑之用。窑门上端呈拱形，高约1.6 m，宽约0.5 m。开设窑门的一侧与作坊相连，设有工作平台，便于装窑和出窑。封闭窑门时，在右上角留一个洞口作为投柴孔，用于烧窑。

3. 窑尾

窑尾由挡火墙、排烟室和烟囱组成，是龙窑的排烟系统。

挡火墙设在排烟室与窑室之间，墙上留有排烟口。排烟口采用坯砖错缝平砌或留"品"字形出烟孔两种形式（图16）。火焰经挡火墙形成倒焰的效用，再通过排烟口通往排烟室排出。窑尾下部开一排或两排出烟孔，出烟孔高约 0.17 m，宽约 0.20 m。

图16 龙窑挡火墙结构图

排烟室位于窑体的最尾端。龙窑的半倒焰排烟结构在东汉便已出现，较有代表性的如东汉帐子山 Y1。唐代龙窑的排烟结构基本由挡火墙与排烟坑组成，如晚唐的石马弄 Y1 挡火墙残存有两层土坯砖，错缝平砌，挡火墙外是简易的排烟坑，为凿穿岩石的浅坑。宋代龙窑基本延续唐代样式，对挡火墙进行改进，设置了出烟孔，如两宋之际的金村 Y2 后壁（挡火墙）下部设有 7 个出烟孔，壁外建有一个呈半圆形的土穴（排烟室），土穴弧形壁最大半径为 55.0 cm。晚清以后的龙泉龙窑因设有烟囱，排烟室宽度扩展到 1.5~1.6 m。为便于整修烟室，通常在窑尾排烟室处独立设置一道窑门，室内还可用于素烧坯胎和焙烧原料。

烟囱设在排烟室顶部，呈筒壁式圆台形，底部直径比窑体外部宽度略小，顶部口径 0.6~0.8 m，高度有 4.0~6.0 m，起到排烟和增加空气抽力的作用（图17）。唐宋时期的龙窑长度较长，本身高差足够，推测不需要用烟囱增加抽力，所以未设置烟囱。至晚清民国时期，龙泉龙窑长度普遍为 20.0~30.0 m（个别长度短至 10.0 m，长至 40.0 m），坡度 10°~20°，因长度与坡度形成的自然抽力不足，于是通过扩大窑尾部排烟室空间，并增设烟囱以提升抽力。

（三）窑棚

龙窑上面修建窑棚。窑棚以木柱或砖

图17 龙窑烟囱结构

柱支撑，支柱安装在护墙或护墙之外。棚面的坡度与窑体一致，用青瓦或板筒瓦铺盖。棚面的宽度超出窑体墙墩和四周通道，以便窑工作业和遮风挡雨。

## 三、龙窑的烧造技术

《陶雅》文载："瓷器之成，窑火是赖。"这说明窑炉烧造技术对瓷器的烧成起决定性作用。龙窑烧制过程包括备物资、装匣、装窑、烧窑、出窑等工序。

### （一）备物资

所备物资包括燃料和窑具。燃料以松木为主，也掺杂一些其他杂木，木柴要干燥，大的木头要劈成一定规格，便于投柴孔投柴和窑室两边统一堆放。另备少量松香木和竹竿用于点火。木柴一般要准备 10 t 以上，龙窑开间数越多则用柴量就越大。

窑具包括匣钵、垫烧具、火照、烧火器具等。匣钵是用耐火泥做成的坯套，有多种尺寸型号，种类有"M"形、"U"形套匣和"O"形套圈。垫烧具有垫饼、垫圈、支钉等类型。火照上端一般做成圆孔状，表面施釉，用于观测窑温和窑内气氛。烧火器具有铁叉、铁锹、铁钎等类型。

### （二）装匣

坯胎需放入匣钵进行保护，以避免污染，并使坯胎受热均匀温和（图 18）。一般器物底部放置瓷质垫饼，在垫烧具与坯胎之间、匣钵套口之间要刷一层氧化铝，确保烧成后不会粘连。如果坯胎较高则可加"O"形套圈增加匣钵高度。

图 18　装匣

### （三）装窑

装窑是个技术活，包括摆匣柱、留火路、设火膛、放火照、封窑门等工序。① 摆匣柱。先在窑床上稳固好底层匣钵，然后依次叠加成匣柱。因窑室中段和中层窑位受热稳定，一般放重要的坯件。而底层窑位温度低，往往只放空匣钵垫底。② 留火路。"火路"是指匣钵排列形成的火焰通道，不同排列方式会影响窑内火势走向，一般有"I"形和"S"形两种"火路"，匣钵柱间距大约 7.0 cm。烧窑师傅根据经验综合运用合适的排列方式，使窑内坯胎受热均匀，如图 19 所示。③ 设火膛。在两边相对投柴孔间的窑室留出一定的空间，形成"火膛"，实现火膛平移。④ 放置火照。在投柴孔附近的匣钵上放置数个火照，以便适时取出用于观测窑内温度和气氛，如图 20 所示。⑤ 封闭窑门。匣钵装好之后，以耐火砖和砂浆封闭窑门。

图19 摞匣柱、留火路

图20 放置火照

（四）烧窑

首先，从窑头进火，又称"开火"。此时除窑头的灰坑进气口、投柴孔和窑尾的烟囱外，窑室的其他部位都处于封闭状态。火膛需要烧8~13 h，需木柴4000~5000 kg，烧窑师傅按深红—橘红—白色的火焰颜色变化规律来判断窑内温度变化。① 低温氧化阶段，火膛温度从室温升至900 ℃左右，需烧3~5 h，火焰从深红色渐变为橘红色，如图21所示。② 中温还原阶段，火膛温度从900 ℃升至1200 ℃左右，持续烧5~7 h，需加大投柴量，增强火力，火焰由橘红色渐变为浅橙黄色，如图22所示。③ 高温还原阶段，火膛温度从1200 ℃升至1300 ℃左右，持续烧2 h左右，火焰颜色出现白中泛青时，达到烧成温度，如图23所示。

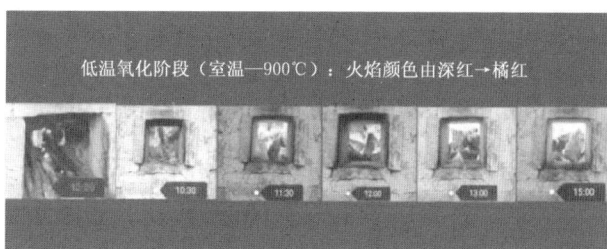

图21 低温氧化阶段

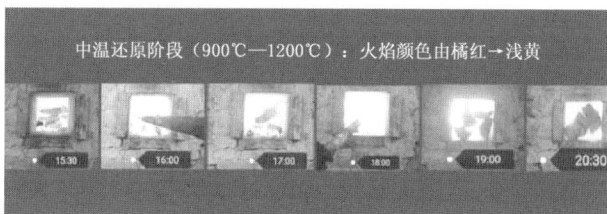

图22 中温还原阶段

**图 23　高温还原阶段**

其次，进行膛移位，又称"开间"。当窑头火膛温度达到 1300 ℃左右时，开放第二间窑室两侧的投柴孔开始投柴，火膛移至第一间与第二间之间；然后渐渐减少投柴；大约开放到第四间时，停止投柴，结束第一间窑室烧窑。因窑内处于高温状态，木柴投入第二间窑内会立刻燃烧，窑工用增加木柴量和燃烧时间的方法来控制窑温。"开间"后每间只需烧 40 ~ 60 min，燃烧木柴约 500 kg，然后通过火焰颜色观察法和"火照"观测法判断烧成温度。达到烧成温度后立即停止第二间投柴，然后开放第三间投柴孔投柴，依次类推。

**图 24　出窑的龙窑青瓷作品**

**（五）出窑**

熄火后大致经过 48 h 降温，产品即可出窑。首先打开窑门，用工具轻轻撬开门砖，逐块取下。其次按顺序先取出匣钵，从匣钵中取出瓷器，轻轻敲掉粘住的垫烧具，再把产品和匣钵分开摆放（图 24），匣钵一摞一摞地垒叠于作坊，以便下次取用。最后整理窑室，检查窑室的受损情况，铲除窑汗，整理窑床，修补裂缝，以备下次烧窑之用。

## 四、龙窑文化习俗

龙窑的建造选址非常讲究，除考虑原材料和燃料取材方便及坡度、长度适合热能利用等因素外，还要讲究风水。龙窑窑址一般选择在依山傍水的地方，窑头不能正对大路口、寺庙、祠堂、社殿等建筑物。窑工们一般都是"半工半农"，春夏农耕，秋冬烧窑。每逢"九秋风露"之时，就可见龙窑青烟袅袅，兴云吐雾。

烧窑环境讲究祥静、洁净，点火时要选择黄道吉日，点火时辰也有严格的

讲究，如果出现有人哭、有人去世、有秽物经过的情况则不能点火，俗称
"三不点火"。另外，烧窑点火前窑工们都要举行简单而又庄重的祭窑仪式，
主要祭拜"窑神"和"九天玄女"。"窑神"即被奉为龙泉青瓷祖师爷的章氏
兄弟，"九天玄女"为传说中
以身祭窑的古代女子叶青姬。
祭窑时，窑头上方设祭台，其
上有祭祀龛，供奉神像；放置
香炉、烛台、碟和小盅等器
物，摆上猪头、茶叶、酒、水
果等祭物。窑主或窑头师傅领
众窑工净手、祭拜、上香、敬
酒后方可点火烧窑（图 25）。
窑工们通过祭窑仪式来祈祷平
安顺利，寄托烧窑有好收成，

图 25　祭窑仪式

祝愿窑业兴旺。此外，在每年大年三十还有年祭习俗，在窑头挂春联，敬香
火，祈福窑业兴旺、来年生意兴隆。

## 五、龙窑的价值

龙窑烧制是我国传统的陶瓷烧造方式，在高新技术革命与信息化的时代，
龙窑烧制技术曾一度被认为是费时、费力和落伍的。但在传统手工艺振兴和非
物质文化遗产保护的背景下，传统工艺行业日益被重视，柴烧方式和龙窑烧制
技艺得到业内人士普遍关注。通过对传统龙窑的构造和烧制技术的研究，我们
试从以下 3 个方面来认识龙窑的价值。

从史学研究角度：龙窑历史悠久，从商周时期出现，到汉代基本成熟，再
经唐宋以后的不断完善，至今仍被沿用，是古老而具生命力的窑炉形制。龙窑
的发展与中国瓷器的发展息息相关，龙窑的构造和功能嬗变是窑业生产力、行
业技术、产业发展、文化传承等的综合反映，见证了不同历史时期的窑业发展
状况。历史遗存的古龙窑对于瓷窑考古研究来说是重要的实证依据。

从陶瓷科技角度：在龙窑历史发展中，窑身由短到长、窑室由矮到高、窑
门从无到有，坡度由陡到缓，结构由不完善到完善，其中要解决提高产能、提
升热效率、完善窑炉功能等关键技术。陶瓷先人发明了匣钵、火照、支烧具、
垫烧具等窑具，极大地提升了陶瓷的成品率，经过不断反复的实践找到了坡度
大小、风力强弱、升温快慢、窑体长短等之间的关系。龙窑的形制也在不断的
改造中实现创新，宋代龙泉窑还出现过弯曲窑体和设置多道挡火墙的龙窑结
构，这是古代窑工攻坚克难、掌握其中科学规律而找到解决方案的实证案例。

从技艺传承角度：龙窑烧制技术经久不衰，至今仍然窑火薪传。在龙窑烧

制过程中形成了特定的烧造工序规范和烧成制度,窑工们积累了诸多的烧制经验和技艺。如察看火焰颜色和火照来判断窑内的温度和气氛的技艺,火膛移位的"开间"技艺,摞匣柱、留"火路"技艺,以及选木柴、装窑位、设火膛等技艺,都是窑工们智慧的结晶,有些技艺甚至是他们秘而不宣的看家本领。同时,也延伸出了建窑选址看风水、烧窑点火选吉日时辰、烧窑前举行祭窑仪式等习俗。以上这些都是宝贵的非物质文化遗产,具有浓厚的地方特色和较高的文化价值。

　　总之,当代地方政府和民间艺人以"人类非遗"保护传承和传统手工艺振兴为使命担当,高度重视,积极作为,使龙泉的古龙窑得以实现原真性、活态性保护。不灭窑火,薪火传承,龙窑青瓷烧制技术必将再次焕发出新的活力,永葆旺盛的生命力。

## 参考文献

[1] 劳法盛,叶宏明,程朱海. 浙江古代龙窑和窑具的研究 [J]. 中国陶瓷,1983(4):50-55.

[2] 郑建明. 浙江龙泉金村青瓷窑址调查简报 [J]. 文物,2018,744(5):28-45.

[3] 丽水市文化广电新闻出版局. 河滨遗范 [M]. 杭州:浙江古籍出版社,2011.

[4] 陆容. 菽园杂记:卷十四 [M]. 上海:商务印书馆,1936.

[5] 庄绰. 唐宋史料笔记丛刊:鸡肋编:卷上 [M]. 北京:中华书局,1983.

[6] 李东阳,申时行. 明会典:卷之一百九十四 [M]. 上海:商务印书馆,1936.

[7] 刘海年,杨一凡. 中国珍稀法律典籍集成:乙编:第3册:皇明诏令:卷之十五:宪宗纯皇帝:上册 [M]. 北京:科学出版社,1994.

[8] 郑嘉励,张盈. 三国西晋时期越窑青瓷的生产工艺及相关问题:以上虞尼姑婆山窑址为例 [J]. 东方博物,2010(2):6-17.

[9] 沈岳明,王屹峰. 浙江萧山前山窑址发掘简报 [J]. 文物,2005(5):4-14.

[10] 鲁承义. 龙窑结构及装烧法 [J]. 陶瓷研究,1986(3):29-34.

[11] 朱伯谦. 试论我国古代的龙窑 [J]. 文物,1984(3):57-62.

[12] 郑嘉励. 浙江慈溪市越窑石马弄窑址的发掘 [J]. 考古,2001(10):59-72.

[13] 浙江省轻工业厅. 龙泉青瓷研究 [M]. 北京:文物出版社,1989.

# 马家窑类型彩陶的装饰要素探析

## 王军强

（丽水学院　中国青瓷学院）

**摘　要：** 马家窑类型彩陶是仰韶文化中晚期最重要的文明遗存，其类型特点主要在于器物的装饰性。马家窑类型彩陶无论是器物造型还是装饰的色彩、纹样及装饰所在的部位等，无不反映出原始先民的物质及精神生活状态。马家窑类型彩陶是原始先民在视觉体验和审美上的一次质的跨越。审美意识的出现意味着原始先民有了感性和理性的思考。

**关键词：** 马家窑；彩陶；装饰；色彩

艺术是生活的重要组成部分，原始艺术亦是原始生活的组成部分。马家窑文化是黄河上游新石器晚期文化的代表，一般分为马家窑、半山和马厂 3 个类型。其上承庙底沟文化，下启齐家文化，是仰韶文化中晚期的一个地方分支。其中最具有代表性的是马家窑类型，它因在甘肃省临洮县马家窑村首次被发现而得名，其年代在公元前 3300 年至公元前 2900 年。马家窑类型主要分布在陇东陇西，北至宁夏南部，西至甘肃武威和青海西北部。

彩陶作为工艺美术中的一种造物现象，其具有工艺美术所具备的实用功能和审美功能，马家窑类型彩陶作为造型艺术，本身就具有基本的功用和审美的双重意义。从制作层面和欣赏角度上来看，陶器本身的造型与其表面所形成的装饰效果，"在造物艺术中，追求材料、结构、功能特性的美，本身也是一种装饰"。本文拟从马家窑类型彩陶的器物造型特点切入，分析其工艺方法，并对马家窑类型彩陶上装饰图案的审美意义进行解读，归纳其成因、特点及所蕴含的意义，以对原始先民的彩陶艺术进行"解码"。

## 一、马家窑类型彩陶的器物造型分析

现今出土的马家窑类型陶器，主要有盆、钵、瓶、瓮、罐等盛器。从功能的角度看，作为盛器，就要争取最大的容积，球形或椭球形无疑是一种最佳的选择。所以在主体造型上，盛器始终遵循圆柱的概念，这也是诸多器形呈鼓腹状的原因之一。从制作和欣赏的角度来考虑，随着不断的实践及审美意识的逐渐发展，原始先民发现曲线是最能给人类带来和谐视觉及心理感受的线条。从模仿再现的角度看，陶器造型的模型离不开自然物，比如植物的果实、果壳

---

作者简介：王军强，浙江遂昌人，丽水学院讲师。

等。在直接取形于植物的陶器器皿中，葫芦形的造型最多。葫芦是当时广泛种植并在陶器诞生前就已大量使用的天然容器。《礼记·郊特牲》中说："器用陶匏，以象天地之性也。"《晋书·礼志上》中说："器用陶匏，事反其始，故配以远祖。"因而可以看出古人以葫芦作为陶器的造型，是一种比附葫芦旺盛繁殖力的巫术实践，有明显的生殖崇拜痕迹。在马家窑各种类型的彩陶器形中，虽然球形的具体造型千差万别，但总是围绕着"曲线"展开的，也就是对凸起的葫芦形进行摹制。仿葫芦形制作的陶器除了用于瓮棺葬的瓮及钵、盆以外，还有炊具和食具，其中暗含的是对当时巫术的信仰：通过葫芦状饮食器皿的使用，将其旺盛的繁殖力传递至人类身上。

## 二、马家窑类型彩陶装饰的色彩要素

在马家窑类型彩陶的色彩装饰中，彩陶所展现出的色彩范围相对单一，从现已出土的彩陶看，主要颜色有赭红、黑、白和红黄色等。赭红陶器的主要成分应该就是当时的赭石，因为赭石的主要成分是铁元素，故呈现出红褐色；黑色源于一种铁含量比较高的土壤；白色陶器除了含有少量铁元素外，还有可能

是加入了某种自然染剂。无论是赭石，还是含铁元素的土壤，都应该是当时在自然界中比较容易得到的材料。当时制作陶器用的基本坯料是一些未经加工的黏土或者沉积土，故马家窑彩陶的颜色也多为红黄色（图1）。

马家窑类型彩陶的用色，一般是在呈红色、橙黄色或灰色的陶器表面上绘以黑色花纹，间以少量的赭红、白色。用色虽不多，却并不单调，既有鲜明的对比，又沉着而和谐，表现出原始彩陶艺术特有的单纯、质朴、淳厚的美。纹样用色十分简洁，以黑色为主，或掺

**图1 马家窑类型彩陶罐**

入少量红色和白色。简单而又不失变化，具有强烈的感染力。马家窑彩陶艺术的色彩美首先表现为对比的美。为陶器上彩方便，以及掩盖陶器表面的粗糙和裂纹等缺陷，原始先民经常使用一种陶衣涂在器坯上作衬底。陶衣颜色可与画上的颜色形成对比，使画面取得更鲜艳明快的效果。同时，色块、线、点、网等基本构成样式的运用，使彩陶色彩呈现出丰富细微的变化。这些形式一方面拓展了画面的色彩内容，另一方面加强了彩陶的艺术性装饰。这些看似简单的材料、造型、色彩，却给人以强烈的视觉冲击，这也正是原始艺术质朴美的魅力所在。

### 三、马家窑类型彩陶的装饰部位解析

马家窑类型彩陶从属于仰韶文化晚期，这个时期，生产力相对低下，人们居住的房屋或其他生活日用品等虽初具雏形，但并无严格意义上的桌椅板凳等家具，原始先民们只能席地而坐。而各种类型的日用生活陶器，也就只能摆放在居住空间的最底层。所以不管器物的尺寸大小，人们观察的视角，总是一种自上而下的俯视，因此器物上的图案，一般不会装饰在平时视线看不到的位置。特别是在用陶器饮食或者盛物时，人们常处于坐地或蹲踞的姿态，这种情况下彩陶的装饰位置一般分布于陶器的内部、肩部、腹部（图2），而器物的底部往往装饰着一些次要的纹样，甚至无装饰。从这个意义上说，马家窑彩陶的装饰处于何种位置，其主要的决定因素是先民的视觉习惯，图案装饰的部位总是出现在最利于眼睛看到的地方，这些都是符合视觉审美规律的。

图2　马家窑类型彩陶碗

### 四、马家窑类型彩陶的装饰内容解读

马家窑类型的彩陶纹饰大致可分两大类：象生纹饰和几何纹饰。象生纹饰包括动物纹饰、植物纹饰、人物纹饰和景物纹饰，其中以蛙纹最具代表性；几何纹饰以旋涡纹最具特点。此时期的纹饰总体上来说已经从仰韶文化早期简单的手印纹饰延伸到不同物象的组合，从具象的象生到抽象的线条，从单纯的模仿自然到有意识地追求装饰美，这是人类审美的一次极大飞跃。从深层次讲，原始先民审美的自觉源于陶器。正是从彩陶文化开始，人类不再局限于自然材质所具备的天然美，而是开始进行审美创作，去赋予自然物以人为的美的装饰。

在现已发掘出的马家窑彩陶中，"水"的表现很具有绘画特点：彩陶盆内的色彩图案，以底部为中心画以大旋涡状的纹样。漫天卷浪之中夹着两个人面图形，以粗放的线条做圆圈纹来表示脸框，眉毛、眼睛、鼻子等视觉符号，都是一挥而就，尤为传神的是在眼睛底下画了两颗大泪珠，泪水中饱含的剧痛，以绘画的形式表现在器皿上，留给观者极其深刻的印象。在马家窑诸多器物的内饰和外饰中，出现了大量的旋涡纹。有单独纹样，如陶盆的内饰即是以盆中心为旋涡的中心，呈同心圆的方式向外扩散；也有以二方连续的方式进行装饰的陶器。最值得注意的是，如果将在不同部位出现的二方连续的旋涡纹平面铺

开，会发现它们都是以左右对称的方式来延伸的。马家窑彩陶装饰中这种对称的以及上、中、下多层次装饰的审美表现，应是源于先民对自然的认知，因为自然界中处处充满这样的范本。例如，以人为参照系，就是以鼻子为中轴展开的左右对称的生命体，而且人的运动、习惯行为都是左右呼应的。在动植物中，这种规律也普遍存在。在自然界的组合中，普遍存在上下层次的审美，如天空、树林、地平线和近景就是一系列自上而下的视觉分布。另外，对称的构成更适合我们眼睛的生理功能。因为我们的眼睛是扁长的，且眼球是左右运动的，所以，从人体工程学的角度看，我们更习惯于左右对称的图像；同时上、中、下层次性的构成又对左右的构成起到缓冲作用，不至于产生审美疲劳。由此可见，这种上下、左右的构成内因源自人类自身的审美规律。

另外，作为此时期象生纹样的代表，蛙纹是马家窑彩陶装饰中最具特色的纹样。其类型不一，多见于彩陶盆上，或者和鱼纹同时出现在一个器物上，或变形为蛙龟合体的形状。另一类蛙纹趋于写意，端点和折角处以蛙蹼的形状点缀（图3）。这种图案逐渐简化成"W"形、"M"形，后又衍生出"米"字状的蛙人纹，此种纹饰主干上方为圆形人头，四肢呈蛙状。在早期人类社会从攫取型经济方式向生产型经济方式的转变过程中，雨水对于农业收成是一个关键影响要素，"蛙鸣雨至"是一种最常见的自然现象，处于氏族时代的先民无法正确解释这种现象，他们往往把蛙看成是雨水的招致

图3 蛙纹装饰的马家窑彩陶

者，因而产生崇拜蛙的心理。此外从生产力的因素考虑，在最早的农耕文明中，生产工具和劳动对象的数量和种类都是相对固定的，而生产者数量的多寡，往往是影响作物收成的重要因素，而蛙的繁殖能力很强，所以蛙的多产对祈求人丁兴旺的原始人来说具有极大的诱惑力。因而，从能招致雨水和繁殖能力强两个角度看，马家窑彩陶蛙纹频频出现是不足为怪的，它反映出原始先民将蛙作为氏族的崇拜物的现象。蛙纹作为一种装饰纹样，在商周青铜礼器和兵器以及后来的铜镜中都多有出现，在民间传统纹样中更有进一步的发展和演变，如在我国北方如陕北地区的剪纸艺术中或南方少数民族的崇拜物中，蛙纹都是作为灵物或者吉祥物出现的。

马家窑类型彩陶中出现的旋涡纹和蛙纹等装饰内容，不论是从审美还是功用角度分析，都应该是先民对当时生存状态的一种再现或者表现，并且在这个过程中表达着他们的精神和观念。在古代神话传说中有这样的描绘："四极废，九州裂……火爁焱而不灭；水浩洋而不息"（《淮南子·览冥训》），"十

日并出，焦禾稼，杀草木，而民无所食"（《淮南子·本经训》）。水灾、旱灾、地震等自然灾害使原始人类产生恐惧感，而对电闪雷鸣、月食星坠、四季更替等自然现象迷惑不解，认为有一种超自然的力量统治着一切，不论日月星辰、山川湖海、草木鸟兽，都同人一样有人格、有意志、有灵魂，这就产生了万物有灵论。他们认为灵魂不但不会消灭，而且是神圣的，是世界万物的主宰，自然界任何东西的灵魂都威力无穷。因此，在人类社会发展到一定阶段时，世界上所有的民族都毫无例外地产生了宗教。由于原始社会生产力极其低下，人类在与自然界的斗争中由无能为力而产生了对自然界的依赖感、恐惧感，因而，图腾崇拜的出现也就不足为奇了。所谓"图腾"（totem），本是北美印第安人奥季布瓦族（Ojibwas）的语言，意为"他的亲族"。从马家窑类型彩陶旋涡纹与蛙纹所体现出来的人与自然的关系来看，至少涉及两个方面的图腾崇拜物：一是以蛙的多产寄寓人类的生殖崇拜；二是蛙在水中生活的习性，寄寓原始先民对水的重视或惧怕。由此也可以印证，马家窑类型彩陶的人格神，明显地受到原始巫术的观念支配。

应该说，马家窑类型彩陶纹饰中以蛙纹为代表的象生纹饰和以旋涡纹为代表的几何纹饰都是原始先民"观物取象"的结果。大地山河、日月星辰、风云雷电、花草树木、鸟兽虫鱼等自然物象，是象生纹饰和几何纹饰的共同创作源泉。这类几何纹式一部分直接取材于自然事物，一部分则经由抽象的"象形"提炼。在不断提炼的过程中，它们渐渐取得与陶器结合的协调性，并成为陶器艺术的重要组成部分。不管是象生纹饰还是几何纹饰，它们不断发展变化的过程都见证了人类审美思维的发展。

## 五、结语

马家窑文化彩陶作为原始艺术的重要组成部分，其纹饰形式、内容及其意义都蕴含着人类的群体情感，对其加以研究是对传统文化的一种重新解读，这种艺术形态虽然与现代工艺装饰存在区别，但仍有其重要的借鉴意义。

马家窑类型彩陶的装饰要素，是先民在原始的视觉体验和图像审美上的一次质的跨越。原始陶器的创造和器物上装饰要素的刻画都表明了人类审美意识的形成，它是人类从蛮荒进入文明的催化剂。有了美，就有了理性和感性的思考，就有了个人价值的体现。

**参考文献**

［1］ 李砚祖. 工艺美术概论［M］. 济南：山东教育出版社，2002.

［2］ 祁庆福. 彩陶蛙纹之谜［J］. 中国民族博览，1997（2）：36-37.

［3］ 周旻. 中国书画史话［M］. 北京：国际文化出版公司，2000.

［4］ 田自秉. 中国工艺美术史［M］. 上海：东方出版中心，1985.

# 地方应用型本科院校
# 校地合作办学模式探索

## ——以丽水学院龙泉青瓷专业为例

季雨林，邱雅旎

（丽水学院　中国青瓷学院）

**摘　要：**校地合作办学是地方应用型本科院校进行人才培养模式改革的重要举措，也是实现产、学、研互动的载体。当前，地方应用型本科院校在推进校地合作办学的过程中还存在一些问题，主要表现为：校地互动不够深入，合作流于表面；学科定位和课程设置与人才培养的目标契合度不够；师资队伍结构不合理。丽水学院青瓷学院依托丽水当地丰富的青瓷文化资源，在校地合作办学的过程中，推动高校和地方互动的深入；在课程设置、学科定位以及师资队伍的建设上都实现了与地方企业、中职院校、产业园区等的深层次合作，真正将人才培养的重点集中到应用型技术、技能、人才的培养上。这些办学实践能够为其他院校提供一定的借鉴经验。

**关键词：**校地合作办学；地方应用型本科院校；人才培养模式

高等教育改革关乎中国发展。如何更好地推进高等教育改革，是各高等院校一直积极探索的命题。党的十八届三中全会对高等教育改革提出了明确的要求，习近平总书记也多次指出要加快高等教育改革的步伐。高等教育改革要解决的核心问题是要培养什么样的人。2019 年 1 月 24 日，国务院发布《关于印发国家职业教育改革实施方案的通知》，其中指出，要"完善高层次应用型人才培养体系"，推动有条件的普通本科院校向应用型转变。作为地方应用型本科院校，其培养人才的着力点在于"应用型技术技能"。近年来，诸多地方应用型本科院校响应教育部对该类型院校人才培养模式改革的号召，纷纷展开对校地合作办学模式的探索，在培养应用型人才方面取得了显著成效。

所谓"校地合作办学模式"，是指一种高校与地方政府达成合作办学共识，双方商讨合作办学细则并签订协议，地方政府支持并积极推进地方中职院校、企业、研究机构及特色产业园等为高校提供场地支持、技术支持、资金支

**作者简介：**季雨林，浙江龙泉人，硕士，讲师。
**基金项目：**丽水学院教学改革研究项目"基于校校合作特色教学理念的青瓷专业人才培养模式探索与实践"［丽学院办（2018）89 号］。

持等，高校将专业体系、课程设置、课程内容、教学方式、师资结构等方面进行改革与调整，双方以共同培养地方所需技术技能型人才为目标的合作办学模式。校地合作办学模式要真正发挥实效，培养出真正对社会有用的应用型人才，高校与地方就要"真互动""真合作"，而不能流于形式，浮于表面，有其名而无其实。丽水学院地处浙西南，依托地方资源，在校地合作办学模式的实践上探索出了一些成功的经验。本文在深入分析当前地方应用型本科院校在校地合作办学人才培养模式所存在的问题的基础上，对如何更好地开展校地合作，如何真正为社会培养应用型人才提出一些粗浅看法，供同行交流探讨。

## 一、当前校地合作办学人才培养模式存在的问题

校地合作办学要发挥出实效，高校和地方政府必须担当起应尽的职责，扮演好各自的角色，发挥出真正的作用。比如，高校自身是否真正根据应用型人才的要求精准定位人才培养目标，是否建立起了符合应用型人才培养的师资队伍；地方政府是否做好了顶层设计，是否能够统领地方企业、院校、特色产业园区等各方实现与高校的"真合作"。这些问题如果不能妥善解决，必然会影响所培养人才的质量。总的来看，当前地方应用型本科院校在校地合作办学人才培养的模式中还存在不少问题，归纳如下：

1. 校地互动不够深入

当前，诸多地方的应用型本科院校在产教融合办学的大背景下，纷纷与地方展开合作办学，探索新型人才培养模式，但实际进程却停留在"面子工程"阶段。虽然高校与地方有了一定的互动，如高校教职员工及学生到地方企业进行产业调研，地方企业管理人员或员工进入高校进行理论提升与技能培训。但这些互动还远远不够，在很多情况下，不免流于表面，影响了应用型人才的培养。

大部分高校并没有把办学思路转到促进地方经济社会的发展上，把办学定位转到培养应用型和技术技能型人才上，转到增强学生的创业就业能力上，把办学模式转到产教融合上；而大部分地方政府没有做好顶层设计，没有积极推进地方企业、院校、特色产业园区与高校的对接合作。因此，高校为地方输送的人才并不能真正地为地方服务，为地方所用，导致校地互动、合作办学模式的发展停滞不前。一部分高校虽与地方政府、企业及研究机构签订合作办学协议及合同，但并未真正实行合作办学、共同培养，没有真正推进人才培养模式的改革。因此，高校与地方政府未能实现共赢。

2. 学科定位和课程设置与人才培养目标契合度不高

对于地方的应用型本科院校而言，人才培养的方向应是"应用型人才"，以掌握实际的技能为最终目标。并且，对于地方性院校而言，这种技术技能还应该与地方的特色文化、特色产业实现对接。要实现这一点，就要在学科定位和课程设置上充分考虑人才培养的目标，二者必须契合。

但是，当前很多地方应用型本科专业在培养什么样的人才上定位还不够精准，学科定位与课程设置也出现了偏差。主要表现为：人才培养存在"偏大求全""攀高趋同"等现象，缺乏地方特色。在学科定位上，漠视地方特色文化，导致所培养的人才不能真正为地方所用，忽视了将学校特色专业与地方特色文化、特色产业相结合，导致学校专业没有地方特色、行业特色、学校特色。在课程设置上，没有合理利用地方资源为办学资源，教学工作还只是以课内教学为主，没有让学生走出课堂，深入地方、深入产业，以至于学生仅能掌握教师所授的课堂知识，缺少了对专业、产业的真实体验。

3. 师资队伍结构不合理

对于任何一所高校而言，人才培养的核心因素都是师资。因此，构建起一支与人才培养目标相契合的师资队伍是重中之重，是校地合作办学过程中首先要考虑的核心问题。对于地方应用型本科院校而言，师资队伍应该满足如下特点：理论水平高、实践能力强、任务分工明确、梯队建设合理。但当前很多地方应用型本科院校在师资队伍建设的过程中，还存在很多问题，主要表现在："重学历、轻能力"，看重教师学历水平而忽视教师专业实践能力，导致师资力量发展不均衡；在师资配置上没有将地方"大师"与学院教师"双师"结合，导致学生与企业文化、价值难以融合；传统的教师队伍就必然导致传统的教育手段，比如教育手段仍然停滞在以课堂说教为主，教学方法陈旧。

## 二、丽水学院龙泉青瓷专业校地合作办学模式的实践

丽水学院位于人类非物质文化遗产"龙泉青瓷传统烧制技艺"保护项目所在地浙江省丽水市，是全国唯一以青瓷专业为重点办学特色的地方应用型本科院校。丽水学院所辖二级学院中国青瓷学院是学校特色专业的教学单位，青瓷专业是学院建设与发展的重点专业。龙泉市为丽水市所辖县级市，是龙泉青瓷的核心产区，有着优越的地理环境、悠久的制瓷历史与深厚的青瓷文化底蕴。近年来，丽水学院和龙泉市政府，中等职业学校、中国青瓷小镇、金宏瓷业有限公司等单位与企业以合作共建为契机，积极开展"校地合作办学"。

2017年1月10日，国务院印发《国家教育事业发展"十三五"规划》，通知指出鼓励支持一批地方应用型本科高校建设，重点加强实验实训实习环境、平台和基地建设，鼓励吸引行业企业参与，建设产教融合、校企合作、产学研一体的实验实训实习设施，推动技术技能人才培养和应用技术创新，到"十三五"末，建成一批直接为区域发展和产业振兴服务的中国特色高水平应用型高校，形成科学合理的高等教育结构。

1. 五位一体、多方互动

近年来，丽水学院与龙泉市政府达成校市合作办学共识，共建中国青瓷学院。丽水学院龙泉青瓷专业与龙泉市积极开展校地合作办学，与市政府、中职

校、青瓷小镇、企业签署了合作办学协议，基于"政、产、学、研、镇"合作办学的培养模式理念，加强了与地方政府、地方企业、地方特色小镇的联系，全面推进深入合作的进程。

丽水学院与龙泉中职校针对人才培养模式的改革创新，以培养龙泉青瓷传承与发展的应用型人才为目标，双方合作共同参与人才培养进程，紧密结合企业用人需要，共同制定培养标准，形成知识能力矩阵，以此为依据，制定教学目标、培养方案、教学体系、教学内容、培养过程，最终形成了能够为地方经济和社会发展服务的高水平应用型人才培养模式。制定计划性强、目标明确的教学计划，根据培养人才所需架构特色专业课程体系，将学生获益作为最终目标，培养教师的科研、教学、地方合作能力，提升教师的专业素养，建设优秀的师资队伍；建设地方特色文化，办好学校特色专业，更好地推动地方文化产业发展，更好地服务地方特色文化产业。双方达成共识并签订五年一贯制"3+2"合作办学协议，前三年，学生在龙泉中职校进行基础专业和理论知识的学习，后两年，在丽水学院中国青瓷学院进行大学专业课相关理论知识学习与实践创作，学习企业生产操作模式，了解市场运行情况等，并完成毕业设计，顺利走向社会。到目前为止，已合作培养出两届毕业生，毕业生毕业后，或进入企业直接就业，或入门拜师继续学艺深造，或自己创办工作室铺开艺术之路。进入企业的毕业生，辛勤工作，为企业设计产品、申报了一系列科研项目；在大师工作室求艺深造的毕业生，深入了解青瓷文化，学习水平更高的制瓷技艺；自己独立创办工作室的，产品独具风格，开拓了自己的市场。目前，学院青瓷专业的大四学生到龙泉中职校、青瓷企业、青瓷大师工作室进行毕业创作，企业高科技设备化为教学资源，地方工艺美术大师零距离教学，学生与龙泉青瓷产区零距离接触；为毕业生就业尽早做打算，学校还特聘龙泉青瓷非遗传承人徐朝兴等工艺美术大师为校外指导师；结合国内外经典校校合作办学培养模式，现阶段双方正在努力实施"3+4"合作培养模式，积极推进更深入的校校合作培养模式改革。

丽水学院与龙泉市青瓷小镇合作办学，推进"小镇办大学"，将中国青瓷小镇作为校外重点实践基地，学生长期驻场实践，亲身感受龙泉青瓷深厚的文化底蕴，推动了龙泉青瓷文化产业发展。

校企合作模式全面开展，丽水学院中国青瓷学院与浙江省金宏瓷业有限公司签署合作协议并举行了挂牌仪式，展开全面合作，共同建设、打造省重点实验室项目。青瓷专业吴艳芳老师2016年进入龙泉市科技局、龙泉市金宏瓷业有限公司挂职锻炼，为企业申报了省级重点实验室，其申报的"低膨胀、高强度龙泉青瓷产品设计"项目成功获得了省市社科基金立项。学生进入企业生产最前线，了解龙泉青瓷由原材料到产品开发、产品产出的工艺流程，学生深入地方，深入企业，将自己在校所学与社会企业生产知识相结合，全方位地投入专业学习中，效果显著。2017 年，由中国青瓷学院牵头，龙泉市青瓷产业协会协作申报的国家艺术基金艺术人才培养项目获得国家艺术基金立项，从此学校艺术类国家级项目实现了零的突破。

2. 优化课程体系设置

丽水学院全面贯彻"十三五"规划中提出的加快建成为地方经济和社会发展服务的高水平应用型高等学校的指导思想，针对人才培养模式改革创新，以学生成果产出为导向，架构课程体系，针对人才培养的实际需求，课题组调整优化教学目标和培养目标。龙泉青瓷专业通过将教学内容实践化、项目化的操作方式，构建具有鲜明特色的将课堂教学、课外实践、训练和竞赛有机融合的青瓷教学体系；在教学过程中，摒弃传统以理论教学为主的理念，以理论与实践、学校与地方相结合的方式将部分理论教学内容实践化。

结合丽水学院龙泉青瓷专业人才培养要求，科学研制专业技能标准和实践教学标准，根据培养层次性与渐进性的特点，架构全程贯穿、相互衔接、螺旋上升的实践教学层次体系及课程教学体系，开发合理的专业课程。根据"培养什么样的人才、怎么培养人才"展开了深入全面的教学改革。在教学内容上设置理论教学、实践操作两部分。根据专业教师的特点、优势，让其承担不同教学阶段的教学工作，让学生更全面地了解龙泉青瓷的艺术价值与工艺流程，感受不同教师对龙泉青瓷的不同诠释，提升教学效果。

第一层次是建设青瓷制作的基础能力实践课程，包括青瓷成型、装饰、上釉、烧成等基础训练，培养学生基本实践操作能力，让他们了解完整的青瓷制作工艺。第二层次是建设青瓷制作的专业能力实践课程，包括专业实验、专业实训、课程设计等，强化学生的专业技能意识，使学生具备较强的专业实践能力。第三层次是建设综合实践课程，包括市场调研、厂家实习、毕业设计、青瓷营销等，让学生结合市场实际，加强青瓷制作实践能力的培养，形成较强的综合实践能力。第四层次为创新实践平台，包括青瓷的创新实验、产品的开发研制、课外陶艺展览比赛及学生的创业集市等，启迪学生的创新思维，培养其创新创业能力。

将龙泉青瓷应用型人才培养作为课堂教学的重中之重，开设青瓷的成型工艺、青瓷的装饰工艺、青瓷的烧成工艺、青瓷的产品设计、青瓷的包装设计、青瓷的创新设计、青瓷的销售等多门适合应用型人才培养的专业课程，将理论知识与实践课程融入青瓷企业生产项目，将知识与应用密切结合，以任务驱动方式和实岗实训模式激发学生自主学习，开拓创新。

根据办学培养标准，校市、校校、校企、校镇共同建立教学质量监控体系，制订质量监控制度，明确各教学环节的质量标准，采用企业现场考察、企业反馈、学生调查问卷等方式，实时观测。通过作品展示、技能考核等方式监督教学进度、教学任务、教学质量等内容。根据专业标准，建立以提升综合素养为本的质量评价体系，以适应新时期的社会需求，并使之贯穿整个培养过程。

3. 双师结合，共同培养

根据校地双方人才培养的建设需求，建设一支由校内专职教师与地方大师及企业技术骨干相结合的"双能型"高素质教学队伍。目前，特聘中国工艺美术大师徐朝兴、中国陶瓷艺术大师卢伟孙、浙江省工艺美术大师陈永德等为校外指导教师，学生到龙泉考察、实习、创作时，大师零距离地讲授青瓷文化，开展面对面技艺教学，化大师资源为办学资源；借助学校教师提升计划，实行专业教师进企业制度，龙泉市政府积极推进与丽水学院中国青瓷学院合作，推行"百博进百企"计划。目前，校地双方将持续推进该计划实施，达到双方互利互惠，共同为青瓷行业发展做出贡献。

## 三、结语

学校和地方拥有两种不同的教学环境和教育资源，校地合作办学就是要整合不同资源，形成校地双方资源共享、互惠互利、合作共赢的局面。丽水学院与龙泉市共建中国青瓷学院以来，双方共同围绕将青瓷专业做大做强、推动青瓷产业创新发展这一目标，积极搭建有利于合作办学的平台，共同建造产、学、研的互动机制，积极探索人才培养模式改革的有效路径，设置了"面向地方、强化能力"的人才培养目标，构建了"基于学科、面向应用"的课程体系和"校校、校企、校镇合作，产学研用一体"的实践教学体系，并进行了"双向多元"的师资队伍建设。丽水学院履行了地方应用型本科院校人才培养、科学研究、服务地方的三大职能，丽水市政府、企业也通过共享高校师资、平台及各项优势，为丽水市地方特色企业发展注入了新鲜血液。

本文所提及的校地合作办学模式，虽仅以丽水学院龙泉青瓷专业为例，但希望能对目前地方应用型本科院校校地合作办学模式的改革创新起到抛砖引玉的作用。

## 参考文献

[1] 何根海，谭甲文. 基于校地合作的应用型本科人才培养的改革与实践 [J]. 中国高教研究，2011 (04)：65-67.

[2] 陈三林. 校地合作创新机制研究 [J]. 科教文汇，2015 (06)：1-3.

[3] 张国平，吴国玺. 地方高校"校地合作"办学模式探讨 [J]. 河南广播电视大学学报，2016，29 (02)：103-105.

[4] 邱有华. 转型背景下地方高校创业教育体系构建 [J]. 发展教育研究，2015 (z1)：126-130.

[5] 曹勇安. 政校合作办学模式研究——应用型地方高校的办学探索 [J]. 国家教育行政学院学报，2011 (01)：11-13.

# 宋元时期龙泉青瓷双鱼洗探微

## 季雨林

（丽水学院　中国青瓷学院）

**摘　要：** 龙泉窑是宋元时期最著名的窑系之一，该时期的龙泉青瓷在青瓷制瓷史上达到了一个美学高峰。龙泉青瓷双鱼洗是宋元时期龙泉窑的量产典型器物，也是该时期文化的一个缩影。龙泉青瓷双鱼洗在纹样装饰工艺上，有刻划、模印、雕刻、贴塑工艺；在胎釉结合装饰工艺上，早期胎质疏松、厚重，釉质淡青，薄釉，后期胎质紧实细腻，釉质玉质感强，厚釉。宋元时期龙泉青瓷双鱼洗所蕴含的美学价值与文化价值彰显了当时文人士大夫阶层的生活习俗与审美情趣，也折射了宋代崇道尚青的美学思想。

**关键词：** 龙泉青瓷；双鱼洗；装饰工艺

## 一、引言

身为土生土长的龙泉人，青瓷产区浓烈的制瓷氛围及家人对青瓷的喜爱让我耳濡目染，深受浸润。在最初接触到龙泉青瓷之时，便被其样式的优美、釉色的温润淡雅和颇具匠心的装饰手法深深吸引了。因兴趣使然，数次到龙泉大窑等遗址进行实地考察，收集残片，将它们归类整理后发现，双鱼洗是非常普遍并具有一定产量的器形。经进一步分析残片得知，双鱼洗的烧制时间段跨度很长，从宋朝一直到元朝。通过阅读大量有关龙泉青瓷的文献资料，请教不少专家和工艺美术大师，了解并掌握了许多双鱼洗的工艺特色与价值。双鱼洗中的双鱼取材于瓯江中的鲤鱼，其装饰具有多样性，如刻划花双鱼、堆塑双鱼、露胎双鱼，而且在龙泉窑青瓷当中，双鱼洗有其普遍性与独特性。

青瓷双鱼洗在龙泉窑中占有独特的地位，但至今鲜有专家学者对其进行相关的研究。龙泉青瓷双鱼洗不仅能给人以美的享受，而且具有极高的学术、考古价值。其单一题材的多种表现，不仅使我们了解和体会到了当时人们的生活习惯和审美情趣，还对研究龙泉当时的政治、经济和文化状况有着一定的参考价值，并且它引起了我们对当代青瓷器皿陶艺创作的解读和思考，为今后的陶艺设计和创作提供借鉴。同时，宋元时期龙泉青瓷双鱼洗的演变过程和装饰工艺对促进龙泉青瓷的保护、传承和创新及地方经济、文化的发展也具有重要的现实意义。

---

作者简介：季雨林，浙江龙泉人，硕士，讲师。

## 二、宋元时期龙泉青瓷双鱼洗的文化背景

龙泉窑属于南方青瓷系，据考证，它创烧于三国两晋时期，鼎盛于南宋时期，是我国影响深远、制瓷历史最长的一个瓷窑系。龙泉窑因其位于浙江省西南部的龙泉而得名。龙泉自宋代开始隶属处州府，现属丽水市。龙泉是瓯江、钱塘江和闽江的三江水系之源，位于溪流的河谷地带，此处四季分明，温暖湿润。得益于这一特殊的地理气候环境，该地瓷土等矿产资源丰富，制瓷原料、燃料及水源充足，当地人们利用这些优越的自然条件，烧制出了闻名中外的龙泉青瓷。北宋时期，龙泉窑的制瓷业规模不大，处于小规模生产状态，发展缓慢。进入南宋，我国政治中心南移，江南经济进入繁荣阶段，社会安定，百姓安居乐业，审美情趣提高，而文化方面，宋代重文轻武，文人审美占主流地位，受宋徽宗赵佶影响，道教开始流行，龙泉青瓷的釉色极其接近当时道教所追求的青色，加以双鱼装饰后，与以黑白阴阳鱼为外观的道教"先天图"极为相似，因此龙泉青瓷的文化价值进一步提升。该时期龙泉青瓷迅猛发展，在当时的"知识分子"中广泛流行，不断涌现新的制瓷作坊，龙泉青瓷走向了欣欣向荣的局面。进入元代，元代的大统一结束了我国南北分裂的局面，因龙泉位于三江源头，河运便捷，龙泉青瓷对外贸易显著增长，生产力大幅提高，但在元朝时期大幅扩大生产，致使瓷器质量日益下降。鱼形的出现与龙泉青瓷追求玉质感有着直接关系，玉鱼象征年年有余（鱼），吉庆有余（鱼），而鱼是当地人们日常食用的一种食材，当地工匠把当时流行的"先天图"布局与传统的玉鱼符号相结合（图1），将其用于瓷器的装饰。从装饰工艺上来讲，运用最多的是刻划，刀笔刚劲有力，效果生动，鱼作为一种装饰，又回到了人们生活当中。带有双鱼装饰的碗、洗、蝶等成为人们喜爱的实用艺术品。

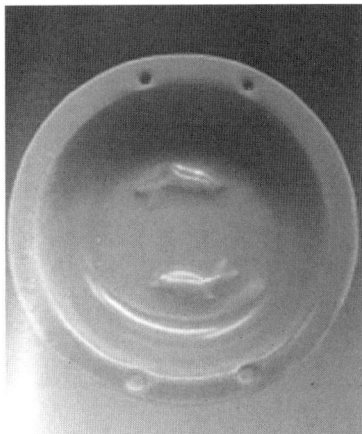

图1 南宋龙泉窑青釉凸雕双鱼纹洗（现藏于故宫博物院）

## 三、宋元时期龙泉青瓷双鱼洗的演变过程

### （一）草创时期

双鱼洗盛行于东汉时期，两鱼多首尾相对，首尾交叉极为少见。此器形折沿，弧腹，圈足，内底饰有双鱼。北宋早期是龙泉窑烧制青瓷由初创阶段进入

成长期的转折点。受越窑、瓯窑的影响，此时期龙泉青瓷制品风格与越窑、瓯窑相近。当时，龙泉窑制瓷技术还不成熟，胎壁薄而硬，胎色灰白，底足露胎，并且造型也比较单一，以生活日用器皿为主，如洗、碗、罐、坛等（图2、图3）。当时所施之釉主要为石灰釉，釉质透明，釉层较薄，釉色淡青，釉色常开出细碎的片，釉面光亮，玻璃感强，装饰方法单一，以刻花纹为主，并辅以篦点或划纹。装饰题材简单，多出现波浪、蕉叶、团花等。据现有出土文物和史料记载，北宋时期器形多以刻划花装饰的碗与执壶为主，少见双鱼洗。

图2　北宋龙泉窑青瓷双鱼洗

图3　北宋金村窑刻划双鱼洗

图4　宋中期青釉双鱼洗

北宋中期以后，越窑、瓯窑趋于没落，龙泉窑却得到迅猛的发展。器物造型明显增多，同一器形也出现多种样式，装饰手法丰富，刻划花已普遍采用，多以内外双面刻划花及篦点、篦线衬底，而且出现堆叠、堆塑这些独特装饰（图4）；装饰纹样也趋于丰富繁密，有莲花纹、牡丹纹、水波纹、游鱼及缠枝花草，在内容上具备了鲜明的时代特点。这个时期的龙泉窑瓷器呈灰白胎，青绿色薄釉。北宋中期至南宋早期，龙泉窑瓷器呈现出厚胎薄釉，装饰仍以刻划为主，并且出现纹饰与"葵口出筋"装饰并存的局面，这个时期的双鱼洗造型端庄秀丽，釉色温润似玉。

（二）发展时期

进入南宋，龙泉窑发展迅速，工艺精良，产量增加，产品也远销海外。南宋前期龙泉窑烧制出来的青瓷，已有自己独特的风格：釉层透明光亮，玻璃质感强，釉色青翠，胎壁较厚，造型经济实用；按照民间用瓷的要求，装饰手法流行单面刻划花，以刻花为主，划花为辅，篦纹趋于稀少；装饰题材也变得更加生动活泼，云纹和生动的动物取代之前呆板的图案，盘内常刻划飞雁、凤鸟及游鱼。此时的双鱼洗也趋于常见，从各个方面都凸显了当时匠师们的水平，游鱼作为装饰题材进入各种器形，也反映了南宋时期龙泉青瓷的装饰风格从烦琐逐步走向简练。

（三）成熟时期

据现有史料记载，双鱼洗底部所贴之鱼取瓯江鲤鱼之形，鱼头呈三角形，嘴尖凸，腹鼓，珠状鳞片，下急收，尾细瘦，呈八字形分叉。在纹饰方面，蕉叶纹和瓣面带篦纹的莲瓣纹已经消失不见，反而采用了堆贴花或者弦纹和堆贴花同时使用，这样的方式很好地将釉色与纹饰相结合，使得釉色与纹饰相得益彰，变得美轮美奂。此时的装饰技法更趋向于简练大方。元代龙泉窑烧制青瓷的生产力大幅度增加，当时龙泉的制瓷业规模也变得宏大，质量却大幅下降。据现有资料记载，当时龙泉的制瓷作坊多达 300 余处，大件器物大量出现，装饰纹样丰富多彩，其中最为独特的是八思巴文纹饰。莲瓣纹在元代大量使用，这是元代龙泉青瓷值得关注的一个时代特征。装饰手法十分广泛，有刻、划、印、贴、镂、雕、堆塑等。此时的双鱼洗有印贴游鱼、露胎游鱼等，利用胎与釉不同的特质，完美地展现出材料的质地美，内底贴饰双鱼洗是元代典型器形。元代龙泉青瓷造型大气粗犷（图 5），在审美情趣上和功能上有了根本性的转变。

图 5　元代龙泉窑平折沿贴双鱼洗（现藏于龙泉博物馆）

## 四、双鱼洗的装饰工艺

（一）纹样装饰工艺

装饰工艺是指瓷器装饰所采用的方法和技艺，主要在瓷胎上进行装饰。双鱼装饰纹样按照装饰工艺之不同可分为刻划纹样、模印纹样、雕刻纹样、贴塑纹样。

1. 刻划纹样

刻划纹样是指在半干的瓷坯表面运用刀刻划出花纹，即在器物胎体的显要位置上用刀刻出鱼形轮廓线，这种双鱼洗底部刻划首尾相向的双鱼，造型几乎铺满了整个底面，使双鱼映入人们眼帘。双鱼与器形的完美结合，双鱼的灵动展现了整个双鱼洗的"精神面貌"与精湛工艺。北宋早期的工匠在刻划时刀面倾斜，凹刻出刻线深浅不一的纹样，运刀手法自如，刀法的宽窄变化、轻重缓急体现了节奏感与韵律感，同时，也表达出刻划纹舒展、流畅自如的艺术美。到了北宋中晚期，装饰手法比北宋早期更加犀利，但划花变得纤巧精细。进入南宋时期，此时的瓷器釉厚胎薄，刻出的纹样在厚釉下不易显露，因此由凹刻变为了凸刻，使纹样的凸起部分显得清楚。龙泉位于三江之源，鱼为当时百姓常见之物，又因其为吉庆题材，有美好寓意，鱼形刻划纹样在当时已十分流行，但随着模印、雕刻、贴塑等技艺的相继出现而越来越少见。

图6　北宋金村窑模印双鱼折沿洗

2. 模印纹样

模印也称印花，模印双鱼即在器物胎体的内底部用印模印出鱼形轮廓（图6）。印模一旦制成便可长期重复使用，操作便捷，极大地提高了工作效率，而且印制的鱼形纹样规整生动。根据印模制作工艺的不同，分阴纹和阳纹两种纹样。模印技艺虽比刻划技艺出现得晚，但在龙泉窑开创时期就已有运用，只是北宋早中期最为普遍。因纹样凹陷部位需用釉面填平，双鱼洗的中心洗面为积釉较厚的位置，所以也较集中于器形的积釉较厚的位置。

3. 雕刻纹样

雕刻纹样即在器物胎体的显要位置上用刻刀刻出鱼形轮廓（图7）。使用雕刻工艺制作的鱼形纹样更具立体效果，而且匠人必须具备熟练的雕刻技艺，精工细作才能完成上乘纹样，使器物增加美感，更具艺术价值。雕刻纹样更加凹凸不平，需要更厚的釉面来填平凹陷部位。两宋时期石灰碱厚釉的出现为雕刻工艺创造了必要的条件，甚至可以在器物立面上使用，从此雕刻纹样被普遍运用，并且从未间断。

图7　北宋金村窑雕刻双鱼折沿洗

4. 贴塑纹样

贴塑纹样即在器物胎体的显要位置贴上已经雕塑成形的鱼形纹样（图8）。为了使装饰纹样更具立体效果，增强艺术美感，简化制作工艺、提高成品率，龙泉窑鼎盛时期出现了贴塑鱼形纹样。贴塑纹样凸起于器物表面，有满釉与露胎之分。

图8　南宋大窑贴塑双鱼洗

南宋中晚期起，尤其是在元代，运用贴塑露胎纹样的作品大量涌现，青翠如玉的釉色，配以橙红的朱砂胎贴塑露胎纹样，产生赏心悦目的视觉效果，独具神韵。

（二）胎釉结合装饰工艺

1. 胎釉工艺

我们常说的胎是指可以制坯成型的坯料，这里说的胎是指宋元时期龙泉窑双鱼洗的胎料，以瓷胎为主。胎料取自制瓷原料——瓷土。龙泉窑能一直延续烧造至今的主要原因是龙泉当地有着丰富优良的制瓷原料，这也是发展陶瓷产业的基本条件。宋代龙泉窑青瓷取得了非常高的艺术成就，其中除了釉的改进起到了重要作用外，胎的作用也是功不可没。科学研究表明，宋代龙泉窑青瓷瓷胎中的铁含量相对较高。北宋早期，龙泉窑创烧规模小，生产技术落后，受越窑与瓯窑的影响，在烧制青瓷时也保留了原有的青瓷特色。龙泉区域的白胎瓷土含铁量相对较低，经化验分析得知，基本低于1%，而大窑区域内的瓷土铁含量比其他窑址的瓷土铁含量相对较高，但也未超过2%。若当时只用这些原料来配制胎料，是达不到检测而得的铁含量系数的，由此可做出推断，当时的龙泉窑在瓷胎配方中添加了一定量的紫金土。紫金土是龙泉窑特有的瓷胎原料，其铁含量比一般瓷胎土的铁含量高出数倍，是龙泉黑胎青瓷的主要瓷胎原料。从北宋早期的龙泉窑鱼洗残片看，其胎是白中稍稍带点灰，胎壁坚硬并且较薄，质地细腻，釉色以淡青釉为主，釉层玻化程度、光亮度、透明度都较高，足以说明越窑与瓯窑对龙泉窑的影响。至北宋中晚期，制瓷技术相比之前大有进步，制瓷产业也初具规模。此时的瓷胎胎土呈淡灰色或者灰色，胎壁厚薄比较均匀，底足也相对工整。部分原因是当时制瓷工匠们对原有矿土的加工方法有所改进。从矿土变成可以制作青瓷成型的胎骨，需要多个工序，采矿后先碾碎、淘洗，然后再研磨成胎骨。胎骨中粗颗粒的含量相对较低，利于当时辘轳拉坯成型，这点也可从鱼洗腹身的残片留下的拉坯痕迹分析得知。至南宋时期，金人入侵，宋室南迁至临安（今杭州），北方烧制青瓷的窑厂由金人控制，人们所需的大量瓷器只能靠南方窑厂来供应。当时虽成立南宋官窑，但远远不能满足需求，南宋王朝为了缓解财政问题，鼓励制瓷产业对外贸易，因此龙泉窑的生产规模得以大幅度扩大，制瓷工艺精进。此时的龙泉窑窑场剧增，形成了颇具特色并且完整系统的龙泉青瓷窑系。分析南宋早期的鱼洗残片得知，此时坯料中的氧化铝含量偏低，因此胎壁变厚，非常紧实，否则在烧制过程中就极易造成变形甚至坍塌。宋代五大名窑之一的哥窑也在此时崭露头角。关于哥窑的双鱼洗，遗世的还颇为罕见，但从现收集到的鱼洗残片上可看到，以弟窑瓷胎制坯，哥窑露胎双鱼装饰的手法已经大量涌现。至南宋中晚期，也是龙泉窑烧制历史上的鼎盛时期，此时龙泉窑制作工艺及装饰手法都达到了前所未有的高峰。此时的匠工师傅们对胎土的要求已经明显提高，胎土经多次淘洗与研磨，再制坯成型，工艺非常精湛。胎壁也变薄，采取了多次上釉的手法，釉层变厚，"薄胎厚釉"的美誉由此而来。从鱼洗胎工艺的角度看，龙泉窑从三国两晋的初创阶段到南宋晚期的鼎盛阶段，一步步壮大成体系，当时龙泉窑匠工师傅们制胎工艺的一步步提升，体现了当时龙泉制瓷人的努力与智慧，也充分展现了宋王朝的文化气息，值得我们在今后的陶艺创作道路上学习研究。

众所周知，釉色是青瓷艺术形式美的极重要因素。青瓷以其釉色含蓄、质朴，釉质类似于玉，接近天青色而取胜。传统龙泉青瓷之釉色大致可分为青色、灰色和黄色。青釉中以梅子青、粉青为主。北齐后，出现了"南青北白"两大瓷系并驾齐驱的制瓷格局，至唐代，青瓷仍然占主导地位。北宋早期，儒释道三教合一的宋代理学文化出现，以宋代帝王为首的文人士大夫阶层对"尊文弃武""崇天尚道"推崇备至，宋代社会文化空前昌盛。老子说"人法地，地法天，天法道，道法自然"，道法自然是指崇尚自然美，并将其作为最高的境界去追求，青釉接近于天的颜色，在当时，青瓷受到了文人士大夫空前的喜爱与追捧。北宋初期，龙泉窑创烧不久，制瓷规模小，制釉与施釉工艺相对落后。釉取自山中矿土，经淘洗数次后配以制釉用的瓷土与烧过的毛竹叶的灰，放在龙窑尾部进行煅烧，再取出进行研磨粉碎，配以适量的水淘洗搅拌成浮浊液体，再进行过滤，去除粗颗粒，留下的细颗粒作为使用的釉料。当时制釉所用的原料与方法也可从明朝陆容《菽园杂记》中的记载得知："油则取自山中，蓄木叶烧炼成灰，并白石末澄取细者，合而为油。"据现有的资料与瓷片分析，北宋初期鱼洗残片的釉氧化钙含量高，钾、钠含量低，属于石灰釉，釉面的玻化程度高、光泽度强，釉层透明并且相对较薄。观博物馆鱼洗藏品，北宋早中期的鱼洗完整件，表面釉的流动性高，颜色多以淡青色为主，并且青中带黄，这不仅与制釉与施釉的工艺有关，也与烧成气氛相关；由于釉的流动性，鱼洗口沿处的釉层偏薄露出胎土本色，而中间釉层较厚，颜色浓郁雅致，形成积釉效果，洗内底部的刻划模印的鱼形装饰也由于此因，显得自然合理，宛如鱼自在地游在水中，灵动至极。至南宋时期，受到我国政治中心由北向南移的影响，龙泉窑的制瓷工艺提升，发展迅速。此时的粉青釉与梅子青釉烧成，是釉工艺的一大提升。本时期的制瓷工匠为了满足统治者与社会需求，改进了制釉工艺。化验分析得知，当时的青瓷制品釉层中氧化钙含量相比北宋时期急剧降低，钾、钠含量显著提高，这说明了石灰碱釉的出现。钾、钠含量的多少是辨别石灰釉和石灰碱釉的标准，钾、钠含量的提高，可以降低釉层的流动性，使青釉厚而不流，也可以控制釉层中气泡的大小。分析鱼洗的残片我们可发现，这个时期的釉层层次丰富，并且釉层均匀纯净，达到了"如冰似玉"的艺术效果。这一点主要得益于施釉工艺的重大改良，坯胎多次素烧、多次上釉，更重要的是，洗的内部采用了荡釉法，外部采用了淋釉法进行上釉，这样的方式可以使坯体吸附多层次丰厚的釉料，由于这时期的坯体较薄，达到了"薄胎厚釉"的效果。南宋时期的制瓷工艺水平大幅度提升，装饰工艺较之前也有突破，从前期的刻划鱼形为主，转变为以模印、贴塑为主，烧制工艺大为突破，窑工师傅对于胎釉成分中铁还原气氛的程度掌控娴熟，最终烧制出了绝美的粉青、梅子青鱼洗。鱼洗外壁釉层均匀并且在底部圈足处止釉干净利落，厚釉的洗内底部，宛如悠然静谧的一汪湖水，而抬嘴摆尾装饰的双鱼如游在水中那般自然，充分彰显宋代文人"道法自然"的崇高境界。此时期的鱼洗，从工艺的角度讲，达到了前所未有的高峰，其造型简约，装饰具有多样性，釉色得到改良，釉质因施厚釉，玉质感强，类似于玉。先祖自古喜玉、赞玉，"君子无故玉不去身"，以玉来形容人品和品质，这一点也充分体现了宋代文人士大夫阶层的高贵情怀与儒雅之风，展现了宋代社会"尊文弃武"的理学思想。

### 2. 露胎装饰

南宋以前多施用石灰釉，南宋中期以后施用石灰碱釉。自宋代烧制双鱼洗以来，双鱼洗的尺寸大小、装饰工艺及釉色变化多种多样，这样单一题材的多种表现，体现了当时匠师们的别具匠心。无论是刻划花还是雕刻的双鱼洗，基本都是施满釉，自生一、生二兄弟创烧哥弟窑开始，出现了底部双鱼露胎不施釉的双鱼洗（图9）。露胎的双鱼材质为朱砂胎，此土取自龙泉，再研磨至细，淘洗多次，杂质极少，铁的含量很高，故呈现出红色，这种泥料与双鱼洗本身胎质有所区别，而且故意不施釉，使红色与青釉产生明显对比，这样的装饰手法让双鱼洗底部的双鱼更加立体，十分巧妙地抓住了人们的眼球。如此精妙的装饰手法，突破传统，是当时匠师们敢于创新的表现，对于现当代的青瓷艺术品设计与创作有极大的借鉴价值。

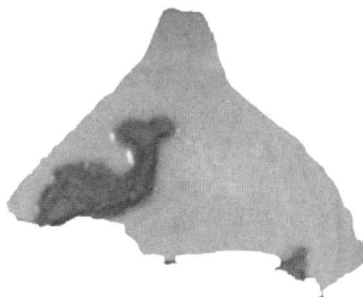

图9 露胎双鱼洗残片

## 五、结语

综上所述，宋元时期龙泉青瓷双鱼洗在龙泉窑发展历程中占有着特殊的地位。双鱼作为一种传统装饰题材，其装饰手法丰富多彩且经久不衰，以其独特的文化底蕴和艺术魅力在双鱼洗中演绎着各种风格和形式。双鱼装饰不仅是人类在生产生活实践中对自然界的观察和提炼，更反映出人类企盼吉祥美满生活的美好心境。通过双鱼洗，人们赋予了陶瓷更多的实用价值、艺术价值和文化价值。中国传统造物艺术通过装饰技法传达出一种审美趣味和思想境界，宋元时期双鱼洗以一种特殊的方式记录了该时期人们生活的足迹，看似简单，却凝聚了古人的智慧，体现着当时人们的生活环境、生活愿望和审美情趣，是极具文化内涵和艺术价值的，值得学习与深入探究。

## 参考文献

［1］　朱伯谦. 龙泉窑青瓷［M］. 台北：艺术家出版社，1998.

［2］　浙江省轻工业厅. 龙泉青瓷研究［M］. 北京：文物出版社，1989.

［3］　浙江省文物考古研究所，北京大学考古文博学院，龙泉青瓷博物馆. 龙泉大窑枫洞岩窑址出土瓷器［M］. 北京：文物出版社，2009.

［4］　浙江省文物考古研究所. 龙泉东区窑址发掘报告［M］. 北京：文物出版社，2005.

［5］　魏跃进. 宋代陶模［M］. 开封：河南大学出版社，2010.

［6］　浙江省博物馆. 窑火遗韵［M］. 杭州：浙江古籍出版社，2009.

［7］　中国古陶瓷学会. 中国古陶瓷研究：龙泉窑研究［M］. 北京：故宫出版社，2011.

［8］　梅亚民，陈玉文. 中国古陶瓷鉴定标本参考图典·青瓷卷（上）［M］. 上海：上海社会科学院出版社，2012.

# 龙泉青瓷首饰的创新探索

## 周莉

（丽水学院　中国青瓷学院）

**摘　要：** 龙泉青瓷首饰是一种新型首饰，具有新颖、独特的特点。在大力提倡弘扬中华优秀传统文化的背景下，龙泉青瓷首饰的发展面临着新机遇和挑战。只有坚持设计理念上的创新，不断挖掘新工艺、新材料及新的技艺，青瓷首饰才能取得长远发展。

**关键词：** 龙泉青瓷首饰；设计理念；创新；发展

龙泉青瓷首饰在青瓷行业中属于新生力量，虽不占据主导地位，却凭借自己的独特魅力独树一帜。它是微小的饰品，却是佩戴者的亲密伙伴；它是独立的个体，又是整体搭配的关键。小物大美，微而不卑。在提倡弘扬中华优秀传统文化的背景下，如何让龙泉青瓷首饰实现创新性发展，是业内及学术界需要共同思考的问题。在科学技术快速发展的现代生活情境中，极具传统手工性的青瓷首饰散发出无穷魅力和神秘之美，倍显审美价值。在此背景下，涌现出了一大批优秀的青瓷首饰艺术家，他们依托于传统的青瓷文化，引入新的设计思想和理念，不断挖掘新工艺、新材料和新的技艺，致力于探索青瓷首饰的个性化和创新性发展。

## 一、龙泉青瓷首饰的特征

纵观人类佩戴首饰的历史，无论是其材料还是制作工艺，都随着时代的发展产生过巨大变化。原始人类将自然界的石头和贝壳、动物的牙齿和骨头，打磨光滑，穿孔佩戴，或者充当防身武器。在新石器时期的文化遗址中，出土了带孔圆珠等器物，它们多呈环状或其他几何形状，除了可以用于旋转把玩之外，还可穿绳佩戴，当作饰品。随着历史的发展，陶瓷也成为人类制作首饰的重要材料。比如在宋代，龙泉青瓷的发展达到巅峰，出现了如玉般的青瓷首饰。这些首饰在设计时，除了注重在造型上的易于把握外，还关注釉色、装饰及样式等。到明清时期，陶瓷首饰增加了古彩装饰。这些都为龙泉青瓷首饰的发展奠定了良好的基础。

作者简介：周莉，浙江丽水人，丽水学院讲师，中国美术学院在读博士。

基金项目：丽水市社会科学研究课题"龙泉青瓷首饰的创新研究"（LB201905）。

与其他材质的首饰相比,龙泉青瓷首饰具有一种独特的魅力,它在形、色、质、技等的综合处理上和谐统一,创造出了青瓷首饰的新"饰界"。一是工艺技术方面,立足于青瓷制作工艺的长久积累,在泥釉品种、成型方法、装饰技法、烧成技术等方面都提供了多样的可能性。二是青瓷首饰材料的性价比高,与贵金属、钻石类的首饰材料相比,青瓷材料廉价、易得,具备普遍使用的基础。三是个性化强,青瓷材料可以随心所欲地捏塑造型、装饰花纹、设计釉色,使首饰的独特性得到最大程度的发挥,能充分满足现代人对自然化、个性化的追求。此外,青瓷独特的釉色,使青瓷首饰既呈现出如玉般温文尔雅的艺术气质,又具有如君子般超凡脱俗的内在品质。

## 二、龙泉青瓷首饰的创新之路

得天独厚的先天条件和青瓷首饰设计者匠心独运的后天努力,使龙泉青瓷首饰如雨后春笋般破土而出,成为首饰市场潜力巨大的新生力量。

1. 寻古瓷　新时尚

将有一定历史的青瓷片经过再次加工,制作成的符合现代审美的首饰即古瓷首饰。其制作方法通常是将古瓷片中印花的鱼纹、刻划的纹饰、饱满的釉片等进行边缘切割处理,再用金属进行包边装饰,让沉睡的古瓷片焕发新的价值。

目前市面上的一些青瓷古瓷片首饰,也是通过对古瓷片进行一定程度的加工而成,从形式上看,也属于古瓷首饰,但却缺乏整体的、系统的设计思想,基本是进行简单的包边处理。如果能够突破市面上普通的瓷片包边,更好地对古瓷片进行再创造,就可以使青瓷首饰更具时尚感和设计感,人们也可以重新见证古瓷片的故事。首饰艺术家黄一川,她利用古瓷片首饰讲出了新故事,赋予了古瓷片新的生命。在进行具体设计时,她利用金银弥补瓷片的残缺,使设计延伸出无限的可能性。在进行创作时,她不浮于古瓷片的表面,而是挖掘每一块瓷片背后的动人故事;不是照搬旧物,而是量身定制与瓷片相适合的配件,让瓷片在不失古朴韵味的同时又极具现代审美情趣。如黄一川所设计的文字系列陶瓷首饰(图1),将古瓷片运用到中国汉字中,通过方圆造型的穿插、虚实空间的对比、新旧时空的对话,来表达中国汉字的具体形态。她的另一件作品陶瓷眼镜饰品(图2),把古瓷片打磨成古代的铜钱形状,制作成镜片,表示"钱眼"。这是一副时尚又有趣的复古装饰眼镜,看似带有一些戏剧性的荒诞,又有一点玩世不恭,却能引发观赏者对金钱、物质、文化、艺术的思考。

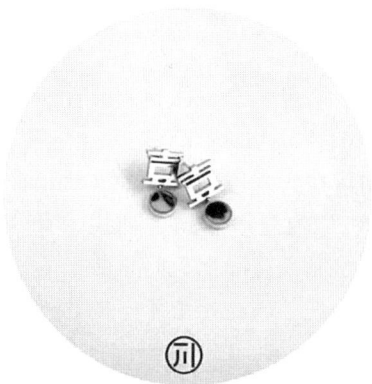

图1　汉字系列（黄一川作品）

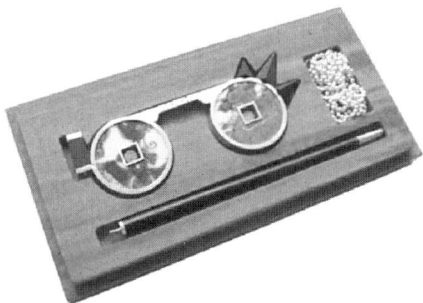

图2　陶瓷眼镜（黄一川作品）

2. 嵌釉滴　新品质

青瓷的釉堪与碧玉斗妍，釉滴可以完美地脱离坯体而单独存在，纯釉型的青瓷首饰即是利用釉的这一特点，直接采用青釉这一单独的材料烧制而成。成品造型多样，如水滴形、球形、椭球形等，再穿孔挂绳或镶嵌金银。成型的首饰釉面晶莹、温润如玉、品质高雅、价格亲民。

在2018年的"青青饰界"龙泉青瓷首饰大赛中，众多运用釉滴制成的饰品脱颖而出，这些饰品样式新颖，设计精美，巧夺天工。如《月下梅影》（图3），这一作品将饱满的釉滴当作圆月，再用银敲打出梅瓶、梅枝……在银与瓷的衔接中，光与影交织，虚与实相间，使作品别有一番韵味。又如《回眸之美》（图4），该作品为孔雀造型，造型新奇美丽，孔雀的羽毛嵌满了晶莹剔透的釉滴，釉色耀眼夺目，不禁让人联想到诗句"孔雀自怜金翠尾，临水，认得行人惊不起"中极富情趣的画面。

图3　《月下梅影》（江黎丽作品）

图4　《回眸之美》（林丽红作品）

3. 绘图案　新色彩

龙泉青瓷因釉闻名，较少采用其他颜色绘制图案，如果能将青瓷的釉色与别的颜色巧妙搭配，设计出的作品也可给人带来愉悦的审美体验。

传统上，在青瓷的釉色之上施以其他颜色时采用最多的工艺为点彩工艺，即在施好的青釉层上，点上褐色的小点，烧制后在碧水般的青色中又泛出深色的小点，清新悦目，有一番"万绿丛中一点红"的意境。到了现代，青瓷首饰制作者大胆创新、巧妙设计，将丰富的釉色绘制在饰品上，将素雅的青釉带入五彩缤纷的色彩世界，带来更加多元的肌理表现，表达出更丰富的主题。如孙谷藏设计制作的梦蝶系列作品（图5、图6），作品把猫的神秘优雅与蝶的绚烂缤纷融为一体，并施青釉烧制，再运用釉上彩技法绘制猫的五官和蝶的翅膀，起到画龙点睛之效。猫与蝶的结合仿若浑然天成，作品栩栩如生，带给观者极为独特的审美体验。

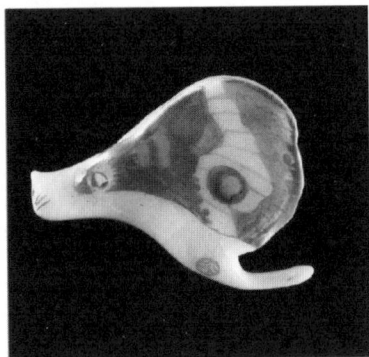

图5　梦蝶系列一（孙谷藏作品）　　　图6　梦蝶系列二（孙谷藏作品）

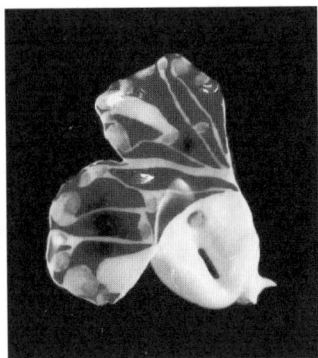

4. 探组合　新造型

传统的龙泉青瓷首饰一般由一根绳加一个青瓷吊坠构成。但是随着时代的发展、人们审美观念的转变，个性化的饰品更受年轻一代的追捧。对相同的青瓷元素进行不同方式的组合，会创造出多种可能的新样式，使作品以全新的面貌呈现，给人以强烈的视觉审美享受。

在2019年全国青瓷饰品创新大赛中，郑研设计的青瓷首饰脱颖而出，获得了一等奖。她对材料、配件、加工工艺等创作语言进行综合考虑，运用别出心裁的组合方式使作品呈现出与众不同的美感。如青瓷首饰作品《拢蓉》（图7、图8），就是将一片片独立的瓷片进行细密组合，使其拢为一体，将单薄的片状转为饱满的立体形态。同时采用银片、珠子进行点缀，塑造出点、线、面组合的独特之美。

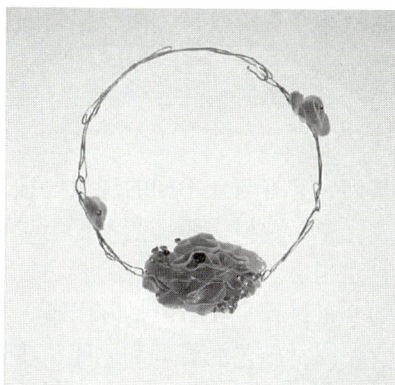

图7　拢蓉系列一（郑研作品）

图8　拢蓉系列二（郑研作品）

5. 整材料　新视觉

在青瓷首饰中最为常见的是胎釉青瓷首饰，其制作过程是先用泥料制作出首饰的造型，再施青釉烧制。长期以来，人们习惯将胎釉青瓷首饰的成型材料局限于泥和釉上，导致青瓷首饰样式单一。这就要求新一代的首饰制作者对专业外的领域要有所关注，需要拓宽视野、博观约取。就青瓷首饰而言，在制作材料的选取上不应仅仅限于泥土、青釉，而应该大胆尝试将不同材料进行有机整合。但同时也要注意，这种"跨界"本身也是一把双刃剑，不是简单的材料或是技艺的嫁接，而是在本源的基础上，进行路径的探索、方法的打磨、思维的实验和系统的建构。

首饰艺术家宁晓莉，采用银瓷结合，跨界融合，打造银艺瓷韵新风尚。如胸针作品《娥寒》（图9）和作品《吟》（图10），这两个作品通过用白银薄片衬托青瓷花瓣，营造出枝叶蔓延、瓷花绽放的效果。两种材料紧密缠绕，水乳交融，有别于市面上多数的瓷银结合，少了些许呆板，多了一丝轻盈，一花一叶中尽显中国韵味，又流露出时尚美感。很多现代首饰为了追求艺

图9　《娥寒》（宁晓莉作品）

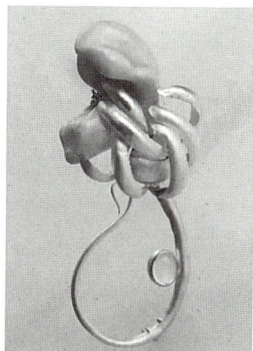

图10　《吟》（宁晓莉作品）

术的美感，往往会忽略其实用功能，造成喧宾夺主的效果，而宁晓莉的瓷银跨界结合，完美地将实用与审美相统一。

## 三、结语

龙泉青瓷首饰既有深厚的青瓷文化基础，又有与众不同的现代气息，在新时代艺术创作者新设计理念的引领下大放光彩，独树一帜。艺术家们对青瓷首饰新材料和新工艺的探索过程，既是材料建构思想的实验与经验表达过程，又是充分挖掘材料属性由物化向意象表达的变量过程。在不断推陈出新、与时俱进的实践过程中，艺术家们发挥因地制宜、因材施艺的智慧和才能，使青瓷首饰淋漓尽致地展现出与众不同的"清水出芙蓉，天然去雕饰""绚烂之极，归于平淡"的艺术美感，这种艺术美感也是天时、地气、材美和工巧的完美结合。

在大力弘扬中华优秀传统文化的时代背景下，龙泉青瓷首饰的发展有着难得的机遇，同样也面临着艰巨的挑战，这需要有更多的人关注青瓷文化，研究青瓷文化，并积极参与青瓷创新实践，以此来推动青瓷艺术品不断地推陈出新。对于艺术品来说，在传统基础上的创新才是取得可持续发展的长久之道。

**参考文献**

[1] 谷泉. 重提手工劳动 [M]. 南昌：江西美术出版社，2009.
[2] 邵慧. 试论古瓷首饰创作 [J]. 新美术，2017，38（7）：126-128.
[3] 浙江省轻工业厅. 龙泉青瓷研究 [M]. 北京：文物出版社，1989.
[4] 陈松贤. 中国传统陶瓷艺术研究 [M]. 杭州：中国美术学院出版社，2016.
[5] 闻人军. 考工记译注 [M]. 上海：上海古籍出版社，2010.
[6] 杭间. 手艺的思想 [M]. 济南：山东画报出版社，2017.

# 龙泉青瓷婴戏纹饰研究

## 黄卫霞[1]，沈定求[2]

（1. 丽水学院　中国青瓷学院；2. 江苏大学　艺术学院）

**摘　要：** 一千多年来，浙江龙泉以盛产青瓷闻名于世，流传下来的古代龙泉青瓷婴戏纹饰虽然不多，却为我们留下了生动形象的图像资料。本文以历代留存下来的龙泉青瓷为主线，对我国古代龙泉青瓷的婴戏纹饰展开初步探究。

**关键词：** 龙泉青瓷；婴戏纹；研究

龙泉青瓷萌芽于三国两晋，成长于隋唐五代，盛行于宋元，衰落于明中叶，清中后期淡出历史舞台。龙泉位于浙江西南山区，这里崇山峻岭，溪壑争流。现已探明龙泉境内有五代、宋、元、明、清窑址 360 多处，主要分布在大窑、金村周围。目前业内对龙泉青瓷纹饰的研究较少，尤其对婴戏纹饰的研究，尚有空白待填补。因此，笔者把研究的视角聚焦于此。

从考古发掘资料和民间遗存收藏中可以发现，龙泉青瓷装饰纹样丰富，有植物纹、动物纹和婴戏纹等。婴戏纹常与植物纹组合，如童子配荷花纹、莲瓣纹、缠枝牡丹、折扇纹、篦纹、宝杵纹和钱纹等。纹饰中，婴孩身体圆润，脑袋占身体比例较大，常身穿肚兜或者裸身缠绕彩带。从这些古朴的装饰纹样中，我们可以看到古代龙泉青瓷窑工的技法和烧制技艺。

20 世纪 70 年代以来，浙江丽水地区陆续发掘了一批三国两晋时期的古墓，墓内出土了青瓷。龙泉查田下保村出土的南朝宋永初元年（420 年）墓葬品，其中有青釉刻花莲瓣纹碗和鸡首壶等八件青瓷，都是灰胎青黄釉。由此可以推断，龙泉青瓷的烧制应该始于 1600 多年前的三国两晋时期。晚唐五代时期，龙泉窑受越窑、瓯窑的影响而兴起。据《龙泉县志》记载："五代时期，贞明五年（919 年），龙泉金村、刘田等地制瓷作坊均已具规模。"五代时期，龙泉窑用石灰釉烧制淡青釉瓷器，青瓷胎壁薄而坚硬，质地细腻，呈淡淡的灰白色，在装饰手法上，以单线条和粗工带细刻划，装饰纹样有莲花、水草和水纹等。

北宋早期龙泉青瓷仍是淡青釉瓷器。在小梅大窑、小梅金村常常可见淡青釉瓷片，胎白质细、釉色葱翠、釉层透明、玻璃质感强。这时的龙泉窑后来居

---

**作者简介：** 黄卫霞，江苏灌云人，丽水学院中国青瓷学院讲师，研究方向：美术理论和美术考古。
沈定求，江苏灌云人，江苏大学艺术学院 2018 级美术学硕士，研究方向：艺术品鉴藏与市场研究。

上，取代越窑，成为浙江青瓷的代表，后世出土了许多碗、盘、壶、盆、罐等日用瓷。宋代庄绰《鸡肋编》卷一记载："处州龙泉县……又出青瓷器，谓之'秘色'，钱氏所贡盖取于此。宣和中，禁庭制样须索，益加工巧。"北宋晚期大窑和金村等地开设了窑厂烧制青瓷，以供宫廷专用，并且是"制样须索"，即来样定制。这一时期的龙泉青瓷仍有越窑"秘色"瓷的影子，其装饰技法有刻花、划花、剔花等，装饰纹样有莲瓣纹、水草纹和双龙戏珠等。

宋代名窑流行婴戏纹饰，龙泉窑也不例外。由存世的龙泉青瓷可知，内壁装饰普遍使用刻花、划花手法表现团花、蕉花和婴戏等。当时的装饰纹样以纤细刻花、划花为主，尤其是刻花莲瓣纹较为常见，是龙泉青瓷一大特色。北宋龙泉金村窑出土了多个婴戏青瓷残片。婴戏纹装饰常配有荷花纹、莲瓣纹、缠枝牡丹、折扇纹、箆纹等。前期婴戏纹饰烦琐，后期化繁为简。如北宋金村窑出土的一刻划执莲婴戏纹残片（图1），口径18 cm，高5 cm，底足6 cm，内壁绘有一童子正在扛着莲花，同时配有刻划莲瓣纹，婴孩围绕着莲花嬉戏。残片胎薄、淡白青釉，釉色青黄，略带有草黄绿色。"莲"音同"连"，寓意为"连生贵子"。莲花不仅是古代文人墨客喜欢描绘的题材，而且是窑工喜欢刻划的装饰纹样。又如，北宋金村窑出土的一刻划花婴戏纹碗残片（图2），碗高8.5 cm，底足7.7 cm，碗内壁绘有一童子正在扛着莲花玩，同时配有箆纹，碗底内壁刻有折扇纹。残片胎薄、淡白青釉，胎浅灰白，清亮透明，制作工艺非常精细。北宋金村窑出土的一刻划婴戏钱纹盘残片（图3），口径16 cm，高7 cm，底足4.5 cm，内壁绘有一童子正在舞彩带戏钱，两枚铜钱被长长的彩带串起。童子的头占身体比例较大。残片胎薄、淡白青釉，胎浅灰白、清亮透明，可以看出其制作工艺精良。北宋金村窑出土的一刻划花荷合童子纹碗残片（图4），口径17 cm，高15 cm，底足6.8 cm，内壁绘有一童子左手执荷叶茎，右手拿荷花，趴在地上玩耍。童子身体圆润，憨态可掬，童子周围刻划花纹。

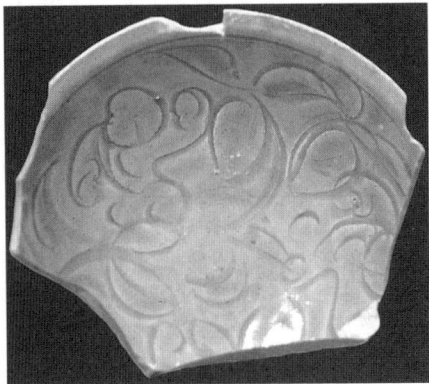

图1　北宋金村窑执莲婴戏纹残片

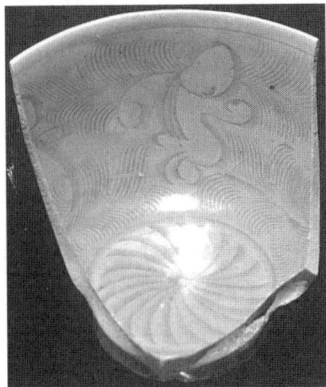

图2　北宋金村窑婴戏纹碗残片

残片为淡白青釉，胎质清亮透明，光泽度好，釉色青黄，纹饰以刻花为主，线条简洁流畅、疏密有致。整体上看造型秀丽，做工精细，精美绝伦。

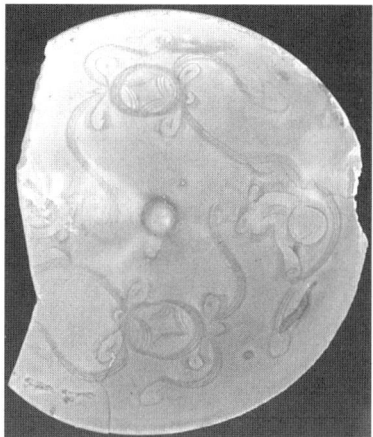

图3　北宋金村窑婴戏钱纹盘残片　　　图4　北宋金村窑荷合童子纹碗残片

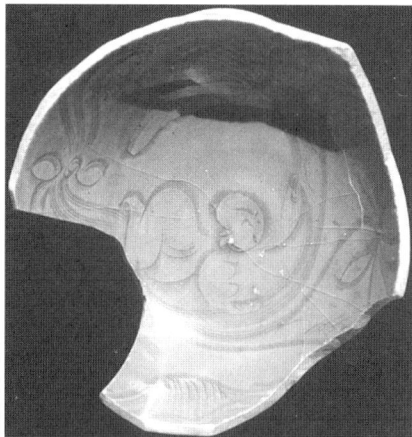

　　南宋时期，龙泉窑开始用石灰碱釉代替石灰釉烧制青瓷。南宋中晚期，龙泉窑烧制出梅子青和粉青两种青釉色瓷，把釉色之美发挥到了极致。章氏兄弟被认为是开创龙泉青瓷鼎盛时代的标志性人物。"薄胎如纸、釉厚如玉、釉面布满纹片、紫口铁足、胎色灰黑"为哥窑的特点，这种特点的瓷器多出于龙泉县南，与南宋官窑难分彼此；还有一种黑胎、开片的瓷器亦为哥窑瓷器，其多出于龙泉县东北。而白胎（或足底呈朱红）的青瓷，釉色清润如玉，称为弟窑或龙泉窑。明代郎瑛《七修类稿续稿》卷六记载："哥窑与龙泉窑皆出处州龙泉县；南宋时有章生一、生二弟兄各主一窑，生一所陶者为哥窑，以兄故也；章生二所陶者为龙泉，以地名也。其色皆青，浓淡不一；其足皆铁色，亦浓淡不一。旧闻紫足，今少见焉，惟土脉细薄，釉水纯粹者最贵；哥窑则多断纹，号曰百圾破。龙泉窑至今温，处人称为章窑。闻国初先正章溢，乃其裔云。"明代景泰六年（1455年），章氏印花窑具的出现可以证明章氏家族在龙泉制瓷。南宋中晚期，龙泉窑青瓷制作工艺达到顶峰，由厚胎薄釉转向薄胎厚釉。南宋青瓷的纹饰颇多，有刻花、划花、贴花、贴鱼、贴龙等，尤其是南宋早期的刻划双鱼纹，达到了登峰造极的地步。古时"双鱼"的寓意是指钱余和粮余。南宋的贴花纹样鱼化龙，采用的是鱼身龙头的装饰，寓意是望子成龙、望女成凤。

　　2002年重庆涪陵南宋墓出土龙泉窑青釉孩儿枕（图5），该枕整体为童子形，童子抬头，双手交叉放于胸前，以双肘和双膝着地，呈趴状。童子面部表情憨态可掬、甚是可爱，左边脑门上尚有一撮黑色头发，头发、眉毛和五官的技法应该是点彩。此青釉用含铁量较高的紫金土在器物上装饰，经高温烧后，

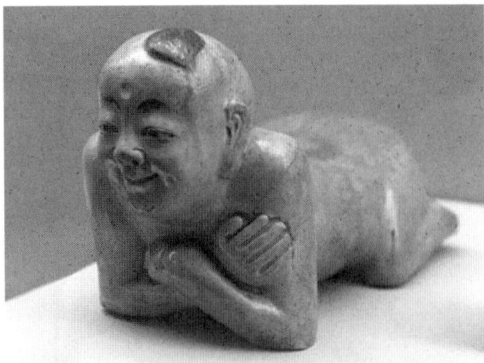

图5　南宋龙泉窑孩儿枕

呈现出褐黑色斑纹，与青釉相映成趣，巧夺天工。胎薄釉厚、釉色葱绿，胎白质细，色泽清亮透明。孩童身体圆润，造型新颖，做工精细，应该是南宋时期龙泉青瓷之精品。

现在龙泉大窑的遗址还保留着南宋古道。在杭州市的南宋皇宫遗址和绍兴市的宋六陵都出土了大量南宋龙泉窑青瓷。据《龙泉县志》记载："瓯江两岸，瓷窑林立，烟火相望。江上运瓷船只往来如织。"由此可见，当时龙泉青瓷的生产和外销应该是盛极一时。

元世祖在位时期，意大利人马可·波罗来到中国，他在《马可·波罗游记》中专门讲述了元时贸易的瓷器，有龙泉青瓷、景德镇的青白瓷和青花瓷等。考古调查显示，元代龙泉窑的规模比宋代扩大了好几倍。元代汪大渊在《岛夷志略》中曾多次提起，远销海外的中国瓷器中有龙泉的"处州瓷""处瓷"和"处器"。1975 年在韩国西南部的新安海底发现了一艘元代沉船，打捞出 1 万多件瓷器，其中龙泉青瓷 9000 多件，可见龙泉青瓷在元代对外贸易中占有重要地位。

元代龙泉青瓷装饰技法多种多样，有刻、划、印、塑和贴等。纹饰有动物、植物、婴戏和文字等，如龙凤、双鱼、十二生肖、牡丹、荷叶和金钱纹，甚至还有汉字及八思巴文字。从流传下来的多个婴戏青瓷可看出，元代龙泉青瓷的雕塑技艺非常高。此外，元代运用露胎技法的作品大量出现，青瓷人物塑像的脸、手、足等，盘类器物内底的云、龙、花卉等，装饰富丽繁华，独具神韵。出土于元代大窑的刻花荷合童子盘（图 6），口径 11 cm，高 4 cm，底足 7 cm。此青瓷虽残缺，但是图像较为完整，盘底所刻童子天真可爱，只见他身穿肚兜，右手高执荷花，憨态可掬。荷花以刻花为主，花纹粗略，线条奔放，薄胎厚釉，纹饰非常清晰。一般来说，在中国传统文化尤其是民间文化中，莲花与童子的结合寓意"连生贵子"。在民间荷花与鱼的图案中，荷花代表阴性，而鱼则代表阳性；在一些方言中，荷花常常被当作

图6　元代大窑荷合童子盘

"合欢"的谐音。佛教传入中国之后，莲花又平添了一层宗教色彩，莲花代表的是"西方净土世界"，受到信奉和崇拜。元代大窑还出土了童子头像雕塑，多由手捏或雕塑而成。元代流传下来的龙泉青瓷婴戏纹较为丰富，这些婴戏纹装饰都体现了元代龙泉窑高超的工艺水平。

明代是龙泉青瓷的又一个高峰，此时的龙泉青瓷器物大，釉色美，纹样精。据明代陆容《菽园杂记》卷十四记载："青瓷，初出于刘田，去县六十里。次则有金村窑，与刘田相去五里余……凡绿豆色莹净无瑕者为上，生菜色者次之。然上等价高，皆转货他处……"《处州府志》载："从其兄其生一，所主之窑，皆浇白断纹，号百极碎，亦冠绝当世。"明代曹昭《格古要论》记载："旧哥窑色青，浓淡不一，亦有紫口铁足。"《大明会典》卷一九四"陶器"条记载："洪武二十六年定，凡烧造供用器皿等物，须要定夺制样，计算人工物料，如果数多，起取人匠赴京，置窑兴工，或数少，行移饶、处等府烧造。"可见，在明朝初年，龙泉和景德镇两地所产青瓷都是贡品。明代龙泉青瓷的装饰纹样非常丰富，五爪云龙纹是元明两代规定的皇帝专用纹饰。明代纹饰比元时更纤细，还出现了八仙、八卦和二十四孝等人物带文字的纹饰。明代中叶以后，龙泉窑渐衰，青瓷的普遍特点是胎体厚重，釉色透明度较高，质量粗糙。至清康熙年间，龙泉青瓷窑厂数量锐减，龙泉青瓷逐渐淡出上流社会。清代末年，龙泉只有少数民窑还在生产日用青瓷。

综上所述，龙泉青瓷婴戏纹饰主要盛行于宋元时期，婴戏造型主要是婴孩与植物的组合，尤以婴戏莲花为多。龙泉窑从五代开始一直到清朝都有窑址，在千年的烧造历史中，龙泉青瓷装饰纹样丰富，已经发现的也只是沧海一粟。龙泉青瓷有刻划花、印花、贴花、堆塑、露胎、镂空和点彩等多种装饰技法。2009年，龙泉青瓷传统烧制技艺被联合国教科文组织列入《人类非物质文化遗产代表作名录》。

**参考文献**

[1]　中国古陶瓷学会. 中国古陶瓷研究：龙泉窑研究 [M]. 北京：故宫出版社，2011.
[2]　项宏金. 龙泉青瓷装饰纹样 [M]. 杭州：西泠印社出版社，2014.
[3]　北京艺术博物馆. 中国古瓷窑大系：中国龙泉窑 [M]. 北京：中国华侨出版社，2015.

# 3D 打印整体式球体作为一种优越的载体负载磷钨酸用于油品的深度氧化脱硫

朱捷[1]，吴沛文[1]，陈琳琳[1]，何静[1]，吴迎城[2]，王超[3]，
巢艳红[1]，陆林杰[1]，贺敏强[1]，朱文帅[1]，李华明[1]

(1. 江苏大学化学化工学院，能源研究院；2. 镇江三的新材料有限公司；3. 江苏大学
环境与安全工程学院，环境健康与生态安全研究所)

**摘　要：**构建具有整体结构的催化剂用于氧化反应的过程是促进催化剂工业化应用的重要手段。在本工作中，采用 3D 打印的方法制备 3D 打印球体（3D-PSs），碳化形成 3D 碳球（3D-CSs），并负载磷钨酸等到整体式催化剂（HPW/3D-CSs）用于深度氧化脱硫。与传统的粉末催化剂相比，此催化剂容易操作并易于从油品中分离。此负载型的整体式催化剂具有优异的脱硫性能，并对油品中的二苯并噻吩（DBT）、4-甲基二苯并噻吩（4-MDBT）、4，6 二甲基二苯并噻吩（4，6-DMDBT）有约 100% 的脱硫效果。通过考察不同实验参数对脱硫的影响，以此优化反应条件。此外，该催化剂显示出良好的热稳定性和化学稳定性，在循环 5 次后脱硫活性无明显下降。气相色谱和质谱联用分析表明，二苯并噻吩砜 DBTO$_2$）是二苯并噻吩唯一的氧化产物。

**关键词：**3D 打印；整体式球体；载体型催化剂；氧化脱硫

## 一、引言

　　燃油中硫化物燃烧所产生的 SO$_x$ 已经成为环境污染的主要来源之一。因此，在过去的几十年里，由于日益严重的环境问题，针对硫化合物的法规变得越来越严格。目前，汽车用油中的硫含量限制在 10 ppm 以内，而燃料电池的要求则更为严格，要求低于 60 ppb。在工业上，油品中的硫化物一般是通过加氢脱硫（HDS）来去除的，这需要在高反应温度和压力下实现，并且加氢脱硫过程中氢也是必不可少的。所有这些反应条件使得 HDS 成为一项成本相对较高的技术。更重要的是，由于 HDS 对芳香硫化合物的活性差，采用 HDS 过程实现深度脱硫对反应条件要求苛刻。因此，开发出来许多脱硫技术如萃取脱硫（EDS），吸附脱硫（ADS），氧化脱硫（ODS）等。在所有这些新技术中，由

**作者简介：**朱文帅，江苏连云港人，博士，江苏大学化学化工学院教授，博士生导师，研究方向：材料化工。

**基金项目：**本文的研究获得了国家自然科学基金（Nos. 21722604，21576122，21878133）和中国博士后科学基金（No. 2019M651743）的资助。

于在温和条件下对芳香族硫化合物的高活性，ODS 被认为是最有前景的。

为了获得更高的氧化脱硫效率，寻找高活性的催化剂是一个不得不提的话题。到目前为止，已经探索出了许多催化剂，如金属氧化物、杂多酸、功能化离子液体、二维纳米材料。其中，杂多酸被广泛应用在 ODS 中。由于杂多酸中催化活性位点的价键是可变的，杂多酸在 ODS 中的应用越来越广泛。然而，杂多酸催化剂的最大缺点是比表面积低，导致催化活性中心暴露性差。因此，杂多酸被广泛应用在负载型催化剂。负载型催化剂不仅能最大限度地利用催化活性位点，还可以在不显著降低催化性能的前提下减少杂多酸的消耗。到目前为止，很多材料，如多孔二氧化硅、金属氧化物、石墨烯、氮化硼，已经被广泛应用于负载型催化剂的制备。通过这种方法，可以满足氧化脱硫性能的需求。但是，由于这些催化剂都是粉末的形式，使得它们很难从燃油中分离出来。此外，成型整体式催化剂受到技术和成本的严重限制，这使所研制的催化剂难以工业化应用。

如今，3D 打印技术作为一种新兴的增材制造策略，在世界范围内引起广泛关注。3D 打印技术可广泛应用于整体式催化剂、混合器和反应器。随着 3D 打印技术的不断发展，打印精度和材料性能得到了显著提高。因此，3D 打印技术为催化和吸附材料的研究提供了很大的便利。通过 3D 打印技术，不同结构的定制催化剂，特别是结构复杂的，可以通过较少的步骤实现。理论上来说，几乎所有设计的催化剂结构都可以灵活地应用到实际中。此外，采用 3D 打印技术，可以显著提高原材料的利用率。

更重要的是，3D 打印可以直接成型整体式催化剂，使催化剂和反应体系的分离更加容易。因此，利用 3D 打印技术构建催化剂可以克服传统粉末催化剂的缺点，这使该技术成为推动传统粉末型催化剂工业化应用的潜在技术。在本文的研究工作中，我们使用光固化 3D 打印技术来制备催化剂用于氧化脱硫。首先，用 3Ds Max 软件设计直径为 1cm 的球体结构。然后利用光固化 3D 打印机以光固化树脂原料进行打印，得到 3D-PSs，将 3D-PSs 碳化形成 3D 碳球（3D-CSs），并进一步负载磷钨酸来制备催化剂。对所制备催化剂的 HPW/3D-CSs 进行了一系列的表征。此外，此催化剂具有优异的氧化脱硫性能，达到约 100% 脱硫率。更重要的是，催化剂可以通过简单的过滤回收，无需离心或其他分离方法。该催化剂可循环利用 5 次，而催化活性不会显著降低。这项工作为设计高活性、易重复使用的氧化脱硫催化剂提供了一种新的策略。

## 二、实验步骤

1. 材料

磷钨酸（$H_3PW_{12}O_{40}$，分析纯），乙醇（分析纯）和过氧化氢（$H_2O_2$，30%）购买于国药化学试剂有限公司。冰醋酸（99%）购买于阿拉丁试剂公司。二苯并噻吩（DBT，98%），4-甲基二苯并噻吩（4-MDBT，96%）和 4，

6 二甲基二苯并噻吩（4，6-DMDBT，97%）购买于西格玛。DLP 光固化 3D 打印机（MoonRay-S）和 3D 打印树脂（SP-RH1001）购自浙江迅实科技有限公司。

2. 催化剂的制备

用 3Ds Max 软件设计直径为 1cm 的三维球体。然后，以光固化树脂为原料，将设计的三维模型通过光固化 3D 打印机打印出来。将 3D 打印球（3D-PSs）放置于管式炉中，在氮气气氛中以 0.5 ℃/min 的升温速率升温至900 ℃，并在 900 ℃中保持 120 min 以确保 3D-PSs 完全碳化。随后在管式炉中自然冷却至室温，得到了碳化后的三维碳球（3D-CSs）。然后，在乙醇中溶解一定量的磷钨酸（HPW），将 3D-CSs 加入反应瓶中，持续磁力搅拌 24 h。浸渍后，通过热蒸发除去乙醇溶液，获得的催化剂（HPW/3D-CSs）在真空烤箱中干燥。不同 HPW 负载量的催化剂分别标记为 HPW/CSs-1，HPW/CSs-4，HPW/CSs-7 和 HPW/CSs-10。

3. 催化剂的表征

采用扫描电子显微镜（SEM）分析了 2~15 KeV 加速电压下催化剂的表面形貌。采用能量色散 X 射线能谱法（EDS）进行元素分析。在 Bruker D8 型高强度铜 Kα（λ = 0.154 nm）辐射衍生仪上进行了粉末 X 射线衍射（XDR）测量，范围为 5°~80°，扫描速度为 5°/min。利用 KBr 压片在傅里叶变换红外光谱仪（Nicolet Nexus 470）上进行傅里叶变换红外光谱（FT-IR）分析。在安捷伦 7890/5975C-GC/MSD 上采用气相色谱-质谱联用技术（升温程序：100~230 ℃，升温速率：15 ℃/min；230~250 ℃，升温速率为 10 ℃/min，HP-5 质谱柱），对反应 30 min 后的氧化产物进行检测。

4. 氧化脱硫过程

将 DBT、4-MDBT 和 4，6-DMDBT 溶解于十二烷中，并加入十六烷作为内标，制得硫含量为 200 ppm 的不同模型油。在氧化脱硫过程中，将一定量的催化剂，5 mL 硫含量为 200 ppm 的模型油，1 mL 冰乙酸（HAc）和所需要的过氧化氢加入双颈套瓶中，并在 70 ℃下搅拌反应。在循环试验中，将前一个反应的催化剂直接过滤，并在相同条件下进行反应。

## 三、结果和讨论

1. 催化剂的表征

图 1 为制备过程的光学照片，直观地展示了催化剂的制备过程。首先，由 3DsMax 设计 3D-PSs 的结构。如图 1a 所示，所设计的 3D-PSs 为直径 1cm 的多孔中空球体，且孔道之间相互连接，有利于催化反应过程中的传递。然后，以光固化树脂为原料，利用光固化 3D 打印机得到所设计的 3D-PSs。图 1b 为 3D-PSs 的光学照片，打印出来的 3D-PSs 的结构与设计的一致，说明该 3D 打

印策略可以有效地实现催化剂的结构设计。然后，将 3D-PSs 在氮气气氛中高温碳化。如图 1c 所示，900 ℃ 碳化后的 3D-CSs 直径约为0.5 cm，这是由 3D-PSs 在碳化过程中收缩造成的。3D-CSs 的颜色是带有金属光泽的银灰色，碳化后仍保持球状结构和孔道，未发现塌陷现象，这说明碳化过程没有破坏 3D 打印球的结构。如图 1d 所示，负载 HPW 后，HPW/3D-CSs 的形貌和 3D-CSs 接近，说明浸渍过程并没有改变 3D-CSs 的结构。

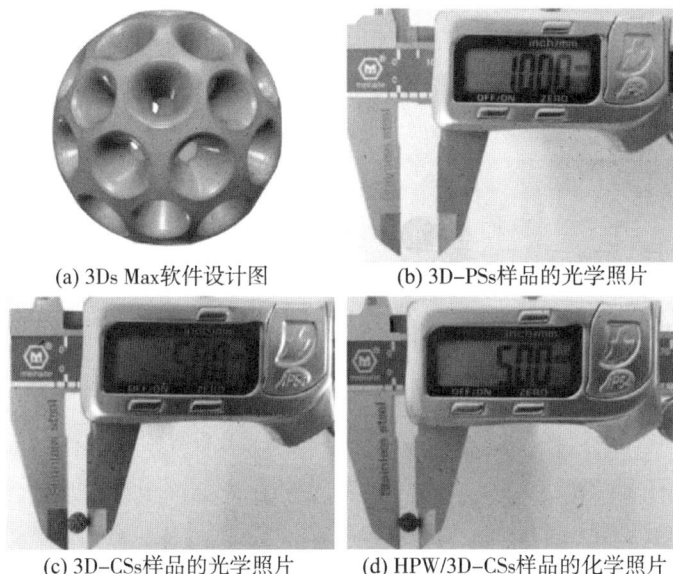

(a) 3Ds Max软件设计图　　(b) 3D-PSs样品的光学照片

(c) 3D-CSs样品的光学照片　　(d) HPW/3D-CSs样品的化学照片

图 1　催化剂的制备过程

　　HPW/3D-CSs 的机械强度对其应用有着至关重要的影响。对 HPW/3D-CSs 进行了抗压强度的测试，其抗压强度在 110~140 MPa 范围内，平均值为 127.8 MPa。不难看出 HPW/3D-CSs 的抗压强度非常高。因此，HPW/3D-CSs 具有很好的机械强度。

　　通过 SEM 分析了样品的表面形貌，并结合 EDS 分析了样品的元素组成。由于制备的 3D-CSs 是厘米大小的，将 3D-CSs 和 HPW/3D-CSs 粉碎用于扫描电镜和电子能谱分析。从 SEM 图可以看出，3D-CSs 表面较为致密光滑，没有发现明显的孔隙（图 2a）。从图 2b 和 c 可以看出 HPW/3D-CSs 的表面致密光滑，表面检测到一些额外的亮斑，这归因于 HPW 的存在。HPW 能均匀地分布在 3D-CSs 的表面上。图 2d 为 HPW/3D-CSs 的元素分析结果，可以看出样品中存在 C、O、W 元素。结果表明，活性组分 HPW 负载 3D-CSs 上。

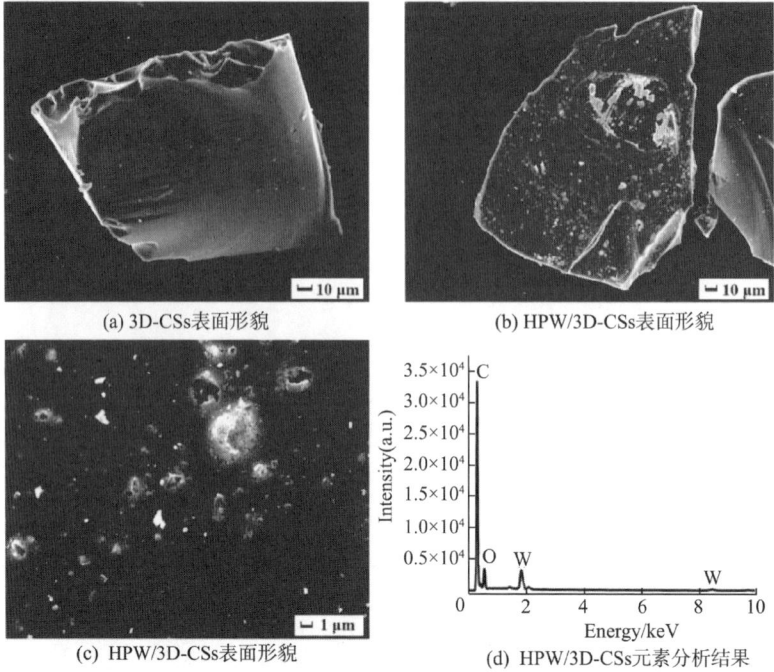

(a) 3D-CSs表面形貌

(b) HPW/3D-CSs表面形貌

(c) HPW/3D-CSs表面形貌

(d) HPW/3D-CSs元素分析结果

**图2　样品的表面形貌和元素分析结果**

此外，用 FT-IR 测定了所制备的 HPW/3D-CSs 的组成。如图 3a 所示，在 1076 cm$^{-1}$（P—O），978 cm$^{-1}$（W＝O），890 cm$^{-1}$（W—Ob—W）和 800 cm$^{-1}$（W—O$_c$—W）处出现了四个强的特征峰，分别属于 HPW 的典型 Keggin 结构。从 3D-CSs 的 FT-IR 谱图来看，没有检测到明显的峰，说明 3D-CSs 表面没有其他官能团。3D-CSs 的 FT-IR 与纯碳材料相似，说明 3D-PSs 已经完全碳化为 3D-CSs。比较 3D-CSs 和 HPW 的 FT-IR 谱图，可清晰地显示出 HPW 的 Keggin 结构特征峰。结果表明，HPW 已经负载到 3D-CSs 上了。

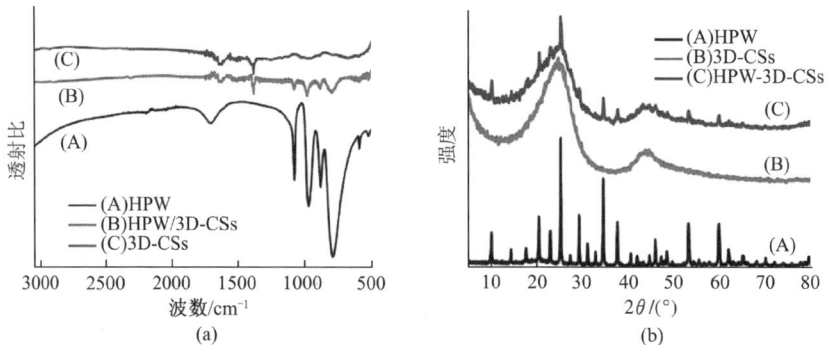

(a)

(b)

**图3　HPW，HPW/3D-CSs，3D-CSs 的 FI-IR 谱图和 XRD 谱图**

通过 XRD 谱图，可以得知所制备催化剂的组成。如图 3b 所示，在图中可以清晰地发现磷钨酸的特征衍射峰在 $2\theta = 10.3°$、$20.7°$、$23.1°$、$25.4°$ 和 $29.5°$ 处。此外，对 3D-CSs 进行了 XRD 分析，仅在 $2\theta = 24.9°$ 和 $43.8°$ 处检测到两个特征峰，分别属于碳材料的（002）晶面和（100）晶面，这表明 3D-PSs 已经完全碳化为 3D-CSs。此外，从 HPW/3D-CSs 的 XRD 衍射图可以看出，HPW 和 3D-CSs 的特征峰都清晰可见，表明 HPW 已经负载到 3D-CSs 上，3D-CSs 的结构没有被破坏。

2. 氧化脱硫参数的优化

为了获得更好的脱硫性能，考察了反应温度、HPW 负载量、氧硫比和催化剂用量对反应的影响。如图 4 所示，我们考察了反应温度对脱硫活性的影响。结果表明，催化剂在不同温度下的脱硫性能顺序为 70 ℃>80 ℃>60 ℃>50 ℃。通过对比实验得出，最优反应温度为 70 ℃，并且在反应 2 h 后 DBT 的去除率达到 100%。这是因为在较低的反应温度下，氧化剂不能被有效活化。但当反应温度达到并超过 70℃时，会加剧过氧化氢的自分解。

HPW 负载量对催化剂氧化脱硫活性的影响如图 5 所示。从图中可以清晰地看出，催化剂的脱硫性能顺序为 HPW/3D-CSs-7>HPW/3D-CSs-10>HPW/3D-CSs-4>HPW/3D-CSs-1。结果表明当负载量为 7% 时，该催化剂具有更好的脱硫效果。与低负载相比，在 7% 负载时能暴露更多活性位点。当 HPW 的负载高于 7% 时，脱硫率仍然能够达到 100%，但是直接脱硫的反应速率会变慢。这可能与碳化后活性组分在 3D-CSs 表面的团聚有关，降低了反应速率。

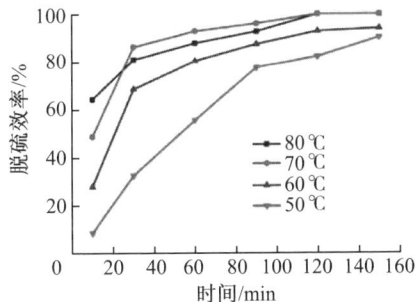

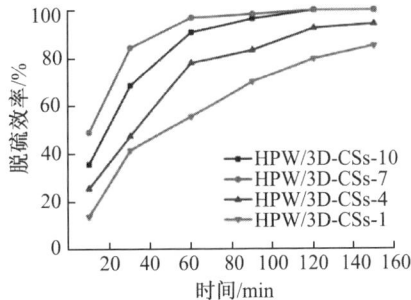

图 4　不同反应温度对催化剂脱硫活性的影响　图 5　不同负载量对催化剂脱硫活性的影响

氧化剂用量是氧化脱硫反应中的一个重要因素。如图 6 所示，脱硫性能随氧硫摩尔比（O/S）的浓度增加而提高，当 O/S 为 8 时，脱硫效率更好。与化学计量比相比，O/S=8 的最佳值略高，这是由于双氧水氧化 DBT 和双氧水非生产性自分解之间存在两个竞争反应。

如图 7 所示，脱硫效率与催化剂用量有明显的关系。随着催化剂用量的增加，活性位点会增加，脱硫效率也会随之提高。当催化剂用量为 3 颗 HPW/

3D-CSs（0.12g，±5%）时，脱硫效率能够达到 97.1%。当催化剂用量为 5 颗 HPW/3D-CSs（0.20g，±5%）时，脱硫效率达到了 100%。因此，5 颗 HPW/3D-CSs（0.20g，±5%）为合适的催化剂用量。

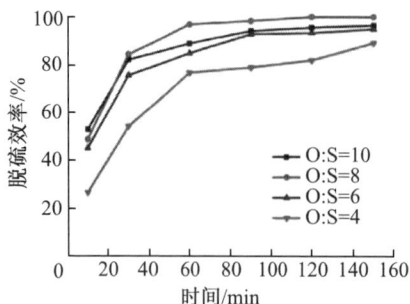

图 6　不同氧硫比对催化剂脱硫活性的影响　　图 7　催化剂用量对催化剂脱硫活性的影响

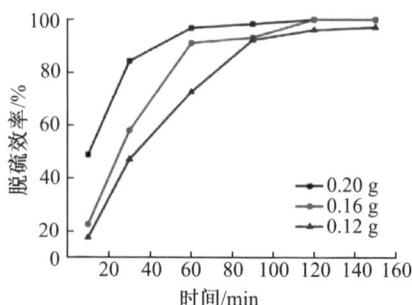

3. 催化剂对不同含硫底物的影响

底物的特性是影响脱硫反应中脱硫效果的重要因素之一。因此，分析了在相同条件下，HPW/3D-CSs 对 4-MDBT 和 4,6-DMDBT 氧化脱硫性能的影响。从图 8 可以看出，该催化剂对 DBT、4-MDBT 和 4,6-DMDBT 均具有良好的脱硫性能。反应 2.5 h 后，三种底物的脱硫率达到 100%。DBT 的反应速率比 4-MDBT 和 4,6-DMDBT 快。这可能由不同硫化物中硫原子上电子密度的不同和硫化合物的空间位阻的不同造成的。

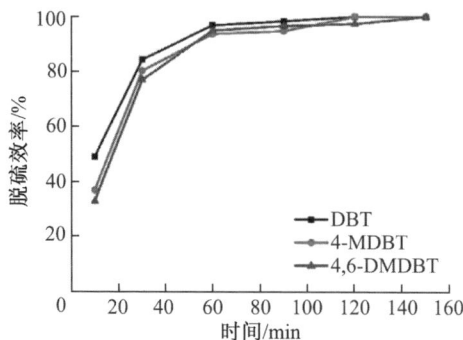

图 8　催化剂对不同含硫底物的脱除效果

4. 催化剂的循环

循环性能是评价催化剂性能的一个重要指标。制备的 HPW/3D-CSs 在氧化脱硫过程中是整体式催化剂，与传统粉末催化剂相比，分离更方便（图 9）。在第一次反应后，催化剂直接通过过滤从模型油中分离，不需要离心或静置。分离后的催化剂可直接用于下一个反应，将催化剂、模型油、冰醋酸和过氧化氢加入到反应器中进行下一个循环。图 10 显示了 HPW/3D-CSs 催化剂经过 5

次循环后的脱硫性能。结果显示,该催化剂在 5 次循环后仍具有良好的脱硫性能。经过 5 次循环以后,脱硫效率从 100% 降低到 93.3%,这可能由于随着反应次数的增加,DBT 的氧化产物在催化剂表面积累。尽管如此,催化剂球仍具有良好的循环性能。

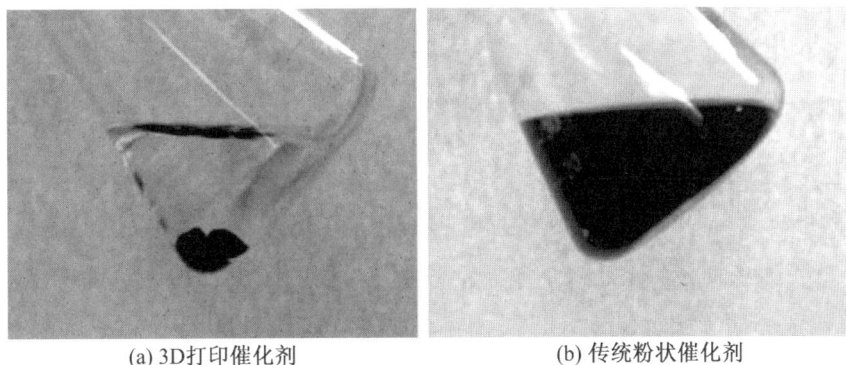

(a) 3D打印催化剂      (b) 传统粉状催化剂

图 9　不同脱硫体系的光学照片

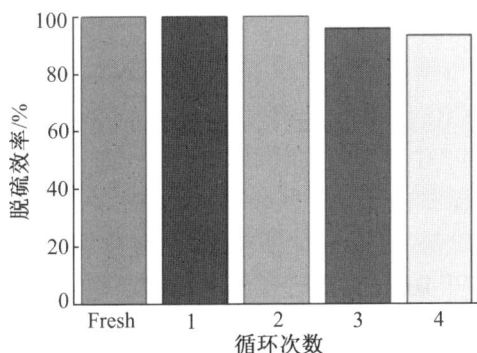

图 10　催化剂的循环性能

5. 气相色谱-质谱法分析氧化产物

为了进一步研究 ODS 体系的反应过程,采用气相色谱-质谱联用技术(GC-MS)检测了 DBT 的氧化产物。反应结束后,将催化剂相与油相分离,油相经滤膜过滤后注入气相色谱质谱检测器检测残留硫化物及反应产物。用四氯化碳萃取催化剂相,并通过 GC-MS 进行分析。通过图 11a 看出,原始模型油中只能检测到 DBT。图 11b 表明 DBTO$_2$ 主要存在于催化剂相中,少部分在油相中。与图 11a 相比,推断出 DBTO$_2$ 是 DBT 反应后的氧化产物。

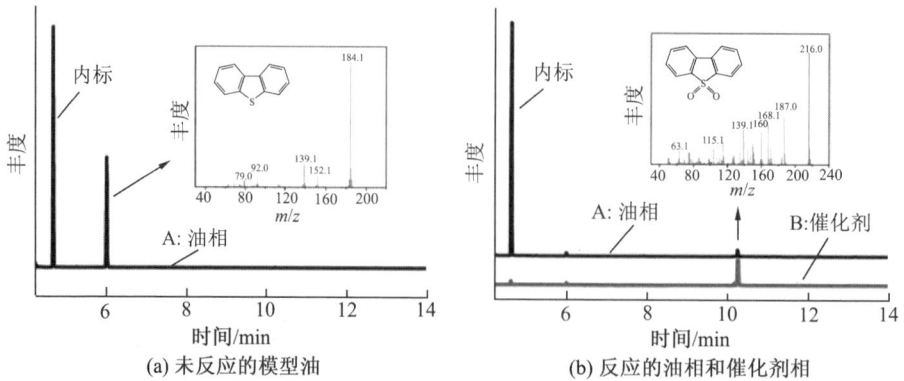

(a) 未反应的模型油　　　　　　　　(b) 反应的油相和催化剂相

图 11　主要产物的 GC-MS 分析

由此推断，过氧化氢首先吸附在 HPW/3D-CSs 的表面。HPW 能产生相应的聚过氧化物中间体。与此同时，在乙酸体系中，模型油在剧烈的搅拌下与催化剂充分接触。DBT 通过 π-π 相互作用被吸附在 HPW/3D-CSs 的表面。然后 DBT 在聚过氧中间体的作用下被氧化成 DBTO₂。如 GC-MS 结果所示，唯一的氧化产物 DBTO₂ 在催化剂相中被检测到。

## 四、结论

综上所述，采用 3D 打印方法构建了厘米级的整体式球体催化剂。制备得到的多孔结构的 HPW/3D-CSs 有利于氧化脱硫过程中的传质过程，而 HPW/3D-CSs 的整体结构也有利于催化剂与氧化脱硫体系的分离。并对反应参数进行了优化，制备的 HPW/3D-CSs 对模型油的脱硫率为 100%，具有很好的脱硫效果。此外，这种易于分离的 3D 打印催化剂可以重复使用 5 次而不会显著降低催化性能。通过 GC-MS 分析，推断了反应产物和反应机理。3D 打印技术为制备结构完整、操作简单、易于分离的整体式催化剂提供了一种新的思路。

**参考文献**

[ 1 ]　Lin F , Wang D E, Jiang Z X, et al. Photocatalytic oxidation of thiophene on BiVO₄ with dual co-catalysts Pt and RuO₂ under visible light irradiation using molecular oxygen as oxidant [ J ]. Energy Environ. Sci. , 2012, 5 (4)：6400-6406.

[ 2 ]　Xu J, Zhao S, Chen W, et al. Highly efficient extraction and oxidative desulfurization system using Na₇H₂LaW₁₀O₃₆ · 32-H₂O in [ Bmim ] BF₄ at room temperature [ J ]. Chem. Eur. J. , 2012, 15 (18)：4775-4781.

[ 3 ]　Li W, Tang H, Zhang T, et al. Ultra-deep desulfurization adsorbents for hydrotreated diesel with magnetic mesoporous aluminosilicates [ J ]. AIChE J. , 2010, 56 (5)：1391-1396.

[ 4 ]　Yin J, Wang J, Li Z, et al. Deep desulfurization of fuels based on an oxidation/extraction

process with acidic deep eutectic solvents [J]. Green Chem. , 2015, 17 (9): 4552-4559.

[5] Li F T, Wu B, Liu R H, et al. An inexpensive N-methyl-2-pyrrolidone-based ionic liquid as efficient extractant and catalyst for desulfurization of dibenzothiophene [J]. Chem. Eng. J. , 2015, 274: 192-199.

[6] Nie Y, Li C, Sun A, et al. Extractive desulfurization of gasoline using imidazolium-based phosphoric ionic liquids [J]. Energy Fuels. , 2006, 20 (5): 2083-2087.

[7] ChoiA E S, Roces S, Dugos N, et al. Oxidation by $H_2O_2$ of bezothiophene and dibenzothiophene over different polyoxometalate catalysts in the frame of ultrasound and mixing assisted oxidative desulfurization [J]. Fuel. , 2016, 180: 127-136.

[8] Liu Y, Wang H, Zhao J, et al. Ultra-deep desulfurization by reactive adsorption desulfurization on copper-based catalysts [J]. J. Energy Chem. , 2019, 29: 8-16.

[9] Lin L, Wang A, Zhang L, et al. Novel mixed matrix membranes for sulfur removal and for fuel cell applications [J]. J. Power Sources. , 2012, 220: 138-146.

[10] Chi Y, Li C, Jiao Q, et al. Desulfurization by oxidation combined with extraction using acidic room-temperature ionic liquids [J]. Green Chem. , 2011, 5 (13): 1224-1229.

[11] Méndez F J, Franco-López O E, Bokhimi X, et al. Dibenzothiophene hydrodesulfurization with NiMo and CoMo catalysts supported on niobium-modified MCM-41 [J]. Appl. Catal. B: Environ. , 2017, 219: 479-491.

[12] Song H, Gao J, Chen X, et al. Catalytic oxidation-extractive desulfurization for model oil using inorganic oxysalts as oxidant and Lewis acid-organic acid mixture as catalyst and extractant [J]. Appl. Catal. A: Gen. , 2013, 456: 67-74.

[13] Chen X, Song D, Asumana C, et al. Deep oxidative desulfurization of diesel fuels by Lewis acidic ionic liquids based on 1-n-butyl-3-methylimidazolium metal chloride [J]. J. Mol. Catal. A: Chem. , 2012, 359: 8-13.

[14] Chen K, Liu N, Zhang M, et al. Oxidative desulfurization of dibenzothiophene over monoclinic $VO_2$ phase-transition catalysts [J]. Appl. Catal. B: Environ. , 2017, 212: 32-40.

[15] Li Z, Li C, Chi Y, et al. Extraction process of dibenzothiophene with new distillable amine-based protic ionic liquids [J]. Energy Fuels , 2012, 26 (6): 3723-3727.

[16] Song Z, Zhou T, Zhang J, et al. Screening of ionic liquids for solvent-sensitive extraction-with deep desulfurization as an example [J]. Chem. Eng. Sci. , 2015, 129: 69-77.

[17] LiC, Li D, Zou S, et al. Extraction desulfurization process of fuels with ammonium-based deep eutectic solvents [J]. Green Chem. , 2013, 15 (10): 2793-2799.

[18] Li Z, Xu J, Li D, et al. Extraction process of sulfur compounds from fuels with protic ionic liquids [J]. RSC Adv. , 2015, 5 (21): 15892-15897.

[19] RenX, Liu Z, Dong L, et al. Dynamic catalytic adsorptive desulfurization of real diesel over ultra-stable and low-cost silica gel-supported $TiO_2$ [J]. AIChE J. , 2018, 64 (6): 2146-2159.

[20] Yin Y, Xue D M, Liu X Q, et al. Unusual ceria dispersion formed in confined space: A stable and reusable adsorbent for aromatic sulfur capture [J]. Chem. Commun., 2012, 48 (76): 9495−9497.

[21] Xiao J, Wang X, Chen Y, et al. Ultra-deep adsorptive desulfurization of light-irradiated diesel fuel over supported $TiO_2-CeO_2$ adsorbents [J]. Ind. Eng. Chem. Res., 2013, 52 (45): 15746−15755.

[22] Fang D, Wang Q, Liu Y, et al. High-efficient oxidation-extraction desulfurization process by ionic liquid 1-butyl-3-methyl-imidazolium trifluoroacetic acid [J]. Energy Fuels., 2014, 28 (10): 6677−6682.

[23] Ding W, Zhu W, Xiong J, et al. Novel heterogeneous iron-based redox ionic liquid supported on SBA-15 for deep oxidative desulfurization of fuels [J]. Chem. Eng. J., 2015, 266: 213−221.

[24] Zhao D, Sun Z, Li F, et al. Oxidative desulfurization of thiophene catalyzed by $(C_4H_9)_4NBr \cdot 2C_6H_{11}NO$ coordinated ionic liquid [J]. Energy Fuels, 2008, 22 (5): 3065−3069.

[25] Gao S, Chen X, Abro R, et al. Desulfurization of fuel oil: conductor-like screening model for real solvents study on capacity of ionic liquids for thiophene and dibenzothiophene [J]. Ind. Eng. Chem. Res., 2015, 54 (38): 9421−9430.

[26] Wu P, Wu Y, Chen L, et al. Boosting aerobic oxidative desulfurization performance in fuel oil via strong metal-edge interactions between Pt and h-BN [J]. Chem. Eng. J., 2020, 380: 122526.

[27] Gao S, Chen X, Xi X, et al. Coupled oxidation-extraction desulfurization: a novel evaluation for diesel fuel [J]. ACS Sustain. Chem. Eng., 2019, 7 (6): 5660−5668.

[28] Gu Q, Ding Y, Liu Z, et al. Probing the intrinsic catalytic activity of carbon nanotubes for the metal-free oxidation of aromatic thiophene compounds in ionic liquids [J]. Energy Chem., 2019, 32: 131−137.

[29] Liu A, Zhu M, Dai B, et al. A novel high-performance $SnO_2$ catalyst for oxidative desulfurization under mild conditions [J]. Appl. Catal. A: Gen., 2019, 583: 117134.

[30] Pérez-Rodríguez S, Sebastián D, Lázaro M J. Electrochemical oxidation of ordered mesoporous carbons and the influence of graphitization [J]. Electrochim Acta., 2019, 303: 167−175.

[31] Jiang B, Yang H, Zhang L, et al. Efficient oxidative desulfurization of diesel fuel using amide-based ionic liquids [J]. Chem. Eng. J., 2016, 283: 89−96.

[32] Ibrahim M H, Hayyan M, Hashim M A, et al. The role of ionic liquids in desulfurization of fuels: A review [J]. Renew. Sust. Energ. Rev., 2017, 76: 1534−1549.

[33] Li H, Zhang B, Jiang W, et al. A comparative study of the extractive desulfurization mechanism by Cu (II) and Zn-based imidazolium ionic liquids [J]. Green Energy Environ., 2019, 4 (1): 38−48.

[34] Li X, Yang X, Zhou F, et al. Construction of novel amphiphilic $[Bmin]_3PMo_{12}O_{40}/g-$

C$_3$N$_4$ heterojunction catalyst with outstanding photocatalytic oxidative desulfurization performance under visible light [J]. J. Taiwan Inst. Chem. E. , 2019, 100: 210-219.

[35] Zhao R, Li X, Su J, et al. Preparation of WO$_3$/g-C$_3$N$_4$ composites and their application in oxidative desulfurization [J]. Appl. Surf. Sci. , 2017, 392: 810-816.

[36] Huang M, Chang G, Su Y, et al. A metal-organic framework with immobilized Ag (i) for highly efficient desulfurization of liquid fuels [J]. Chem. Commun. , 2015, 51 (61): 12205-12207.

[37] Ghubayra R, Nuttall C, Hodgkiss S , et al. Oxidative desulfurization of model diesel fuel catalyzed by carbon-supported heteropoly acids [J]. Appl. Catal. B: Environ., 2019, 253: 309-316.

[38] Ma Z H, Han H B, Zhou Z B, et al. SBA-15-supported poly (4-styrenesulfonyl (perfluorobutylsulfonyl) imide) as heterogeneous Brønsted acid catalyst for synthesis of diindolylmethane derivatives [J]. J. Mol. Catal. A: Chem. , 2009, 311 (1-2): 46-53.

[39] ShangguanJ,Zhao Y, Fan H, et al. Desulfurization behavior of zinc oxide based sorbent modified by the combination of Al$_2$O$_3$ and K$_2$CO$_3$ [J]. Fuel , 2013, 108: 80-84.

[40] Alvarez-Amparán M A, Cedeño-Caero L. MoO$_x$ − VO$_x$ based catalysts for the oxidative desulfurization of refractory compounds: Influence of MoO$_x$−VO$_x$ interaction on the catalytic performance [J]. Catal. Today. , 2017, 2 (282): 133-139.

[41] Yao X, Wang C, Liu H, et al. Immobilizing highly catalytically molybdenum oxide nanoparticles on graphene-analogous BN: stable heterogeneous catalysts with enhanced aerobic oxidative desulfurization performance [J]. Ind. Eng. Chem. Res. , 2019, 58 (2): 863-871.

[42] Dizaji A K, Mokhtarani B, Mortaheb H R. Deep and fast oxidative desulfurization of fuels using graphene oxide-based phosphotungstic acid catalysts [J]. Fuel, 2019, 236: 717-729.

[43] Xiong J, Yang L, Chao Y, et al. A large number of low coordinated atoms in boron nitride for outstanding adsorptive desulfurization performance [J]. Green Chem. , 2016, 18 (10): 3040-3047.

[44] Ji H, Sun J, Wu P, et al. Silicotungstic acid immobilized on lamellar hexagonal boron nitride for oxidative desulfurization of fuel components [J]. Fuel, 2018, 213: 12-21.

[45] WuP,Zhu W, Chao Y, et al. A template-free solvent-mediated synthesis of high surface area boron nitride nanosheets for aerobic oxidative desulfurization [J]. Chem. Commun., 2016, 52 (1): 144-147.

[46] Lü H, Ren W, Wang H, et al. Deep desulfurization of diesel by ionic liquid extraction coupled with catalytic oxidation using an Anderson-type catalyst [ (C$_4$H$_9$)$_4$N ]$_4$NiMo$_6$O$_{24}$H$_6$ [J]. Appl. Catal. A: Gen. , 2013, 453: 376-382.

[47] Ye F, Miao G, Wu L, et al. [O] -induced reactive adsorptive desulfurization of liquid fuel over Ag$_X$O @ SBA-15 under ambient conditions [J]. Chem. Eng. Sci., 2017, 168: 225-234.

[48] Wang X, Guo Q, Cai X, et al. Initiator-integrated 3D printing enables the formation of complex metallic architectures [J]. ACS Appl. Mater. Inter., 2014, 6 (4): 2583-2587.

[49] Rossi S, Porta R, Brenna D, et al. Stereoselective catalytic synthesis of active pharmaceutical ingredients in homemade 3D-Printed mesoreactors [J]. Angew. Chem. Int. Ed., 2017, 56 (15): 4290-4294.

[50] Ruiz-Morales J C, Tarancón A, Canales-Vázquez J, et al. Three dimensional printing of components and functional devices for energy and environmental applications [J]. Energy Environ. Sci., 2017, 10 (4): 846-859.

[51] Farahani R D, Dube M, Therriault D. Three-dimensional printing of multifunctional nanocomposites: manufacturing techniques and applications [J]. Adv. Mater., 2016, 28 (28): 5794-5821.

[52] Capel A J, Rimington R P, Lewis M P, et al. 3D printing for chemical, pharmaceutical and biological applications [J]. Nat. Rev. Chem., 2018, 2 (12): 422-436.

[53] Hartings M R, Ahmed Z. Chemistry from 3D printed objects [J]. Nat. Rev. Chem., 2019, 3 (5): 305-314.

[54] Zhou X, Liu C J. Three-dimensional printing for catalytic applications: current status and perspectives [J]. Adv. Funct. Mater., 2017, 27 (30): 1701134.

[55] Diaz-Marta A S, Tubio C R, Carbajales C, et al. Three-dimensional printing in catalysis: combining 3D heterogeneous copper and palladium catalysts for multicatalytic multicomponent reactions [J]. ACS Catal., 2018, 8 (1): 392-404.

[56] Parra-Cabrera C, Achille C, Kuhn S, et al. 3D printing in chemical engineering and catalytic technology: structured catalysts, mixers and reactors [J]. Chem. Soc. Rev., 2018, 47 (1): 209-230.

[57] Sun X, Yan Y, Zhang L, et al. Direct 3D printing of reactive agitating impellers for the convenient treatment of various pollutants in water [J]. Adv. Mater. Interfaces., 2018, 5 (8): 1701626.

[58] Fantino E, Chiappone A, Roppolo I, et al. 3D printing of conductive complex structures with in situ generation of silver nanoparticles [J]. Adv. Mater., 2016, 28 (19): 3712-3717.

[59] Dou S Y, Wang R. The C-Si Janus nanoparticles with supported phosphotungstic active component for Pickering emulsion desulfurization of fuel oil without stirring [J]. Chem. Eng. J., 2019, 369: 64-76.

[60] Yan X M, Mei P, Lei J, et al. Synthesis and characterization of mesoporous phosphotungstic acid/$TiO_2$ nanocomposite as a novel oxidative desulfurization catalyst [J]. J. Mol. Catal. A: Chem., 2009, 304 (1-2): 52-57.

[61] Liao X, Huang Y, Zhou Y, et al. Homogeneously dispersed HPW/graphene for high efficient catalytic oxidative desulfurization prepared by electrochemical deposition [J]. Appl. Surf. Sci., 2019, 484: 917-924.

[62] Zhang Y, Wang R. Synthesis of silica@ C-dots/phosphotungstates core-shell microsphere for

effective oxidative-adsorptive desulfurization of dibenzothiophene with less oxidant [J]. Appl. Catal. B: Environ., 2018, 234: 47-259.

[63] Novikova A A, Burlakova V E, Varavka V N, et al. Influence of glycerol dispersions of graphene oxide on the friction of rough steel surfaces [J]. J. Mol. Liq., 2019, 284: 1-11.

[64] Arellano U, Shen J M, Wang J A, et al. Dibenzothiophene oxidation in a model diesel fuel using CuO/GC catalysts and $H_2O_2$ in the presence of acetic acid under acidic condition [J]. Fuel, 2015, 2 (149): 15-25.

[65] QinY, Xun S, Zhan L, et al. Synthesis of mesoporous $WO_3/TiO_2$ catalyst and its excellent catalytic performance for the oxidation of dibenzothiophene [J]. New J. Chem., 2017, 41 (2): 569-578.

[66] Xun S, Zhu W, Chang Y, et al. Synthesis of supported SiW12O40-based ionic liquid catalyst induced solvent-free oxidative deep-desulfurization of fuels [J]. Chem. Eng. J., 2016, 288: 608-617.

[67] Otsuki S, Nonaka T, Takashima N, et al. Oxidative desulfurization of light gas oil and vacuum gas oil by oxidation and solvent extraction [J]. Energy Fuels., 2000, 14 (6): 1232-1239.

[68] Qi H X, Zhai S R, Zhang W, et al. Recyclable HPW/PEHA/ZrSBA-15 toward efficient oxidative desulfurization of DBT with hydrogen peroxide [J]. Catal. Commun., 2015, 72: 53-56.

[69] Xiao X, Zhong H, Zheng C, et al. Deep oxidative desulfurization of dibenzothiophene using a flower-like $WO_3 \cdot H_2O$ catalyst in an organic biphasic system [J]. Chem. Eng. J., 2016, 304: 908-916.

[70] Yang H, Jiang B, Sun Y, et al. Heterogeneous oxidative desulfurization of diesel fuel catalyzed by mesoporous polyoxometallate-based polymeric hybrid [J]. J. Hazard. Mater., 2017, 333: 63-72.

[71] Dizaji A K, Mortaheb H R, Mokhtarani B. Noncovalently functionalized graphene oxide/graphene with imidazolium-based ionic liquids for adsorptive removal of dibenzothiophene from model fuel [J]. J. Mater. Sci., 2016, 51 (22): 10092-10103.

# 中国青瓷思想的小考

## 杨吴伟

（丽水学院　中国青瓷学院）

**摘　要**：本文以中国青瓷思想为研究对象，进而探讨青瓷在现代的创新和发展。中国青瓷在历史上有过非常优异的表现，一直与人们的生活息息相关。随着时代的发展，青瓷工艺也在不断的进步。青瓷自出现以来，在各方面表现出古代文化思想对它的影响。青瓷在中国古代盛行很长时间的原因，在于其符合传统文化思想中对青色的崇拜，对玉石的欣赏及对自然的追求，进而形成了古瓷尚青、制瓷如玉和追求自然的青瓷思想，这种青瓷思想一直影响着人们对青瓷的审美，历代青瓷工匠都在工艺上不断创新进步，皆意在达到这种审美标准。这种思想和追求一直延续到现在。现代青瓷继承了传统青瓷的精华，注重对传统文化的表达，积极探索不同的表现形式，体现出鲜明的时代文化精神。本文通过对传统青瓷文化思想和现代青瓷创作思想进行分析研究，并以典型的现代青瓷作品为例，研究了现代青瓷中体现的传统思想和传统工艺技术，进一步论述了中国青瓷的文化价值、审美取向和广阔的发展空间。

**关键词**：传统青瓷；现代青瓷；青瓷思想；审美取向

## 一、绪论

### （一）研究目的

青瓷是中国古代工匠的伟大发明，青瓷研究一直是中国陶瓷研究的重要分支。青瓷作为一种日用工艺品，除了工艺学上的基本美学特征，还可以从中国传统文化思想角度对其进行审美研究。视觉审美评价是最直观的形式，而文化角度和思想角度的审美能提升青瓷的文化价值。中国青瓷世界闻名，但大多数人只是关注青瓷的发展历史和观赏青瓷精美的釉色和造型，要想更好地了解青瓷，更深入地体会青瓷的美，还需要深入了解中国青瓷背后的文化思想内涵。本文通过分析研究传统青瓷思想和现代青瓷创作理念，让世人更全面地了解中国青瓷，拓展青瓷的审美理论研究。

### （二）研究方法和研究内容

通过搜集与研究目的相关的文献，分析中国古代文化思想与青瓷的色彩、造型、釉质等方面的关系，研究传统青瓷思想。另外通过对现代青瓷作家的艺术创作进行考察，选择出有代表性的青瓷作品进行分析，研究现代青瓷的创作

---

**作者简介**：杨吴伟，浙江云和人，博士，副教授，丽水学院中国青瓷学院副院长。

思想。

本文主要关注中国青瓷思想的传承与发展，简要介绍了青瓷的历史发展过程和著名的青瓷窑系，分析了青瓷在中国文化中的象征性、青色的思想崇拜、玉石的审美追求，以及道家思想的自然法则，这些都是古代青瓷的艺术精神。现代青瓷艺术家的创作继承了传统的工艺特点，同时追求创新的表现形式，在中国传统文化中发掘灵感，深化创作主题，注重个人情感的传达，让现代青瓷成为有思想的艺术品。

## 二、本论

（一）中国青瓷概要

青瓷最早在中国诞生，对整个陶瓷史影响深远，持续发展了几千年，中国各地的青瓷窑口在不同时期都创造了属于时代的辉煌。地域的区别，文化的差异，不同时代的思想文化、艺术审美都在青瓷的色彩、造型、装饰等方面得以体现。青瓷早期的制作与佛教文化、道教文化等宗教文化完美结合，共同创造了传统青瓷的文化艺术特色，并且随着社会的发展和变迁，逐步演变和固定成为特定的艺术形式和表现内容，流传至今。

1. 青瓷发展阶段

青瓷是在制成的陶瓷坯体上施青釉（以铁为着色剂的青绿色釉），然后在还原焰中烧制而成。成熟青瓷的烧制成功，应始于东汉晚期，在浙江上虞县小仙坛东汉遗址中出土了达到成熟瓷器①标准的瓷片，标志中国进入瓷器时代。宋代是青瓷的鼎盛时期，宋代五大名窑"汝、官、哥、定、钧"中的汝窑、官窑、哥窑都是以青瓷产品闻名。另外，还有浙江龙泉窑青瓷、陕西铜川的耀州窑青瓷等。元代的青瓷以浙江龙泉窑的发展最为繁盛。明清以来，彩瓷的兴起使景德镇成为瓷器生产中心，青瓷窑口逐渐衰败，只有民间仍在少量烧造日用青瓷。

直到中华人民共和国成立后，出于民生需求和对传统工艺文化的保护，国家提出了对陶瓷业生产和传统陶瓷艺术的保护和发展方针。1957年，周恩来总理提出："要尽快恢复祖国的历史名窑，首先要恢复龙泉窑和汝窑的生产。"国家轻工业部作出了《关于恢复历史名窑的决定》，开展青瓷传统生产技术恢复工作，青瓷迎来了全新的现代发展期。

2. 青瓷的历史名窑

中国历史上的越窑、汝窑、官窑、龙泉窑、耀州窑都属青瓷窑系，它们生产的瓷器是中国古代青瓷的杰出代表。浙江省上虞县在唐朝时称越州，所以这一带的瓷窑统称越窑。越窑最著名的青瓷品种是秘色瓷（图1），其特点是胎

---

① 成熟瓷器：具有瓷器光泽，胎釉结合紧密，瓷胎硬度强，吸水率低，烧成温度达到1 200 ℃以上。

图1　秘色瓷

图2　汝窑青瓷

骨较薄，施釉均匀，釉面光洁，釉色青翠莹润。越窑持续烧制了1000多年，于南宋初期停烧，是中国持续时间最长、影响范围最广的窑系。

汝窑位于河南省临汝县，宋代时隶属汝州，故名汝窑。汝窑青瓷的特征是胎色呈香灰色，釉色以纯正的天青色为主，釉面较光亮，一般都有细密的开片（图2）。汝窑青瓷釉色有天蓝、月白、天青、豆青、粉青、卵白等，但不脱离天青这个基本色调。

在宋代瓷器中，官窑是一种专称，指北宋和南宋时在京城汴京（今开封）和临安（今杭州）由宫廷设窑烧造青瓷的窑口，官窑青瓷釉色晶莹剔透，有淡青、粉青、灰青等多种色调，釉质匀润莹亮，釉面有开裂纹或呈冰片状，胎骨深灰或紫色，"紫口铁足"[1] 是其特色（图3）。

龙泉窑位于今浙江省西南部龙泉市，始于西晋，北宋时期已初具规模，南宋中晚期进入鼎盛时期。龙泉青瓷胎体细薄均匀，胎色呈灰色，釉色丰富，且翠色浓艳莹润，有似青梅色泽的梅子青，有如玉石般半透明的粉青，更有青中泛黄、略带暗淡的豆青；釉面温润没有浮光（图4）。

图3　官窑青瓷

图4　龙泉窑青瓷

耀州窑在今陕西省铜川市的黄堡镇，唐宋时属耀州，故名耀州窑。该窑唐代开始烧陶瓷，北宋是耀州窑的鼎盛时期，之后慢慢衰落，于元初停烧。耀州窑青瓷胎薄质坚，釉面光洁匀静，色泽幽亮，呈半透明状，十分淡雅。装饰有刻花、印花，结构严谨丰满，线条自由流畅。"半刀泥"刻花工艺刀法犀利，

---

① 瓷器上口沿薄釉处露出灰黑泛紫，足部无釉处呈现铁褐色的现象，称为"紫口铁足"。

线条刚劲有力，刀痕有斜度，是宋代刻花技法中最优秀者（图5）。

图5　耀州窑"半刀泥"刻花

随着时间的推移和时代的发展，曾经的窑火都已熄灭，古代青瓷的辉煌都留在了过去。但其特殊的色与质，让青瓷散发温婉静谧、含蓄敦厚的特质，始终影响着中国人对青瓷的审美，体现人们对率真、美好的追求，诠释了中国传统文化思想的品格与境界。

3. 现代青瓷发展状况

现代青瓷在传承历史的基础上继续发展，随着现代科技的进步和现代艺术的发展，青瓷的科技研究、艺术创新、人才培养全面进步。青瓷在古代是具有观赏性的日用品，但在现代它已经不仅仅是日用品，而是发展成为一种艺术形式，更多的艺术家把青瓷材料当作一种媒介，用来传达个人思想和情感。现代青瓷制作的过程，已经上升成为追求其釉色、造型、工艺技巧、文化思想和作者情感的综合创作过程。现代的青瓷制作也不再拘泥于传统，发达的交通、先进的窑炉、畅通的网络打破了很多限制。青瓷创作不再是陶瓷匠人的单独所为，越来越多的画家、雕塑家等参与其中，让现代青瓷不再拘泥于传统器皿的形式，更多的作品样式通过艺术家的创作呈现出来，他们在发扬传统青瓷精华的同时，拓宽了青瓷的美学范畴，深化了陶瓷文化的内涵。

历史上著名的青瓷产区，在现代纷纷恢复了青瓷制作和生产，例如汝窑、越窑等，但现代青瓷发展最繁盛的还要属龙泉窑。龙泉窑不但恢复了青瓷的制作工艺，生产规模也相当大，产品种类非常多。2009年，龙泉青瓷传统烧制技艺被联合国教科文组织批准列入《人类非物质文化遗产代表作名录》，这是全球首个也是目前唯一入选的陶瓷类项目。

（二）传统青瓷的思想研究

玉石般莹润而略带透明质感的青色，是青瓷有别于其他类瓷器的最显著特征。青釉的质感、色泽及其透出的文化气息，与中国人的审美情感十分吻合。从商周时期出现原始青瓷开始，在漫长的发展历程中，青瓷逐渐形成了釉质温润、色彩沉静、造型典雅的审美特征，背后更是凝聚了儒家、道家、禅宗的思想精髓。青瓷将中国传统自然观与文化精神融于一体，是典型东方文化的代表，总结其精神思想，可以概括出以下三点最突出的表现。

1. 古瓷尚青

无论是偶然还是必然，青色出现在瓷器上，暗合了中国古代思想中"尚青"的文化内容。中国先秦时期手工艺专著《周礼·考工记》载："东方谓之青，南方谓之赤……以青圭礼东方，以赤璋礼南方……"在中国传统"五色"

学说里，青色是对应东方的主色。在中国人思想中，"青"常常与"天"联系在一起，同时青还意味着廉明正直。因此，中国人对青色一直就怀有敬意，这种尚青之心，在瓷器的釉色上反映为以青为主的取向。陶瓷史上有一种说法"自古陶瓷重青品"，著名的秘色瓷、汝窑瓷、官窑瓷、哥窑瓷、龙泉瓷等皆为青品。古代青瓷颜色并不是纯粹的青，种类包括月白、天青、粉青、梅子青、豆青、豆绿、翠青等。清代许之衡著有《饮流斋说瓷》，称"古瓷尚青，凡绿也、蓝也、皆以青括之"。所以古人往往将青、绿、蓝三种颜色，统一称为"青色"，古代青瓷的釉色是很丰富的。

2. 制瓷如玉

青瓷之美常喻之以"类玉似冰"，"制瓷如玉"为其审美的标准。瓷器追求釉色温润清澈的效果，是中华民族对土、石、玉审美的延展，亦是从晋至宋制瓷的审美主流。儒家提出"君子比德于玉"，儒家学说把对人生修养的目标借"玉"这一器物表达出来。青瓷审美的"如玉"标准，体现了儒家思想把重礼、重德的精神贯通于生活。这种把人格与器物的制造有机结合的方式，也是中国人独特的审美精神层次与语言范式相对应的结果。中国人有崇拜玉石的传统，所以青瓷碧玉般的色泽和质地受人喜爱。我国古代的青瓷仿玉工艺，也主要是追慕这两个方面。晚唐五代时期的越窑秘色瓷，青中泛黄，具有碧玉的质感（图6）；龙泉窑的"薄胎厚釉"瓷，胎质细腻，釉层丰厚，特别是粉青、豆青、梅子青等釉色，更显得青莹如玉（图7）。

图6 玉石与秘色瓷    图7 玉石与龙泉青瓷

3. 追求自然

道家学说强调崇尚自然，推崇天、地、人和谐共处，青瓷的青绿颜色正是大自然的色彩，符合中庸、中和的传统文化思想。道家思想以"静为依归"，而青色的幽玄、静谧也正符合了这种审美的情趣。魏晋时期玄学思想重视自然、朴素、平淡，这些思想也反映到了日常的生活中，以及对青瓷的审美取向上。所以古代文人名士喜好用清淡质朴的青瓷为茶具，以喻其清雅。自然界的树木、草地、山峰、河海都是青绿色彩的（图8），人们的眼睛便适应了这种自然环境中的青绿色调。现代科学光谱研究分析表明：人眼在明亮处对波长为

555 nm 的绿色光最敏感，在黑暗处则对 507 nm 的青色光最敏感。历代青瓷的分光反射率峰值恰好在 450~600 nm 的波长范围内。由此可知，自古人们对瓷器釉色尚青的选择倾向，实际反映了视觉器官的生理本质需求，也体现了人类对大自然色彩的依恋之情。青瓷之形、色、态，是人们对自然山水之美的感受与体验，青瓷的青色能给人带来视觉上的愉悦，能带给人无限的想象空间（图 9）。

图 8　大自然的青山绿水

图 9　各形各色的青瓷

（三）现代青瓷中的传统工艺和思想精神

1. 追求传统青瓷工艺的陶艺家

青瓷曾经盛极一时，历史发展，时代变迁，时至今日，古老的青瓷仍然受到现代人的青睐。传统的青瓷主要作为生活用品，以器皿类型为主，注重功能性。传统瓷器生产不带有个人色彩，匠人的制作是不留名的，而发展到现代，陶瓷艺术上升到现代艺术的一个分支。现代艺术重要的一点就是艺术家的个性，作品强调个人的署名，现代青瓷的创作也是如此，在造型、装饰、表现技法和意境追求上呈现出不同的个人风格。现代青瓷中，器皿类仍然是主要的类型，这种类型的作品是传统的、古典的，但又有新意，不是对古人的简单重复，其中以现代龙泉青瓷器皿最为典型。

在龙泉，从事现代青瓷器皿创作的艺术家很多，本文选取了其中比较有代表性的两位，对他们的作品加以分析。青瓷艺人卢伟孙是土生土长的龙泉人，从小学习传统青瓷制作技艺，在中国美术学院陶艺系参加过专业进修，接受了专业艺术教育，又吸收了西方的陶艺创作理念，其青瓷作品的个人风格逐渐凸显，在青瓷传统精神的基础上体现了现代风格特征。他的作品《天与地》（图10），审美上追求简练、饱满的造型，强调单纯中的丰富效果，技法上力求精湛、完美，由哥窑泥与弟窑泥绞胎制成，造型流畅，两种肌理效果的对比融合营造了天与地的幽远意境。作品《烟雨江南》（图11）用辘轳拉坯的工艺成型，采用两色瓷泥和叠、贴、揉、拍、提、拉、修、刻等方法制作绞胎作品，这种哥、弟窑结合的新品种给传承多年的龙泉青瓷注入了中国式田园抒情特色；作品《春秋罐》（图12）刻花纹饰自然简洁，配以云、水、鱼、虫等抽象图案，把传统的青瓷釉色与作者瓷艺思想相结合，将作者的艺术理念发挥得淋漓尽致。

图10 《天与地》（卢伟孙作品）　　图11 《烟雨江南》（卢伟孙作品）　　图12 《春秋罐》（卢伟孙作品）

青瓷艺人陈爱明，从事青瓷制作30多年，不断致力于青瓷的创新和推广，深入研究传统青瓷制作的各种工艺技法。他不强调突出造型的新奇，而

是将大部分的心力注入釉色及技法的组合，以此达到良好的装饰效果。"跳刀"①、刻划花、灰釉及铜红色剂绞泥，参差交互，是他最擅长的独特技法。作品《泉》（图13）以泉水为主题，在青瓷与山水之间，捕捉着共有的色泽及律动。简洁饱满的罐状造型，结合青釉，原本素色的器形在跳刀技法的装饰下，产生出丰富的纹理变化，纹饰与釉色之间产生对比，呈现了作者心中对青瓷和自然的感悟。在龙泉青瓷中，"刻划花"作为一种能够最大限度突出釉色质地特点的装饰手法，被普遍运用。作品《富贵牡丹》盘（图14），将灰釉引入了青瓷，在瓷盘边上装饰一圈跳刀纹，施灰釉，再用"刻划花"手法，在青釉盘底雕出半浮雕效果。这种主体的具象，与周遭细密抽象的"灰釉跳刀纹"，形成层次、疏密及釉色的对比。作品《云之梦》（图15）运用了铜红色剂绞泥的工艺。绞泥装饰是唐朝晚期应用于陶瓷器皿上的一种工艺，糅合、挤压不同颜色的瓷泥，形成自然的纹饰，不同色彩既相互分隔又宛若一体，在白胎青釉中加入铜红的变化，营造出中国水墨效果。

图13 《泉》
（陈爱明作品）

图14 《富贵牡丹》盘
（陈爱明作品）

图15 《云之梦》
（陈爱明作品）

2. 基于传统文化表达的陶艺家

现代一部分陶艺家把青瓷作为艺术创作的媒介，不断融合传统与现代文化、东方与西方文化，从而逐渐形成具有新时代特点的中国现代青瓷艺术。以雕塑的造型结合陶艺的表现语言来进行青瓷创作，是现代青瓷艺术中最有特色的话语方式。传统青瓷中也有雕塑作品，例如青瓷佛像，以及古代殉葬品中许多动物和日常生活场景等的小雕塑，它们大多由匠师信手塑成，自然生动，体现了匠师们朴素的审美经验。现代陶艺发展以来，各种材料的表现力被充分发掘。应时代的发展需求，陶艺家把生活方式、现代审美情趣和艺术观念结合起来，发掘出新的表现方式和审美情趣。青瓷可以说是传统意义上的视觉符号，这种视觉符号被运用到现代陶艺创作中，比较容易表达传统文化的精神内涵。

---

① 跳刀：现代龙泉新的工艺技法，用于装饰坯体表面。修坯过程中，用竹刀或铁皮刀接触旋转的坯体表面，旋转自然发生抖动，刀在坯体表面上留下排列规则的纹样。

所以越来越多的艺术家关注这个材料，创作了很多有影响力的现代青瓷作品。

许多陶艺家尝试将雕塑与青瓷相结合，他们从不同的角度，为雕塑与青瓷的融合提供了独特而丰富的视觉体验。运用雕塑和现代陶艺手法，立足本土文化，汲取传统艺术中的经典符号，运用意象化的表现手法，用青瓷材料结合造型的形式来诠释传统文化主题，成为现代青瓷创作较独特的方式。其中最具代表性就是景德镇陶瓷学院的姚永康教授，其作品《生态娃》（图16）由泥片泥塑成型，充满活力的小生命"孕含"在花瓣之中，它预示着新生命的诞生，更有着中国传统民俗文化中"连生贵子"的美好寓意，作者使传统吉祥的题材在现代陶艺中找到了契合点。作品《世纪娃》之一（图17），立足于中国民间艺术，创作符号借鉴民间年画

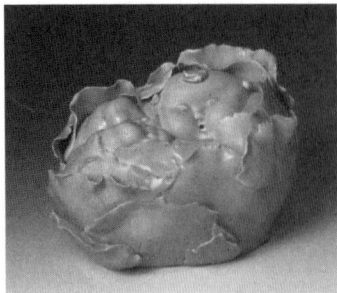

图16　《生态娃》（姚永康作品）

中童子的形象，并将中国古代写意绘画语言运用到青瓷雕塑中。运用荷叶、鱼的形象，突出"连年有余"的寓意，通过泥片、泥条与主体娃娃连接转变，自然成型不加过多修饰，结合自然透明的青釉，充分显示了作者对瓷的泥性的高度把握，以及对材质文化内涵的深刻理解。作品《世纪娃》之二（图18），流连于抽象与具象之间，具有抽象表现主义的风格特点，形象概括的马及抽象的泥片纹饰生动展示了传统文化题材；罩以景德镇的传统影青釉，表现了鲜明的文化背景和中国艺术的现代情趣。

图17　《世纪娃》之一（姚永康作品）

图18　《世纪娃》之二（姚永康作品）

艺术家黄胜教授的青瓷雕塑作品中散发着一种儒雅、淳厚、平和的文人气度，题材、形式及釉色已经完全融为一个整体，超越了技术的羁绊，进入到艺术创作与审美的自由境界。作品《月下闻琴》（图19），用极为成熟的陶瓷雕塑造型手法塑造了端庄从容的人物，他们抚琴于月下。作品通过描绘传统文化生活的片段，勾勒出在生活中占有重要地位的精神生活之美，表达对静泊处事的人

生境界的追求，让观者对纯洁高尚的温情厚意心生向往。作品《空山新雨》（图20），简单的形态，纯净的青色，创造了一种自然的意境，将空山雨后的秋凉、松间明月的光照、石上清泉的声音和谐完美地融合在一起，给人一种丰富新鲜的感受，向人们展示了一幅清新秀丽的山水画。作品《逍遥》（图21），

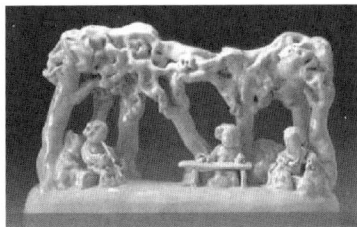

图19　《月下闻琴》（黄胜作品）

形体简单甚而模糊，脱离传统陶瓷的塑造手法与造型趣味，作者向我们展示了一种更为整体和宽广的场景，流畅而含蓄的轮廓线向我们展示了山水温柔包容的宽厚之美，穿插其中的依稀人物，听泉、行吟，无不表达了作者对人与自然"合一"的向往与追求，作品散发着清新雅致、内敛抒情的中国文化审美意境。

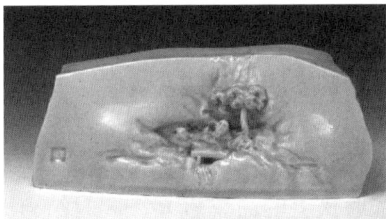

图20　《空山新雨》（黄胜作品）

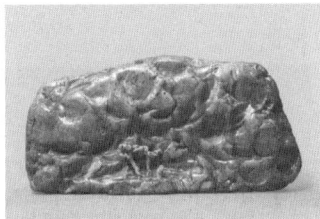

图21　《逍遥》（黄胜作品）

## 三、结论

本文是对中国青瓷的文化思想和现代创作展开的研究。

第一部分简单概述了青瓷的历史发展，分析了各个时期青瓷的发展情况，介绍历史上有名的青瓷窑系及其艺术特征，感受青瓷的辉煌历史。中华人民共和国成立后，青瓷得以恢复发展，新时代的青瓷继承了古代青瓷的精华，呈现了新时代的美学特征。

第二部分讨论了古代青瓷与文化思想的关系。从古至今，青瓷艺术蕴含着深厚的传统文化内涵，并通过独特的工艺美表达着传统审美观。道家的朴与拙，儒家的仁与德，在青瓷发展中都有着重要的审美引导性。中国人自古崇尚青色，古代色彩观中有着青色为东方主色的思想。另外，中国人还崇尚玉文化。玉石色彩纯净，温润高雅，象征着高尚的品德。儒家思想最重视人的品德，青瓷色彩和釉质与玉石相似，于是受君子所爱。青瓷的色彩还与大自然相融，人眼习惯自然界的青山绿水，因此青瓷之色甚是顺眼。道家思想追求"天人合一"，崇尚自然、平淡，青瓷自然的色彩、简洁流畅的造型都符合这种思想。青瓷的创作和欣赏统一于传统审美观之中，用可见的瓷器造型和釉

色,反映出各时期人的精神内涵和时代意识。

第三部分针对现代青瓷的创作展开研究。现代青瓷的发展呈现两种方向,传统瓷区的本土艺术家,他们追求传统青瓷的技艺和文化精神,结合现代思想来创作青瓷作品,文中列举了当代龙泉很有代表性的艺术家,通过分析他们的作品,展现现代龙泉青瓷的模样。现代龙泉青瓷继承宋代青瓷厚釉的技术,遵循传统釉质和色彩的追求,在工艺上不断创新,"跳刀"工艺、胶泥工艺、现代感的造型、装饰等让青瓷作品更具个性。另一个方向是传统青瓷产区以外的艺术家创作。他们大多数经过系统的艺术教育,有比较成熟的文化观点和创作理念,在创作中表现自己对青瓷文化思想的理解,并注重个人情感的表达。通过对两位当代有影响力的艺术家作品的欣赏,让人们对现代青瓷有更深刻的理解。他们的创作脱离了青瓷器皿的形态,从中国传统文化中寻找主题,用青瓷自然纯净的色彩,表达个人的文化思想。现代青瓷创作是多元化的,不再是停留于对自然的再现感性阶段,而是追求艺术家对思想、文化的思考及个人创作情感的表达。

从第一件青瓷器的出现,到其后的发展和繁荣并对陶瓷历史产生影响,它所表现出的意义早已超越了器物的技术层面,更重要的是它蕴含着丰厚的思想内容和文化张力,体现了中国传统哲学思想和文化精神。现代青瓷在传承过去古典特征和优异文化的基础上,突破艺术形式上的简单重复,同时结合时代的背景和人们审美的需求,在继承传统的基础上不继创新。

现代青瓷注重传统文化根源,结合新的文化艺术形式,呈现新的面貌;注重追求富于感情的自然美,将青瓷艺术特征、艺术家情感和传统艺术文化精神通过作品表达出来。现代青瓷发展要更广泛地与世界交流,在当前语境下,重塑传统文化精神对艺术创作有很重要的作用。中华传统文化灿烂辉煌,内涵丰富,中国艺术家要深入发掘传统文化精神的养分,创作有本土特色的作品。现代青瓷文化的研究者需要以广阔的艺术胸怀,严谨的研究态度,活跃的创作心态,纯净的文化情怀来研究青瓷,去探索青瓷的文化内涵和生命精神,创作出具有现代意味的青瓷艺术作品。

## 参考文献

[1] 骆自强. 传统文化导论 [M]. 上海:上海古籍出版社,2003.
[2] 熊寥. 陶瓷美学与中国陶瓷审美的民族特征 [M]. 杭州:浙江美术学院出版社,1991.
[3] 徐复观. 中国艺术精神 [M]. 上海:华东师范大学出版社,2005.
[4] 王强,包小光. 中国传统文化精神 [M]. 北京:昆仑出版社,2006.
[5] 柏悦德. 中国青瓷史 [M]. 哈尔滨:黑龙江美术出版社,2006.
[6] 王成武. 龙泉青瓷发展现状研究 [D]. 杭州:中国美术学院,2010.

［7］ 李刚 . 青瓷风韵［M］. 杭州：浙江人民美术出版社，1999.

［8］ 许群 . 解读青瓷［J］. 装饰，2004（10）：61.

［9］ 许群 . 青瓷的人文精神［J］. 雕塑，2005（02）：51.

［10］ 李明珂 . 守护与超越［D］. 景德镇：景德镇陶瓷学院，2008.

［11］ 黄胜 . 论现代青瓷的艺术表现［J］. 艺术百家，2008（S1）：136-138.

［12］ 陈纪新 . 溪山问古——谈黄胜的青瓷雕塑［J］. 今日艺术，2008（09）：85-89，84.

［13］ 吴可玲 . 传统青瓷艺术的当代审美观［J］. 民族艺术研究，2013（05）：124-129.

［14］ 袁义宏 . 传统审美观对青瓷的影响［J］. 美与时代，2013（10）：41-43.

# 山沟沟里飞出的"金凤凰"

## ——叶氏哥窑简记

### 吴士祥

（丽水学院　民族学院）

**摘　要**：本文是笔者经过走访、调查，听取"叶氏传世哥窑"创始人叶德奎先生的生前事迹，通过传世哥窑创办初期的经济拮据和困难、创办中期的失败和最后的成功，对浙江云和县的"叶氏传世哥窑"的创办历程进行梳理，这对保护和发展传世哥窑都具有积极的意义，对研究"叶氏传世哥窑"的传承也具有重要意义。

**关键词**：叶德奎；云和；传世哥窑

云和县，位于浙江省的西南部，为丽水市下辖县，周围群山环抱，拥有"九山半水半分田"的俗称。但就在这个区区十多万人口的小县城，却藏着一只"金凤凰"。

20 世纪 80 年代，在浙江丽水的瓯江上兴建大型水利工程时，施工人员挖掘出大量用于砌窑的材料，当时施工单位不确定出土为何物，就迅速上报上级文物部门。

文物部门经过勘查后，认为此次施工中出土之物为古窑窑体。消息一出，便引起了国家文物部门的高度重视，经过国家文物部门进一步勘查和挖掘后，惊人地发现此处为古窑窑址遗群，并确定为宋元时期的古窑窑址遗群，还极有可能为哥窑窑址遗群。

这则消息震惊世人，首先令人震惊的是，谜团重重的"哥窑"窑址出现了；其次，出土地不是龙泉，而是距之一百多里远的云和。

## 一、云和叶氏传世哥窑的缔造者

云和的古窑窑址出土的消息不仅引起考古专家的关注，同时也深深地吸引住了一位老人的眼球，他就是叶氏传世哥窑的缔造者——叶德奎先生。

叶德奎先生（1934—2005），号雁沙，云和人。20 世纪 60 年代时，他曾在龙泉的上垟瓷厂学艺，与其一同学艺的还有当今的"国家级青瓷工艺大师"徐朝兴。因叶德奎先生自幼聪慧、勤奋好学、为人谦和，又遇名家授业，熟练

---

作者简介：吴士祥，河北邯郸人，硕士，丽水学院音乐系讲师，研究方向：艺术学。

地掌握了青瓷的窑炉制作、选材、造型、烧制等几十道工序。

至 20 世纪 80 年代时，叶老的工艺水平和制瓷技术已如日中天。由于自身是一位陶瓷工作者又是云和人的缘故，"云和的古窑窑址遗群"消息一出，便在这位老人内心掀起了波澜。

哥窑的特征是什么，工艺为何样，材料又如何……叶老反复地思考着这些问题。

## 二、深谋远虑施展宏图大志

叶老一生虽生活拮据、朴素，但做事有勇有谋。叶老从国营瓷厂退休后，每月百元的退休金用于贴补全家。在没有任何科研经费来源的条件下，叶老有一个大胆的想法，自己研究哥窑，这在当时来说不是一件小事，也不是件简单的事情。但叶老就是凭借其对传统工艺的理解和青瓷全套生产工序的掌握，决定让哥窑工艺重见天日，绽放光彩。

首先是解决材料问题，为了找到合适的原材料，叶老不辞辛苦，多次上山寻找矿源。为了更好地对土质进行辨认和分类，叶老对不同区域的矿土进行归类和编号，分别进行实验。老人以泥土为伴，反复寻找合适的泥土，这也使他成了"最懂泥性的人"。

接下来就是对窑炉进行设计，为此叶老经常前往古窑窑址遗群参观，对窑址遗群布局、结构、框架、规模等反复进行绘图和研究。最终，他确定了自己的设计方案，但是困难也随之而来。建窑的经费从何而来？材料去哪里找？面对困难，艺高人胆大的叶老，在能省则省的前提下，用最不起眼的材料，将一口功能奇特的廉价窑炉建了起来。

叶老对待瓷器研究认真谨慎，追求完美。他将自己寻来的矿土，进行配方调试，并且亲自拉坯、上釉，每一个环节都反复观察、研究，形成的理论体系记录在册，让其成为自己和后人日后研究的重要理论依据。

## 三、金尽裘敝终见天道酬勤

叶老长期只身一人在山里搞研究、烧瓷器。由于长期的入不敷出，使本来就不富裕的家庭更是雪上加霜。虽然面临各种压力，但是老人家没有丝毫的退缩，毅然顶着压力继续完成不忘初心的"哥窑"情怀。

功夫不负有心人，通过长时间的经验积累和成千上万次的实验，叶老终于烧出了自己心仪的作品。叶老烧制的哥窑作品，各项技术指标都达到了清宫内传世哥窑作品的要求，虽不为以假乱真，但其作品让世人难辨真假，堪称一绝。

哥窑瓷器终于重见天日了，老人对着作品激动得说不出话，因为这小小的瓷器不仅凝聚着老人家的心血，更体现了千百年来劳动人民的智慧结晶。

## 四、尊重艺术尽显艺人情怀

叶老自身高贵的艺术家气质,没有在困难前潦倒,没有被金钱压垮。就在叶老成功的消息不胫而走之时,很多商人慕名而来,出高价竞相购买叶老的作品,虽然此时老人家最需要的是资金,但老人都婉言谢绝了。

老人家并非不食人间烟火之人,老人会将其心爱之作赠予有缘之人。老人家曾说过,"不能让作品流到不该得到的人手上"。

人常说"字如其人,画如其人",其实瓷器也是如此。从瓷器中可以看出创作者的精神、情怀、生命力等这些无法言传的神秘信息。当我们捧起叶老的作品时,便会莫名地肃然起敬。因为叶老的作品不仅体现了哥窑的神秘和妩媚,更是老人家不卑不亢、坚持不懈、顽强拼搏、开拓创新的精神体现。

## 五、结语

叶德奎先生对哥窑艺术的不断探索,使云和的叶氏传世哥窑成为哥窑艺术研究的典范,成为仿古瓷生产工艺的一面旗帜,也成为我国当代陶瓷工业发展历程中的一座丰碑。

**参考文献**

[1] 吕成龙. 太璞古香——叶氏哥窑瓷器精品集 [M]. 北京:故宫出版社,2014.
[2] 《云和县志》编纂委员会. 云和县志 [M]. 杭州:浙江省人民出版社,1996.

# 哥窑与弟窑的鉴赏与探究

## ——评《哥窑与弟窑》

### 吴士祥

（丽水学院　民族学院）

**摘　要：** 对研究宋代龙泉窑的《哥窑与弟窑》一书进行了梳理和介绍，在侧重介绍著作内容的同时，对作者博览群书、引经据典、实地考察的研究方法和严谨的研究精神予以充分的肯定。

**关键词：**《哥窑与弟窑》；龙泉窑；哥窑；弟窑

中国的瓷器文化作为中国传统文化的代表，在海内外享有盛名。根据制瓷工艺与其发展历史，在众多的瓷器种类中，五大名窑凭借其精美优质的形制及复杂精细的工艺，一直是瓷器产业中的佼佼者。在当今对于五大名窑的历史考古与文化探究中，只有哥窑尚未找到确切的窑址。弟窑作为民间制瓷工艺的巨擘，与哥窑一起在我国青瓷发展史上占有极其重要的位置。人们谈论宋代龙泉窑时，都是以哥窑和弟窑作为主要对象。但是，由于后人无法找到确切的哥窑地址，同时，在历史发展过程中，哥窑与弟窑作品都有不同程度的遗失与损坏，人们对于哥窑和弟窑的了解并不详细。直到 1945 年，徐渊若著、龙吟书屋出版的《哥窑与弟窑》一书对它们进行了详细系统的介绍，人们才得以窥见哥窑与弟窑的更多面貌。

徐渊若的这本《哥窑与弟窑》，先对哥窑与弟窑进行了概要简介，对哥窑与弟窑的存在时期及其所在地进行了探讨，并对其发掘、仿制和鉴别进行了精细的分析。然后对哥窑与弟窑的瓷器从胎骨、釉色、开片、花纹、款式五个方面进行了研究。最后以随笔结束，另外附有龙泉青瓷图录和参考书目录。在文字叙述部分，我们可以看到大量古代典籍的引用，例如对哥、弟窑时期及所在地之探讨这一章节，作者引用了《典略》《云谷卧余》《天工开物》等典籍，不仅交代了哥、弟窑的相关传说和历史，还为著作内容增添了趣味性和可读性。在关于哥、弟窑历史的典籍记载中，《云谷卧余》记载南宋时期"龙泉有章姓者，兄名生一，弟名生二。兄、弟各主一窑，而生一所制为佳，故以哥窑别之"。这样的文字不仅交代了野史记载中哥窑与弟窑的来历，还让人们在瓷器的文化价值之外体会到了历史的趣味。

---

**作者简介：** 吴士祥，河北邯郸人，硕士，丽水学院音乐系讲师，研究方向：艺术学。

此外，作者在叙述中重视对于窑址的实地考察，对于地下出土的瓷片进行研究和判断，书中的内容建立在对已出土瓷片及相关文献的研究之上，尽量避免自己的主观臆断。在这种冷静客观的叙述背后，我们可以体会到作者对于哥窑与弟窑研究的热爱。该书的补录部分，主要由手绘图片构成，涉及瓷器的开片、花纹、款式三个主题。作为对该书内容的补充说明，补录部分与书的主题内容相辅相成，前后呼应，让该书的内容更加完善，让读者的阅读体验更加丰富。

《哥窑与弟窑》这本书是作者在博观群书的基础上完成的，在书中可以看到作者对陈佐汉著述内容的见解和评判，也有多处引用，但是两者之间并不是单纯的借鉴关系。例如，该书中的"龙泉青瓷图录"就是在分类的基础上对文字部分做的补充，而在陈佐汉的图录中只是单纯的作品图片，因此，从这一角度来看，徐渊若的著作更偏重学术研究。在"哥弟窑之仿制"这一部分中，作者在文献梳理的基础上，完成了对仿制过程的描述。从《典略》《陶说》《中国陶瓷史》，到《古欢室青瓷研究浅说》，再到民间老人的口述，作者做了大量的文字记录工作，并在最后的总结中说道："仿制之难，第一步为胎骨，第二步为品名式样，第三步为釉彩。"所以，古时用的原料，经过历史的变迁，在当下很难找到，而古代科研意识的薄弱，导致相关研究很少，从而使瓷器的仿制过程困难重重。作者用一种逻辑严密的叙述方式，向读者和相关研究者展示了哥窑与弟窑的具体情况。从研究层次上来说，该书总结前期文献，全面系统地描述了哥窑与弟窑的大致面貌，为后期的相关研究提供了参考和借鉴。

瓷器一直是中国文化的重要代表。作者基于对瓷器文化的热爱，以一种严谨的学术态度对哥窑、弟窑瓷器开展研究，进行了专业化程度很高的描述和评论。值得一提的是，这本1945年出版的著作，2014年由西泠印社重新排版印刷，但仍以竖版繁体字的形式呈现，与瓷器文化本身所带的传统意味遥相呼应，在当今的现代图书范式中，给读者以耳目一新与回归传统的阅读体验。总体来说，《哥窑与弟窑》这本书用生动精练的语言文字及大量的作品图片，将读者带入了瓷器文化的世界，使读者对哥窑、弟窑瓷器有更加深入的了解，体会到文化在历史的流淌中所带来的韵味。

# 云和叶氏哥窑制瓷技艺与
# 中国传统瓷器文化

## ——评《太璞古香——叶氏哥窑瓷器精品集》

### 吴士祥

（丽水学院　民族学院）

**摘　要：**对《太璞古香——叶氏哥窑瓷器精品集》一书进行了解读，指出该书对宋代哥窑有着细致而全面的探究，如对宋代哥窑的窑炉形式进行了设想与实验，对制瓷使用的主要燃料、制瓷原料进行了推断，其要旨是对哥窑窑址之谜做一大胆的探索。该书体现了作者对瓷器艺术的热爱之情，其文字生动活泼、形象逼真，为叶氏哥窑瓷器作品增添了艺术色彩与文化价值。

**关键词：**叶氏哥窑；哥窑窑址；窑炉形式；制瓷燃料；制瓷原料

瓷器是我国国粹文化的重要组成部分。它凭借优美精致的外形及复杂烦琐的工艺，受到人们的关注和欣赏。在陶瓷发展的历史中，哥窑凭借其独特的造型与形制，位列五大名窑之一，同时也是目前唯一一个尚未探清其窑址所在地的陶瓷品种。在浙江云和，有一位名为叶德奎的老先生，凭借对哥窑的热爱，不断探索哥窑文化的经典艺术作品，完成了有名的叶氏哥窑制瓷工艺体系。吕成龙先生所编写的《太璞古香——叶氏哥窑瓷器精品集》（故宫出版社 2014年版）一书，从艺术鉴赏的角度，全方位地展示了叶氏哥窑瓷器的特点。

《太璞古香——叶氏哥窑瓷器精品集》一书以图版呈现的形式让读者进行视觉欣赏，同时，也对哥窑制瓷技艺在当代的恢复与传承进行了文字说明。在图版陈列的部分，编者按照瓷器的外形颜色，从米黄釉、炒米黄釉、月白釉、青釉、灰青釉、淡青釉、粉青釉到天青釉，列举了上百幅叶氏哥窑瓷器图片，向读者展示了中国瓷器文化的博大精深与多种多样，让读者在获得视觉体验的同时，也对我国瓷器文化有了更深入的了解。

首先，《太璞古香——叶氏哥窑瓷器精品集》一书是对哥窑窑址之谜的一次大胆回答。我们的前辈曾对宋代哥窑瓷器进行了长时期的探究和讨论，而经过遴选的"传世哥窑"现主要收藏于故宫博物院、台北"故宫博物院"、上海博物馆等大型博物馆内，受到了人们的极大关注。通过编者的内容安排，我们

---

**作者简介：**吴士祥，河北邯郸人，硕士，丽水学院音乐系讲师，研究方向：艺术学。

可以看到叶氏哥窑在哥窑文化探索中的成就与贡献。这是在对哥窑文化有充分了解的基础上进行的大胆尝试，更是对宋代哥窑传统制瓷技艺的深度探究。通过这本书的文字内容我们可以看到，其对宋代哥窑有着细致而全面的探究。在没有考古资料的前提下，首先对宋代哥窑的窑炉形式进行了设想与实验，并认为宋代哥窑以木材作为主要燃料，因而能呈现出丰富多样的色彩。然后，对宋代哥窑的制瓷原料进行了猜测。在充分考察历史文化与地理环境的背景之下，基于对古代皇室审美情趣和治国哲学的了解，推测古代工匠偏向于应用"改变工艺以适应原料"的原则，进行釉料和坯料的选择。叶氏哥窑在对制瓷工艺的探索和叙述过程中，仍是以对传世哥窑窑址的探寻为出发点的。

其次，在阅读欣赏过程中，读者可以体会到作者对瓷器艺术的热爱之情。对于神秘而又精美的哥窑艺术，作者用"不可复制"和"伟大"来形容，让读者了解到每一件哥窑艺术作品都是独一无二的。矿产资源的随机分布及微量元素之间的微小差异，导致每次制瓷的釉料和坯料都不是完全相同的。同时，作为手工艺品，瓷器会在尺寸和形状上有比较大的波动范围，再加上烧制过程中烧制方法与"火"的不可控制，这些都导致哥窑作品的"不可复制"。另外，制瓷过程也是一个艺术打造的主观化过程，制瓷者的心态变化及审美理念都会影响作品的特性与呈现。

该书的文字内容与图片互相呼应，在普及叶氏哥窑制瓷工艺的同时，带给读者一种美的阅读体验。其文字生动活泼、形象逼真，为叶氏哥窑瓷器作品增添了艺术色彩与文化价值。该书对于当代传世哥窑文化的定位是非常高的，说它不仅是一门工艺，更是一种文化的集大成者，在我国5000年的历史发展中，将金、木、水、火、土五种自然事物打造成为人类精神的代表。真正的瓷器不仅仅是人工技艺的精湛展现，还体现人与自然之间的契合。

总体来说，《太璞古香——叶氏哥窑瓷器精品集》这本书用生动精练的语言文字及大量的作品图片，将读者带入了叶氏哥窑瓷器文化的世界，让读者在欣赏瓷器的基础上，体会到文化在历史的流淌中所带来的韵味，以及制瓷者的工匠精神，从而对我国的瓷器文化有一种全新的认识。

# 云和叶氏哥窑传承与创新工艺

## 吴士祥

（丽水学院　民族学院）

**摘　要**：课题组以云和叶氏哥窑为代表，对叶氏哥窑的选择原料、传统手工艺的随机特点、烧成工艺的复杂变化、纹片"天成"机制、心态自然变化对作品的影响进行了探究。研究目的在于打破大家对青瓷传统的"户籍"观念，凭借龙泉青瓷的名气，让非龙泉籍的青瓷也能有生命力，使青瓷能长远地发展下去。

**关键词**：叶氏哥窑；工艺；传承

## 一、课题调研情况

南宋、官窑、哥窑、青瓷……这些词放在一起，我们的目标会锁定在一个地方，那就是龙泉。不可否认，龙泉青瓷是我国陶瓷史的一面旗帜，是南宋官窑的一张名片，是人类文明史上的一颗明珠。

哥窑并非龙泉一地之有。课题组成员通过走访、调查，发现除龙泉外，在苏、浙、闽一带，有大大小小的哥窑（包括在产窑和遗址）520余处，并且以云和县叶氏哥窑最具典型性和代表性。为此，课题组以云和叶氏哥窑为代表，对非龙泉籍哥窑的原料、生产及"紫口""铁足"等独特现象进行分析，对当代的窑口进行研究，以达到保护和传承的目的。

本课题成员多为浙江省龙泉青瓷协同创新团队的核心成员，他们具有较扎实的科研和实践能力。在申报本课题之前，主持人将想法与俄罗斯工艺大师彼得洛耶夫教授进行过沟通，得到了该教授和其团队的大力支持。最值得一提的是，本课题得到了国家级工艺大师叶克伟先生的大力支持，在叶克伟先生的帮助下，课题组拿到了叶氏哥窑工艺特点的重要资料，观看了叶氏哥窑的一系列传统制作工艺，感受到了叶氏哥窑的"工匠精神"，并且欣赏了叶氏哥窑的"天工之作"（图1）。

图1　调研叶氏哥窑

**作者简介**：吴士祥，河北邯郸人，硕士，丽水学院音乐系讲师，研究方向：艺术学。

## 二、课题调研成果

传统哥窑是一个较宽泛的概念，本课题主要以叶氏哥窑为研究对象，并未特指某处窑址和其制瓷工艺特征，课题研究旨在抛砖引玉，为传世的"宋哥窑"窑址定义和成瓷研究提供部分参考信息，提出一些建设性的研究方向，并对现有叶氏哥窑的传统工艺进行保护和传承。

宋代"哥窑"是陶瓷史上最神秘的古代名窑，哥窑的标准器大多来自清宫旧藏，现存于世的数量也不过两百件，号称"传世哥窑"。其艺术造诣极高，备受皇家推崇。然而其窑口究竟性质如何，归属何处，却一直是困扰鉴赏家的千古谜团。现如今，专家们讨论陶瓷史上著名的"哥窑"时，经常会提起一个陌生的地名"云和"和一个老人的名字"叶德奎"。按理说这样著名的窑口应当和景德镇、龙泉等瓷业发达的地方有关联，怎么会与一个毫无瓷业基础的"云和"扯上关系？其与龙泉窑有何不同？

通过对云和叶氏哥窑起源、发展的研究，对其原料的选择和加工、独特的叶氏窑炉、传统手工艺成型、多层烧结、多次上釉、御火烧制、纹片的生成和沁涂等别具一格的制作工艺进行分析，达到对其进行保护和传承目的，使其更具有活力和市场竞争力。

本课题主要研究叶氏哥窑特征形成的工艺学原理，涉及叶氏哥窑的主要工艺技术。

一是选择原矿原料的丰富特性。矿产资源具有随机分布的特点，叶氏所采矿区地质复杂，矿脉规模极小，几乎每次采矿都会产生微量元素的区别。

二是传统手工艺的随机特点。手工艺的特点是不言而喻的，在瓷器的成型工艺环节具有一定的随机性，作品会在尺寸和形状上有较大的波动范围，这恰恰是手工作品的可贵之处。

三是烧成工艺的复杂变化。"火"是人类科技尚无法完全把握的一种自然力量，它具有许多不为人知的特性。古代窑工通过长期的摸索实践，总结了许多复杂的瓷器烧制方法，这些方法大多失传，仅留下一些现代人无法复制的瓷器精品。依照传统方法烧制瓷器，可谓变化万千。

四是纹片"天成"机制。纹片犹如指纹，其生成的因素非常复杂，可以说几乎所有的工艺环节都会影响开片的生成方式。如胎釉原料的成分、干燥的过程、手工成型的方式、胎釉的厚度、烧成的温度等，我们无法完全控制其最终效果，只好勉强称其为"天成"。

五是心态自然变化对作品的影响。创作者审美心态的变化会影响作品的特性，这是很好理解的艺术特征。就像书法家的书法作品会随阅历的增加而不断变化，瓷器艺术也有这一规律。

瓷器制作师常常用"超级杂技"来形容这一技艺：好比一位杂技师，在上下叠加的五根滚动木柱上保持平衡，任何一根木柱发生变化，需要调整其他所有木柱，才能达到新的平衡。

　　叶氏哥窑各个层面的工艺特点就好像这些可以滚动的木柱，一般人站在一根滚动木柱上保持平衡已经非常不易，更何况多根叠加。这已经不能用"难"来形容，只能说一句："水火求瓷，得天地助方可成之。"

## 三、结语

　　本课题对云和叶氏哥窑的研究，打破了大家对哥窑传统的"户籍"观念；利用叶氏哥窑的传统工艺来体现和谐、自然、朴素、沉静、天人相应的秉性；借助龙泉青瓷协同创新平台和科研资源，使科研与实践结合，学校和企业合作；凭借龙泉青瓷的名气，让非龙泉籍的青瓷也能有生命力，使青瓷能长远地发展下去。

# 感 性 之 器

## ——寄语2018届中国美术学院陶艺系毕业生作品展

### 戴雨享

**摘　要：**站在全球化的角度，对艺术教育的环境因素进行深入的分析，为使日益科学化的艺术教育、手工艺教育重回正轨，必须深刻认识和把握东西方艺术的特质及共融性，进而升华为心灵活动和生命本质的外化。基于此，中国美术学院陶艺专业走出一条有鲜明特色的"中正之路"，培养了一批有担当、有个性、富有创造力的研究生和本科生，其作品具有较强的思想性、表现力和艺术感染力，为弘扬当代陶瓷艺术打下了坚实的基础。

**关键词：**陶艺教育；视觉艺术；人文精神；东方美学

今年的中国美院校庆期间，"国际美术学院院长论坛"提出一些问题：面对全球范围内艺术的市场化、大学的体制化、感性的贫困化，如何重塑艺术的创造与教育；为了让日益学科化的艺术教育重新成为"有情之学"和"有为之学"，为了再次获得心灵的自主、胸襟的坦荡与智识的通达，学院将以怎样的姿态重新出发。

今天我们面临世界文化艺术的多元化。在现代艺术人文语境下，当代手工艺在传承与拓展，人文与艺术，当代与前沿等方面以怎样的姿态展开思考是面临的一大问题。中西艺术在语言、思想与精神上具有共融性，从东西方两种绘画艺术中体现出形、神及气韵等因素丰富而卓越的表现力，进而升华为心灵活动和生命本质的外化形式。

中国艺术以阴阳关系的存在表现空间，基于对结构本质形体自身空间的认识，并运用视觉关系及虚实的处理，使线条围绕在本质空间的秩序之中，穿插、争让、提按、转折，形成具有书卷气品格的空间关系，这也正是谢赫《六法》中所提出的"气韵生动""骨法用笔""应物象形""随类赋彩""经营位置""传模移写"境界，这既是对中国艺术空间意义的认识，也是对绘画本质的认识。换言之，当代陶艺创作追寻"原创""个性""有容乃大""深见器重"等创新精神与哲学思想，并将优秀传统陶瓷造型及装饰语言等悠久典雅的文脉，融入当代陶艺创作中。中国古代造物思想，尊崇自然、注重材质

作者简介：戴雨享，中国美术学院教授，硕士研究生导师。

和物我和谐等对人性的尊重和对器物文化内涵的追求，重新影响着中国当代陶艺创作的精神世界。强调作品的人文性、艺术性、思想性，是中国美术学院陶艺专业秉承的教学理念。

又一届陶艺专业本科生和研究生毕业，窑边思泥，集腋成裘；他们青春的笑容，忙里偷闲的游戏；创作中的迷茫，失败时的困惑；开窑时的百态，成功时的喜悦；后期制作付出的汗水，最后呈现的效果；多元的创作表现手法，展览效果的最终呈现，三年专业学习的总结；他们当中有些人，可能从此不再碰陶，然而半年的创作时光虽转瞬即去，但已深深地刻入他们的人生印迹中。多年后回首，大学时代的经历，终将成为人生中不愿抹去的美好记忆。大学是人生观逐渐明晰的呈现期，也是人生历程的重要阶段。

毕业创作阶段的磨砺，既是在大学和研究生阶段对艺术的感知、认知、体悟，也是内心对艺术理想的悉心解读，毕业生在"古典的守护"与"当代的实验"两方面思考与挣扎，反复从不同层面上观察守护与发展之间的矛盾。面对世界艺术多元叠嶂以及囊括人类所有艺术经验的大数据，受当代艺术文化影响而发生的艺术再现方式，是对创作阶段产生的丰厚的视觉实践经验。优秀的作品必定在思想层面上具有独创性、艺术性、思想性。以艺术史的眼光审视创作的原创性及贡献，进而形成当代陶艺创作中的方法论体系及独有的创作理念。中国美术学院陶艺专业既没有跟随西方艺术精神体系的创作思维，也没有拘泥于传统陶瓷优秀技艺，而是走一条"中正"的创作理念，以活化传统工艺，倡导"人文手艺"理念，对非物质文化遗产进行研究和保护；通过当代手工器物的再造，活化和重建中国当代的生活方式；培养具有人文情怀和崇尚生活品质的手工艺术复合型人才，立足于弘扬中国优秀的器物文化，潜心于具有东方审美意蕴和高品质的当代器物文化的创新研究。

东方美学在共时性上是东方各个国家、民族和地区在独立自存文化背景下形成的美学思想，从当代世界的全球化文化语境及东方文化面临的问题出发，在全球文化不断趋向交流、融合的今天，东方文化以其独特的魅力，可以为东西方文明发展，提供丰富的思想资源和实践力量。同样，东方美学和艺术以它深刻的思想智慧、特殊的理论和广泛的实践，不仅在世界美学、艺术中占据着极其重要的地位，而且在与西方的对话过程中也将产生积极的意义，而关注东方美学和艺术精神的当代意义，则成为我们今天共同思考的立足点。强调西方美学凸现了认识论品格，中心内容是对象与认识的问题，而东方美学则高度强调美的实践，即创造人生的价值。"赋""比""兴"，作为中国古典美学中最能反映中国文化特征的范畴，将中国文化中天人感应、观物取象的原始思维方式融化到艺术实践中，成为中国审美文化精神的结晶；中国古人的感性经验予以现象还原性的描述，是研究中国美学史的重要方法，也应该成为中国当代陶艺创作的重要支撑。

艺术与道德的有机融合，既体现了中国传统人文精神深层的美育品格，也体现了中国传统审美文化的人文旨趣，而"观乎人文以化成天下"的命题，则奠定了蕴含有深刻人文和美育精神的中华传统精神文化的基础。这种重感受与体验、和合与融通、"人心化育"的中华"人文化成"精神，在协调当代人与对象世界的关系、保持当代人类和谐生存状态方面，可以给艺术家积极的启示。艺术生活是东方民族和文化的基本理想，"诗性涵养"是东方美学和艺术的基本特征，东方美学思想是进行具体的诠释与再现。

图1 《知白守黑》（陈超作品）

此次毕业展中，陈超的作品《知白守黑》：白黑章法中存在"虚"与"实"的关系（图1）。其顺其自然，大智若愚甚至"逆来顺受"。知空守空，无白就无黑，一切都有其存在的理由和力量。马依梦的作品《海棠》：棱线两两相对，斜斜上滑，止即见海棠（图2）。不断的接续成为向上的力量。唐蕾的作品《Memento Mori》：爱与死亡是永恒的命题，代表着人类一生中所有的情感，以及人类最终的归属——死亡，或是对立的或是互为存在的，与我而言，向爱而死（图3）。竺娜亚的作品《湖》：石入镜泊，荡成涟漪。王燕的作品《光系列》：冬季皑皑白雪上的阳光，驱散严寒，用瓷独特的透明性展现一个光影的世界，宁静致远（图4）。杨指月的作品《南枝飞雪系列》：以梅花为主题，应用堆塑、刻划等技法，经釉烧后部分梅花露白，如飞雪一般。朱思梦的作品《奁·新语》：奁出新语，为之圆形。直壁有尖顶（图5）。蓝白之间，大象无形。

图2 《海棠》（马依梦作品）

图3 《Memento Mori》（唐蕾作品）

图 4　《光系列》（王燕作品）

图 5　《奁·新语》（朱思梦作品）

　　龙小燕的作品《冥·川》：时间与空间交错、流逝、消散，川流不止、生生不息。金晶的作品《种子》：如谷之歌，扎根土里。与风共存、与种子越冬、与鸟歌颂（图 6）。邱杨林的作品《寒江独钓之象山雪》：有诗画入境，以意境化形，以寒江独钓渔翁之形象道出孤寂、寒冷之情景（图 7）。李谟杰的作品《象山记忆》，是一组挂在墙上的灰瓦装置作品（图 8），或静谧，或悠远，或苍茫，或象山望境，或万千映像。李谟杰的作品名称来自许江院长的夜间巡查，在紧张的毕业布展期间的一个晚上，许院长见到壁饰作品呈现的灰色砖瓦，颇有感触。许院长谈起民艺馆

图 6　《种子》（金晶作品）

在建设时也用了大量的灰瓦，他给日本建筑师隈研吾提议把传统的灰瓦放大，因此成就了现在民艺馆整体外观的大气效果，许院长笑谈自己是最好的甲方，并对学生李谟杰作品即兴命名《象山记忆》……

图 7　《寒江独钓之象山雪》（邱杨林作品）

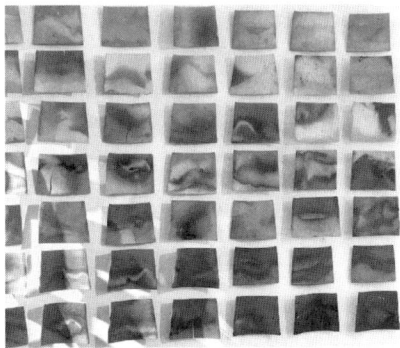

图 8　《象山记忆》（李谟杰作品）

　　美院陶艺系的毕业作品存在什么特点？我觉得在视觉方面，可能会注重个性造型，更直观，也相对内敛、自由，没有鼓励自我意识，强调东方美学内涵，追求陶艺材料及审美的共性，强调时代担当和行业的引领（图9～图22）。无论是视觉艺术还是其他表现形式的艺术，都必须符合三点标准：一是必须言之有物，内容不能空泛；二是需要有效转化，即必须产生有效的表达；三是必须使用当代背景下的创作手法。面对当代人生存和精神的困惑，这个创作实践的过程，其实也是一个不断试错、不断建构的过程，最终想找到的是一种完全属于个人的语言方式，一种完全不受其他标准约束的自由表达。

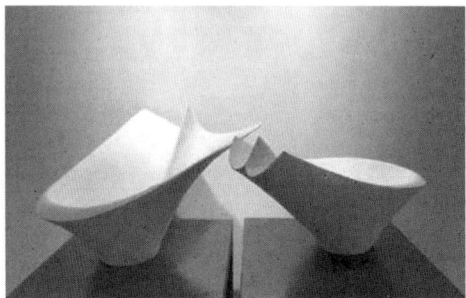

图9　《望古》（王楠作品）

图10　《-----》（陈怡恬作品）

图11　《炼》（黄文莉作品）

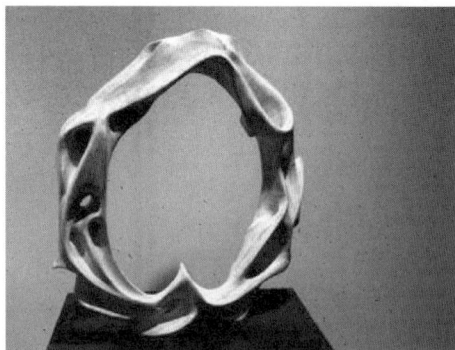

图12　《第二自然》（王潇作品）

图 13　《衡》（宋婉莹作品）

图 14　《第十三个季节》（庞亚楠作品）

图 15　《子立》（阮星宇作品）

图 16　《我自行东，山海其空》（王英作品）

图 17　《花非花》（韩程程作品）

图 18　《Aneurysm》（李亦唐作品）

图 19　《律》（黄君瑜作品）

图 20　《断层》（罗琳作品）

图 21　《灰度》（史愿飞作品）

图 22　《Drops of Jupiter》
（蔡佳琪　鹿瑶作品）

　　在进行艺术创作时应重新深入地审视东方文化、东方美学和艺术的自身特性，深化对自身文化价值的认识和认同，不要局限在某种媒介上看待艺术。艺术不只是语言的问题，语言是把思想、观念视觉化的手段，而重要的是手段背后的东西。作为视觉艺术，当代陶艺更多的是依靠造型、装饰（釉料及烧成）等因素来建构符合当代思想及当代视觉感染力的作品，用来传导艺术家对当代文化艺术的观念和思想。

　　让我们不忘初心，砥砺前行，共同努力，以活化创新的姿态一同出发……

# 龙泉"半刀泥"工艺研究

王卉

（丽水学院　中国青瓷学院）

**摘　要：** "半刀泥"作为一种陶瓷刻划技法，在五代时期的龙泉窑已广泛应用，北宋时期达到鼎盛。本文从龙泉窑"半刀泥"的工艺出发，运用文献研究法和田野调查法，从它的工具、制作工艺和纹饰题材等方面来阐述它的艺术特征，分析总结出"半刀泥"技法在不同器物和窑口中刻划装饰的艺术风格，总结龙泉窑"半刀泥"的风格特点，对比其他窑口相同技法的不同表现。旨在通过对传统技法的研究，吸取古人刻划装饰的精髓，既丰富有关"半刀泥"工艺的文献资料，也为当代陶瓷的设计与创作提供有益的启示。

**关键词：** 龙泉窑；半刀泥；工艺

## 一、引言

　　龙泉窑属于南方青瓷系统，是我国制瓷史上烧制时间最长、影响最大的一个窑系。据现有资料考证，龙泉窑开创于三国两晋时期，结束于清代。现已发现历代龙泉窑址 500 多处，多数分布于浙江省龙泉、庆元、云和等县市，在龙泉境内的大窑、金村、溪口等地较为集中。龙泉窑青瓷造型古朴典雅，装饰丰富多彩，釉色精美绝伦，是我国古代青瓷的集大成者。经过历代制瓷工匠的不断发展和创造，龙泉窑产品逐渐形成了其独特的风格。

　　大窑在明代以前被称为"琉田"，是当时龙泉窑的代表性瓷业中心，位于浙江省龙泉市西南小梅镇大窑村一带，至今共发现窑址 53 处（图 1）。据考证，大窑制瓷业在宋元时期达到鼎盛。大窑所生产的器型十分丰富，装饰技法多样，其中刻划装饰在北宋时期大量出现。

**图 1　龙泉大窑遗址**

---

作者简介：王卉，浙江庆元人，中国民主同盟成员，浙江省民间文艺家协会会员，丽水学院中国青瓷学院陶瓷艺术设计专任教师。

图2　龙泉金村窑遗址

图3　龙泉溪口遗址

金村窑（图2）位于龙泉市小梅镇东南边陲，在北宋时期烧制出了当时龙泉窑最精美的刻划纹瓷器。金村窑以刻划工艺见长，所生产的器物纹饰丰富多彩，刻划工艺精深，且多采取一面浅一面深的刻划手法，为俗称的"半刀泥"工艺，并且在很多瓷器的内壁和外壁均有纹饰，内外呼应，俗称"双面工"，也称"满工"。金村窑生产的瓷器釉色以淡青为主，釉面光滑有光泽，是北宋时期龙泉窑最具有代表性的瓷器。

龙泉烧制瓷器的另一个重要区域是查田镇的溪口一带。溪口村位于龙泉县马鞍山南麓秦溪与墩头溪汇流一带，至今只发现少数窑址，其中最著名的瓷窑是溪口瓦窑垟窑（图3），南宋后期顶级的黑胎哥窑瓷器便是在此烧制。鉴于南宋时期官定民烧的原因，它被称为"龙泉贡窑"。溪口窑瓷器的特征是制作精致、修胎工整、少刻划纹等装饰、釉面玻璃质感强，因薄胎厚釉精巧绝伦而被当地人称为"夹心饼干"。

在长达千年的制瓷历史中，龙泉窑历经了自开创到发展，由鼎盛转衰落。在不同的历史时期，龙泉窑的制瓷工艺和审美情趣的转变，在装饰技法和纹样上也多有体现。

## 二、"半刀泥"的概念及其应用

"半刀泥"，是指用工具在坯体上按照一定技巧刻划成一面深一面浅的凹面线条的陶瓷刻花技法。有人称之为"斜刀刻花法"或"单入侧刀法"。这种刀法的特点在于自如多变，多为当时匠人的即兴而作。"半刀泥"的线条深浅不一、虚实相间，所用刀法灵活多变、利落潇洒，表现了当时人们高超的制作工艺、独特的审美情趣和深厚的文化底蕴。

根据以上定义，早在五代时期的龙泉窑，部分器具上就已出现了类似

"半刀泥"的刻划纹，纹样题材大多为花鸟，偶有龙纹（图4、图5）。经过五代的不断改进变化，北宋时期"半刀泥"装饰逐渐流行，成为各窑口普遍使用的装饰技法。

除龙泉窑外，"半刀泥"工艺在其他窑口也应用广泛。北宋时期景德镇窑的装饰技法以刻划为主，多采用"半刀泥"刻花法，常在器物肩部有所表现，题材除牡丹、莲花、菊花等花卉以外，还有飞凤、水波等纹饰内容（图6）。

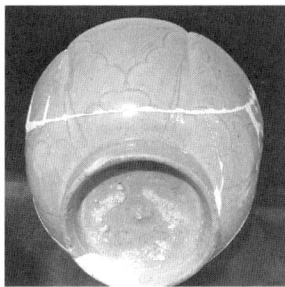

图4　五代龙泉窑刻花盖碗　　图5　五代越窑龙纹盘　　图6　宋影青釉葵口碗

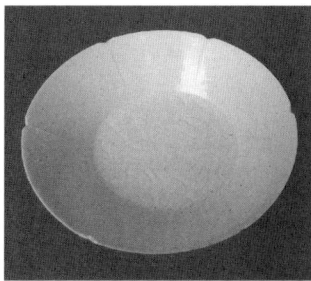

定窑的主要装饰技法有刻划和印花，"半刀泥"是宋代定窑瓷器的主要装饰方法之一。古时陶工常以篾刀刻划花纹的主要轮廓，刀法流畅利落，线条清晰明快，其中莲瓣纹是定窑器上最常见的划花纹饰。

耀州窑的"半刀泥"技法尤为常见，题材包括动物、人物、花卉和几何图案等。它的装饰纹样线条层次分明，刚劲有力，立体感强，史籍上记载称之为"刀刀见泥"（图7、图8）。

### 三、"半刀泥"的工艺材料

（一）"半刀泥"所用的工具

1. 工具的制作及使用方法

刻划装饰是我国古代陶瓷的主要装饰技法之一，历史悠久，早在原始瓷器上就已被普遍使用，到了唐宋时期发展成熟。龙泉当地盛产竹子，故古时陶工制陶时多就地取材，加工制作成简易的刻划工具，其中主要有篾刀和篦刀。

篾，指劈成条的竹片，亦泛指劈成条的芦苇、高粱秆皮等。篾青指的是竹子外侧青色的表皮部分，干燥后质地较为坚韧。篾黄指的是

图7　北宋耀州窑青瓷牡丹纹梅瓶

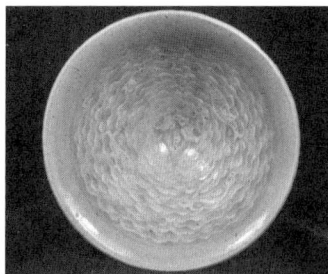

图8　耀州窑海水游鱼碗

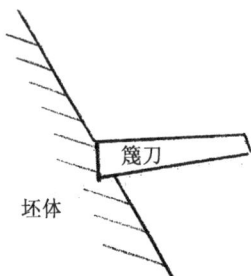

图9 "半刀泥"
技法示意图

竹子篾青以里白色的部分，质地较软，亦称"篾白"。古时陶工将竹子劈开，将其较为坚硬的一面削薄为刃，制成简易的篾刀，这是当地陶工常用的工具。工匠手执刀身，划于尚未干透的泥坯上，直刀深刻，斜刀广削，划直线亦有深浅，划曲线更是变化万千（图9）。刀落之处带起泥屑，无须剔除纹饰周边的胎土，线条犀利流畅，阴影层次有别。"半刀泥"刀法讲求一气呵成，一步到位，不重复行刀。落刀分藏锋和露锋，收刀分回锋和收锋，与书法气质相似，以刀代笔，神韵相通。行刀过程完成后，再经过施釉烧成，釉水积于线条较深的一侧，深浅错落，层次有别（图10）。这比剔花、浮雕等其他装饰手法明显更为简洁便利，使效率大为提高，一时间广为流行。

篾，常指一种密齿梳，亦称篾栉、篾子、篾梳。相传早在春秋时期就被人用竹板制成，最早是利用梳子和篾子的齿部划在硬度较低的土坯上刻划出间距不同的平行线纹。后来也用木材和铁针为原料，并逐渐演化为带密集小齿的篾状工具，这种用排针制成的刀具，宽窄、长短不一，尖齿的数量可以根据需要而定。篾刀有多少尖齿就能同时刻划出多少条平行线，一般作为刻划装饰的辅助工具，多用于表现植物筋脉、水波纹等细节或背景。早期用来表现花卉的轮廓线，后期多用于花瓣、叶脉纹型等细节部分（图11）。长线规整优美，点状又显得生动活泼，排列错落有致，使得构图更加饱满，画面更具有层次感。

图10 北宋龙泉窑鱼纹刻花盘

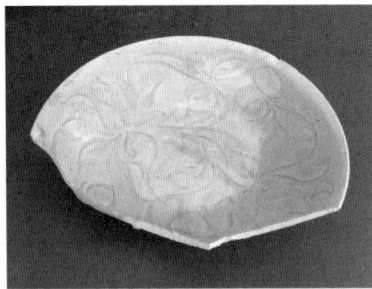

图11 龙泉窑刻划莲花纹碗

2. 刀法类型

单刀刻划的"半刀泥"是北宋龙泉窑最常见的装饰手法，工具单一但手法多变，用篾刀划轮廓线时，便可通过角度与力度的变化形象地表现各种题材。正因为在刻划中不自觉地带入了陶工本身对装饰的理解，每件器具的纹样不尽相同，颇有些写意创作的意味。在一片北宋刻花盘的标本上可以看出，陶工仅用两三刀便划出一片花瓣，刻划技法十分娴熟，线条流畅简洁，一气呵成，表现生动自然，妙趣横生（图12）。

图12　北宋龙泉窑刻花盘

"半刀泥"使用的刀法中，常有以下几种类型。其一为刻，用篾刀的尖角部分下刀，用力较大，入坯较深，线条通常较短且刻划角度较小，是"半刀泥"纹样中最常见的刀法。其二为划，从坯体上擦过刮起一层有斜度的泥屑，用力较轻，线条灵活多变，一道线条中有宽且浅的部分，也有深且窄的部分，是最能体现"半刀泥"技法精髓的一种刀法（图13）。其三为削，用刀斜着去掉胎土表层的泥，简短有力，少有曲

图13　北宋龙泉窑刻花碗

折。其四为勾，用动作幅度较小的弧线勾勒，多用于描绘鱼鳞等细节部位。虽然这几种刀法只有细微的区别，可正是由于这些区别，才使得这些刀法蕴含意趣，其中的变化值得推敲和琢磨。

龙泉窑"半刀泥"也常用单刀与复刀相结合来表现纹饰。复刀是指用篾刀在坯体上同时划出多条平行纹路，常与单刀装饰相结合。运用单刀与复刀相结合的方法，可使画面更丰富，表现的细节更细致。图14所示纹饰的轮廓线就是用篾刀所划，而描绘叶片的平行线条，则是由齿状篾刀一组一划所形成的。单刀与复刀相结合技法的出现，是陶工不断追求装饰纹样更加精细的表现。

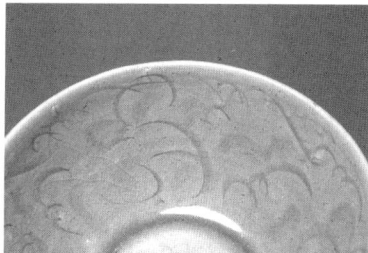

图14　北宋龙泉窑刻花碗

此外，龙泉窑"半刀泥"技法同时也会与其他装饰技法如印模、贴塑等出现在同一器具之上，尤其在元代的盘上比较常见。元代印花双鱼纹刻花盘（图15），就是在盘心用印模饰以双鱼纹，在四周刻划"半刀泥"缠枝纹样。"半刀泥"和贴花技法搭配使用也比较常见，如元代大窑贴花龙凤纹刻花盘（图16）。在一件器物上有多种装饰技法，这足以说明当时人们在审美和技法上都已达到一定的高度。

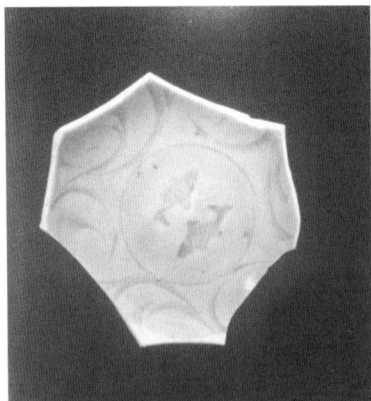

图 15　元代龙泉窑印花双鱼纹刻花盘　　　图 16　元代大窑贴花龙凤纹刻花盘

（二）胎土和"半刀泥"技法的关系

1. 胎土的成分

龙泉窑青瓷主要有黑胎和白胎，即常说的"哥窑"和"弟窑"。从出土器物的数量来看，白胎青瓷是当时制瓷业生产的主要部分，所以"半刀泥"所装饰的也大多为白胎的弟窑器物（图17）。据考证，龙泉窑的原料于窑址附近就地取材。龙泉地区的瓷土原料有瓷石类和原生硬质黏土类，经高温烧制后细腻致密（图18），坯胎中的主要矿物组成是石英、高岭土和绢云母等。

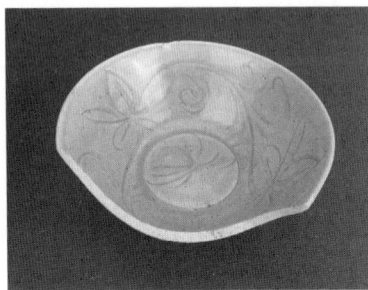

图 17　北宋龙泉窑刻花碗　　　　　　　图 18　南宋龙泉窑葵口盘

龙泉窑还生产一种在当地被称为"哥窑"的黑胎青瓷，这种产品存世的数量不多，且多为细小碎片，至今也只发现少量的窑址。铁含量是决定胎色的主要因素之一，龙泉窑的黑胎青瓷，其原料便是加入了含铁量较高的紫金土，外观与南宋官窑器物相似。这类青瓷的胎土较为致密坚实，灰黑如铁，这类器物常施以厚釉，刻划工艺难以展现，故"半刀泥"工艺在其上少有体现。

2. 坯体的干湿程度

"半刀泥"对于坯体的干湿程度也有要求，我曾为此做过试验，在干湿程度不同的坯体上进行刻划，分析在不同干湿情况下行刀的效果。试验发现，在较湿的坯体上，是无法刻划"半刀泥"的。一是因为湿坯容易变形，二是刻划时削去的泥料会因为水分太多而粘连，起毛边，使刀法显得不够利落。而在完全干透的坯体上刻划，又因坯体太硬不能挥洒自如。故尚未干透的坯体是最适合进行"半刀泥"刻划的，此时的坯体软硬适中，下刀力度便于把握，且斜刀剔除的泥料为粉状，不会残留于坯体表面，轻轻一吹便可清理（图19）。根据标本来看，古时陶工是在坯体较干或全干时进行"半刀泥"刻划的，而在还未干透的坯体上进行刻划，才能达到最为流畅的效果。

图19　在尚未干透的坯体上进行"半刀泥"刻划

（三）釉料和"半刀泥"技法的关系

1. 石灰釉

从龙泉窑始烧至南宋早期，龙泉窑使用的釉料皆为石灰釉。石灰釉的高温黏度较小，即在高温下流动性较大，因此这类釉不适合上得过厚。就微结构而言，这类釉主要由玻璃相构成，而气泡和未熔石英颗粒则很少，因此釉层薄而透明，釉面光泽度也比较高。也正是由于这些原因，使用这类釉可使"半刀泥"这一技法得到很好的展现。陶工使用"半刀泥"这种一面深一面浅的刀法，在高温烧成时，釉水积于线条的较深处，使得釉色深浅有致，而器物表面依旧光滑平整（图20）。

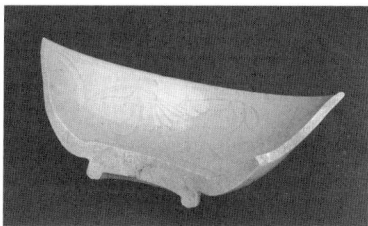

图20　北宋龙泉窑刻花碗

2. 石灰碱釉

自南宋中后期以来，龙泉窑制瓷工艺有了重大改进，工匠在以往石灰釉的基础上加入了碱，制成了石灰碱釉。它的特点是高温黏度比较大，即在高温下流动性较小，适合施厚釉或多次施釉，使得烧成的器物外观更加温润饱满，有如玉质（图21）。南宋兴起薄胎厚釉的风气，那时器物的釉层厚度甚至超过胎壁。南宋的陶工们通过控制烧窑温度和还原气氛，使石灰碱釉呈现出一种温润柔和的视觉效果，著名的龙泉窑粉青和梅子青便是其中代表。在显微镜下可以看到，南宋龙泉窑标本的釉层中含有大量小气泡和未熔石英颗粒，它们使进入釉层的光线发生散射，从而使其在外观上获得一种和普通玻璃釉完全不一样的艺术效果。鉴于石灰碱釉透明度低且多施厚釉，刻划工艺得不到很好的展现。"半刀泥"被厚釉覆盖，更是失去了利落的风骨，显得拙而臃肿（图22），所以人们便将审美的重心转移到器型与釉色上，弱化装饰，强化形质，南宋中后期的器物上很少再出现"半刀泥"这一技法。

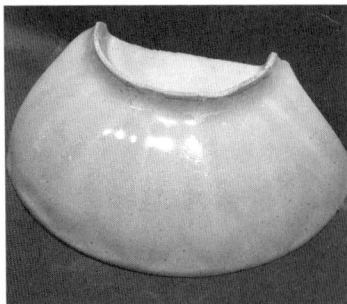

图21　南宋龙泉窑莲瓣碗

图22　南宋龙泉窑刻花带盖梅瓶

## 四、龙泉窑"半刀泥"的工艺特征

### （一）题材

北宋是龙泉窑重要的发展时期，生产规模不断扩大，器型的种类不断增加，刻划装饰也得到了广泛的运用。莲瓣纹是北宋早期主要的装饰纹样，常见

图23　"半刀泥"纹饰手绘线描

于碗的外侧装饰。到了北宋中期，装饰题材愈发丰富，有缠枝牡丹、菊瓣、梅花、鱼纹和几何纹等。卧件一般在器物外壁饰以莲瓣或折扇纹，内部装饰团花或缠枝。北宋晚期的工匠喜用莲瓣和荷叶装饰器物，且刻花较深。南宋早期的莲花荷叶多见于碗盘，其他纹样多装饰于梅瓶、执壶、粉盒和多管瓶等器物之上。笔者根据实物绘制了线描手稿，并在坯体上进行临摹试验，以分析和感受当时陶工的制作手法和效果表现（图23）。由于龙泉窑"半刀泥"所包含的题材非常广泛，这里将其分为植物类题材、动物类题材、人物类题材和其他题材进行分析。

#### 1. 植物类题材

植物是龙泉窑"半刀泥"中最为常见的装饰题材。其中包括莲瓣纹、缠枝牡丹纹、菊花纹等各式花卉纹样。其中，牡丹有着繁荣昌盛、美好幸福的寓意，自古以来就深受人们的喜爱。图24所示的北宋龙泉窑刻花粉盒，盖面上"半刀泥"工艺的牡丹纹样尤为出彩，陶工使用刻、划、勾等多种

图24　北宋龙泉窑刻花粉盒

手法，描绘的牡丹内瓣包蕊、外瓣舒展、筋叶分明、栩栩如生。该器物纹饰造型优美，构图饱满，在盒盖上显得尤为合衬，在方寸之间尽显牡丹雍容风华，将纹饰的作用发挥到了极致。

莲瓣纹在我国古代的制瓷业中甚为流行，在各窑口器物上多有出现。它始于春秋，风靡于宋代。在唐宋时期，莲瓣纹常用刻划的装饰手法来表现。在龙泉窑中，北宋早期的莲瓣碗尤为典型，图25所示的执壶盖外壁刻划满工莲瓣纹样，以钮为中心从里到外逐渐延伸，这也属于"半刀泥"技法的运用。元代以后，莲瓣纹不再作为器物的主体纹饰，而作为口沿、肩颈、腹部和底足的辅助花纹出现。

缠枝花卉纹是宋代常见的刻划纹样，单有花朵略显单一，缠枝的出现使得纹饰内容更加丰富，构图也更加饱满。图26所示的明代龙泉窑缠枝刻花碗中，碗心划了一朵牡丹的花瓣轮廓线，碗壁围绕以花叶和缠枝纹。细看其中"半刀泥"的线条，有些轻起轻落，有些平落斜出，错落有致，变化丰富，气韵生动传神。

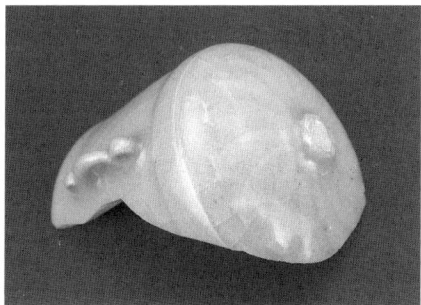

图25　南宋龙泉窑莲瓣纹执壶盖

图26　明代龙泉窑缠枝刻花碗

### 2. 动物类题材

龙泉窑"半刀泥"刻划技法的动物类题材包括龙、凤、鸟、鱼、鸳鸯等。鸳鸯是我国古代常见的传统纹样，有着美满幸福的美好寓意，在传统的陶瓷装饰中有着广泛的应用。图27所示的北宋龙泉窑刻划鸳鸯戏水纹碗中，仅用三刀"半刀泥"便勾勒出鸳鸯轮廓，行刀力度和角度都各有不同，另加几刀勾出细节部分，虽似简笔，却生动自然，不禁让人感叹古时工匠的审美和手艺。

图27　北宋龙泉窑刻划鸳鸯戏水纹

### 3. 人物类题材

在龙泉窑"半刀泥"所涉及的题材中，人物类题材也有出现，其中主要是婴戏纹。图28是一片碗壁的标本，根据局部的纹样推断，该碗的内壁描绘了多个孩童奔跑玩耍的场景。孩童的中间为典型的由篦刀刻划的平行线条组，碗心则刻划了由内到外放射形的曲线。图29所示标本上刻划了荷合童子纹，在碗心用单刀手法刻划了一个孩童形象，在碗壁一周则用优美的曲线划出荷花纹样，画面丰满，构图和谐，孩童在荷塘中愉快玩耍的景象跃然碗中。

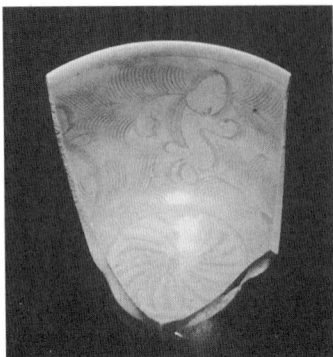

图28  北宋龙泉窑婴戏纹碗标本

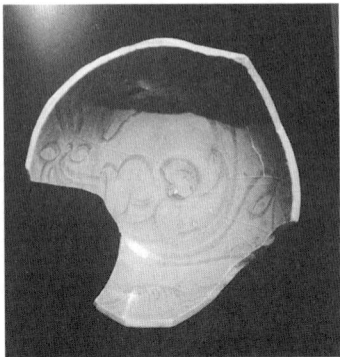

图29  北宋龙泉窑刻划荷合童子纹碗

4. 其他题材

除了植物、动物和人物题材外，龙泉窑青瓷上还出现了回纹、云纹、水波纹和几何纹等装饰。它们在龙泉窑中也以"半刀泥"的方式出现在器物表面，或为主题装饰，或为附加纹饰，姿态万千，各有不同。图30所示的北宋云纹刻划碗，碗心留白，碗的内壁以刻划云纹环绕，刀法灵动，角度多变，施以流动性较大的釉水后烧成，釉水积于"半刀泥"中较深的一侧，使得层次更加突出。图31所示的碗外壁口沿部分饰以回纹，与碗身刻划融为一体，构图更加饱满，装饰更加丰富。

图30  北宋龙泉窑云纹刻划碗

图31  明代龙泉窑刻花碗

（二）器型

1. 碗、盘、盏等卧件

在龙泉当地，人们通常把碗、盘、盏、盏托、碟、洗等器型宽矮且可倒置存放的器物称为卧件，也称倒件，多为日用器物。龙泉窑的青瓷卧件形式多样，出土的器物中以碗、盘为多。胎体多为灰白色，釉色普遍青绿或略微泛黄，在碗、盘等器型上常有典型的"半刀泥"技法出现。图 32 所示的北宋刻划莲花纹碗，装饰以"半刀泥"为主，构图饱满，线条舒展，刀法娴熟，纹饰表现中一刀为一筋，两刀为一瓣，四刀为一蕊。

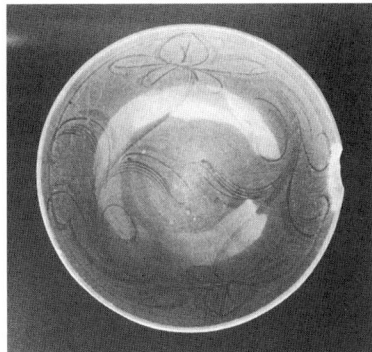

图 32　北宋龙泉窑刻划莲花纹碗

其中，轮廓线采用"半刀泥"的技法，将莲花的形态表现得优美流畅，并用篦刀划出花叶的细节。整个器物纹饰深浅相间，疏密有致，代表了北宋时期龙泉窑青瓷的典型装饰技法，形象生动。

图 33 所示的北宋刻花盘，没有具象地描绘纹饰内容，而是用篦刀在盘心刻划四瓣似是而非的叶片，形式舒展，优美的曲线围绕盘子外沿，空隙处饰以线条密而齐的篦纹，整个构图疏密有致，张弛有度，纹饰别致而有风韵。

图 34 所示的北宋夹层碗，也称双层碗或孔明碗，外沿饰以莲瓣纹，一刀一瓣，简洁明快。每个瓣内都点缀以篦纹，碗内壁为典型的"半刀泥"纹样，内外呼应，浑然一体。

图 33　北宋龙泉窑刻花盘

图 34　北宋龙泉窑刻花夹层碗

2. 瓶、罐、炉等立件

龙泉当地所说的立件是指器型高而直立的器物，包括瓶、罐、炉等，既有生活用器，也有祭器和礼器，还不乏鸟食罐、棋盒等娱乐用瓷。其中最具有代表性的属瓶和罐。图 35 所示南宋初期的盘口双系长颈盖瓶"半刀泥"技法沿袭了北宋时期刻划的风格，底部双层莲瓣用刀轻松灵动，三层纹饰各有不同。

图 36 所示的元代水波纹夯式炉，胎体厚实，釉色偏黄，筒身上下两层篦刀"半刀泥"刻划得如行云流水般畅快自在。中间一道蜿蜒优美的四刀篦纹，使整体构图收放自如，一气呵成。

图 37 所示明代双绳耳大炉上的"半刀泥"，虽然构图完整，运用了多种刀法表现牡丹主题，但刀法显得有些松散潦草，萎靡无力。空隙处的篦纹虽然几乎将器物表面填满，但略显杂乱无章，已不见宋代"半刀泥"挥洒自如的气韵。

图 36　元代龙泉窑水波纹夯式炉

图 35　南宋龙泉窑盘口双系长颈盖瓶

图 37　明代龙泉窑双绳耳大炉

（三）分布

龙泉窑中相对出名且生产集中的窑口当数大窑、金村窑和溪口窑。它们虽同属于龙泉窑，但各个窑区的特点各有不同。

图 38　宋元时期大窑刻划莲花纹盘

1. 大窑

大窑是当时龙泉窑中心窑区，宋元时期的大窑生产了许多精美的"半刀泥"工艺瓷器，图 38 所示盘中莲花纹线条简练，刀法流畅，是大窑"半刀泥"的佳作。但自南宋中期以来，龙泉窑改进了釉料、器型、装饰、烧成工艺等，此阶段龙泉窑瓷器的审美重心从刻划工艺转为以釉色取胜，瓷器变得更加内敛和素雅，便少见"半刀泥"的装饰了。

## 2. 金村窑

金村窑是北宋早期龙泉窑最为集中的制瓷产区，于北宋中晚期窑业发展迅速的阶段，不断扩大生产规模，瓷窑的数量显著增加，分布范围也愈发广阔。北宋时期，"半刀泥"的工艺技法在金村窑制瓷中得到广泛运用，独具一格，图 39 所示的残片上可见北宋刻划婴戏钱纹这一特别的纹饰，其中钱纹的轮廓也为复线，由篦刀所划，使之更加立体。到了南宋早期，金村窑仍在烧制"半刀泥"产品，器物更加精美。南宋早期的鲤鱼纹，刀法恣意不羁，潇洒飞扬，颇具写意之美（图 40）。至南宋中期，龙泉金村窑基本断烧，主要窑区转向大窑、溪口等地，器物风格趋向薄胎厚釉少纹饰。

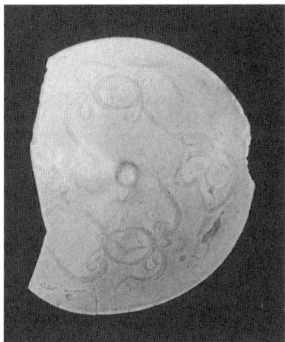

图 39　北宋金村窑刻划婴戏钱纹碗

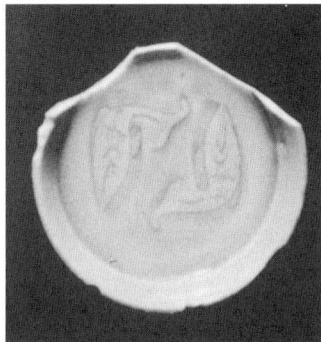

图 40　南宋早期金村窑鲤鱼纹碟

## 3. 其他窑口

溪口窑、小梅窑在南宋晚期达到鼎盛，所烧制的黑胎瓷器少有装饰。后期龙泉窑往瓯江中下游地区发展，分布渐广，扩大至安仁、云和、丽水等地。其中安福窑在元明时期产量较大，最为典型的装饰技法为点彩。

## 五、结语

宋代是中国制瓷史上一个十分重要的历史时期，名窑遍布大江南北，制瓷工艺精湛高超，"半刀泥"作为一项历史悠久的传统手工艺技法，是宋代陶瓷装饰的主要形式之一。它的刀法简洁生动，线条刚健有力，釉色温润含蓄，纹样和造型结合紧密，是装饰与材质的完美结合。

经久不衰的龙泉青瓷，其内在强大的生命力源自人文精神的有力支撑。而"半刀泥"技艺的形成，也表现了古时社会人们的审美倾向，是"天人合一"思想的具体演绎。它表现了一种超凡脱俗的风格气质和典雅清远的审美特征，是传统自然和人文精神高度集中的表现。从审美角度来看，"半刀泥"刻划技法与国画、书法、篆刻等艺术门类相类似，它通过刻划花构图的虚实和空间处理，形成独特的艺术语言，是中国传统文化以陶瓷为载体所表现出的美学思想。它与中国书法之间以刀代笔的联系，也反映了不同艺术门类之间相通的审美价值，对当代艺术创作有着很大的启示作用。

首先要更新观念，只有具备深厚的文化底蕴和开阔的格局眼界，才能从传统中走来但不拘泥于传统；第二要改进工具，古代的刻划工具受当时的时代背景和生活现状所限制，而现今我们拥有更多选择的能力和发展的空间；第三要不断扩大题材内容，除传统的花鸟鱼虫外，凡目之所及、心中可想之事物，未尝不可用"半刀泥"手法来表现；第四，可以结合不同器型进行创作，如与各类茶具、香器、花器甚至陶塑相结合；最后，我们还可以尝试新的表现手法，在构图上突破传统形式，在纹样设计上创作更具形式感和时代精神的图像和符号，或结合其他工艺美术门类，如漆艺、木雕、金属装饰等，创作出有底蕴又见新意的作品。

所谓世界的认同、历史的担当，传统文化承载着民族精神，文化的保护与传承需要后来者的文化自觉性和民族认同感。作为中国当代陶艺工作者，更需要不断挖掘历史的深厚底蕴，盘点传统的文物珍藏，融入传统文化和时代精神，从题材、思路、形式和意境等方面全方位探求和创新，在传统的基础上发展和创新。

## 参考文献

[1] 中国硅酸盐学会. 中国陶瓷史 [M]. 北京：文物出版社，2001.

[2] 朱伯谦. 龙泉窑青瓷 [M]. 台北：艺术家出版社，2012.

[3] 浙江省轻工业厅. 龙泉青瓷研究 [M]. 北京：文物出版社，1989.

[4] 浙江省文物考古研究所，北京大学考古文博学院，龙泉青瓷博物馆. 龙泉大窑枫洞岩窑址出土瓷器 [M]. 北京：文物出版社，2009.

[5] 浙江省文物考古研究所. 龙泉东区窑址发掘报告 [M]. 北京：文物出版社，2005.

[6] 龙泉市博物馆. 比德尚玉——龙泉青瓷博物馆馆藏精品图录 [M]. 杭州：西泠印社出版社，2014.

# 瓷乐融合：龙泉青瓷传统烧制技艺传承与创新研究

## 谢飞

（丽水学院　民族学院）

**摘　要：**龙泉青瓷制作工艺大体上朝艺术瓷和日用瓷两个方向发展，将其用于制作乐器是其工艺创新的一次大胆尝试。文章简要追溯青瓷制作工艺的历史，通过掌握中华民族传统乐器中吹管和拉弦乐器特点，研究并成功制出青瓷唢呐、青瓷笛子、青瓷二胡等。通过一定的验算和调整，使得青瓷乐器不仅实现了造型艺术的创新，而且实现了青瓷与音乐的融合，并呈现出中华民族传统乐器所没有的音色。瓷乐融合让乐器成为工艺品，也使工艺品成为乐器，青瓷乐器将传统民间工艺与民族音乐有机融为一体。

**关键词：**龙泉青瓷；瓷乐；民族特色；工艺创新

在中国的瓷器王国里，青瓷在造型、釉色、烧制技艺等方面都达到了陶瓷艺术的一定高度。其中，龙泉青瓷在技艺传承与发展中具备了特有的青釉配置、多次施釉、厚釉烧成和开片控制等独特的制作工艺。中华人民共和国成立以后，在周恩来总理的倡导下，龙泉国营瓷厂恢复并创新龙泉青瓷的传统烧制技艺，实现了活态传承。鉴于其独具个性特征的传承与创新，龙泉青瓷烧制技艺分别于 2006 年和 2009 年入选全国第一批国家级非物质文化遗产名录以及联合国教科文组织批准的《人类非物质文化遗产代表作名录》。近年来，青瓷传统烧制技艺陆续入选国家级和世界级非遗名录，激发了围绕青瓷制作工艺的创新。其中，发掘青瓷传统烧制技艺并将其用于制作民族传统乐器是青瓷造型、用途和跨界融合的创新。

将青瓷传统烧制技艺用于制作民族传统乐器，使陶瓷艺术摆脱纯工艺技术，融入音乐形式而形成新型陶瓷文化。这种制作工艺的创新是中国陶瓷发展的有机组成部分，是在各种瓷艺创新大背景下的局部创新。然而，不可否认的是，发掘青瓷传统烧制技艺用于制作民族传统乐器具有强烈的时代特征，并兼具独特的艺术个性。无论是研究青瓷传统烧制技艺的传承与创新本身，还是将其放在陶瓷制作工艺创新的大背景中，龙泉青瓷的瓷乐融合技艺都具有一定的

**作者简介：**谢飞，丽水学院民族学院副教授。

**基金项目：**本文系 2015 年度丽水市社会科学研究课题"龙泉青瓷瓷乐工艺研究"（LB20150512）研究成果。

理论和应用价值。

## 一、龙泉青瓷的瓷乐融合意义

仅就龙泉青瓷的瓷乐融合研究与实践探索而言，目前主要是由丽水学院的龙泉青瓷协同创新中心推动开展。鉴于其跨越一级学科的特征，项目主要由丽水学院的中国青瓷学院与民族学院协同开展。在技术应用环节，该项技术初步实现了校企与校地的有效衔接，得到了龙泉市政府和部分青瓷制作企业的积极支持。发掘青瓷传统烧制技艺用于制作民族传统乐器实现了制作工艺流程上的传承与创新。从目前的研制进程看，龙泉青瓷的瓷乐融合主要是以翻模制作为主，在工艺上与国内有些高校开展的瓷乐融合技艺尚有一定的差距。但明显的是，将此构想应用于龙泉青瓷，并产出系列成果，是在青瓷传统烧制技艺传承与创新新趋势中的有益探索。

发掘青瓷传统烧制技艺用于制作民族传统乐器，有利于龙泉青瓷传统烧制技艺的发展。它以传统文化艺术为主体，吸收多元有益文化，推动龙泉青瓷与音乐文化艺术的融合。它有助于发挥龙泉青瓷传统烧造技艺的技术优势，多元地呈现龙泉青瓷在造型、用途上的特殊性。它将具有深厚历史底蕴的中国传统民族音乐艺术植入青瓷艺术中，通过文化、艺术、技术的叠加，立体地增加龙泉青瓷的附加值，有助于开拓龙泉青瓷产业化的新路径。瓷乐融合在很大程度上扩大了青瓷的审美和实用范畴，有利于青瓷在传统的器形之外有更多的表现形式和内容，它已不再是工匠技艺，而应称之为艺术家的创造。发掘青瓷传统烧制技艺用于制作民族传统乐器，可以满足人们对高品位、有文化附加值产品的需求，使青瓷产品不仅仅是一种器皿，更承载了文人雅士对美的欣赏和追求，给浙江省的特色文化传播和文化产业带来新的增长点。瓷乐融合有利于青瓷与音乐等其他姊妹艺术结合进行创新实践，更有利于院校探索产、学、研结合的教育改革模式和艺术设计专业的特色建设发展，促进学术理论运用于实践，提高龙泉青瓷行业的艺术创新水平。

## 二、龙泉青瓷工艺创新

龙泉青瓷工艺创新的一个尝试就是发掘青瓷传统烧制技艺用于制作民族传统乐器。这种瓷乐融合是借鉴景德镇瓷乐技术，运用龙泉传统技艺制作青瓷乐器。瓷乐融合依托高校分析材料学，研究龙泉青瓷原料、烧制成型技术、青瓷釉色等，结合龙泉青瓷工艺大师们的实验烧制，使瓷乐器型科学、完整、美观，釉色类玉如冰。对于青瓷瓷乐而言，提高烧制的成功率，降低企业生产成本，扩大瓷板等大件作品的制作实践是前提。

发掘青瓷传统烧制技艺用于制作民族传统乐器是通过筛选法，讨论确定以龙泉青瓷瓷乐制作工艺及釉下书画装饰为研究实践目标，明确龙泉青瓷瓷乐器型尺寸、烧制工艺、装饰内容等制作实践研究。首先，通过查阅相关史料、图片和相关工艺制作与技法资料，结合文献综述法，探索各时期各地瓷乐器型背景及其装饰发展规律，比较釉色与烧成的变化和规律。其次，在制作过程中，团队利用学校实践基地和龙泉青瓷厂家，与大师、技师一起研究瓷乐器型制作与釉色烧成等艺术创作方面的特殊要求，确定瓷乐器型采用的装饰主题、内容、形式、章法、风格与青瓷釉色协调审美的关系，探索研究各种创作思想、艺术表现和审美需求。最后，团队通过反复实验，总结制作工艺、烧成技术，进行装饰分析、理论研究，并将总结的经验运用到实践中进行再次烧制。反复观察成品并寻找问题，以期烧制精品，服务企业，扩大生产。

## 三、瓷乐融合工艺成果

（一）青瓷唢呐

唢呐在我国是家喻户晓的传统民族乐器，在公元3世纪左右由波斯传入我国。唢呐由五个部分构成：哨、气牌、侵子、杆和碗（图1）。出于唢呐的音效要求，现代制造的唢呐主体中间是木质的锥形管，两端分别是装有双簧苇哨的细铜管，用于吹奏，以及铜质的碗状喇叭用于扩音。木质的锥形管上一般钻有八个空洞，前面七个，后面一个。

图1 传统唢呐

用青瓷来烧制唢呐，首先需要对唢呐结构和音效进行整体分析，并考虑其构造的一贯性和吹奏扩音要求。在设计制造之前，通过结构分析图，探寻唢呐的内在结构和音效特征，在制作过程中，通过方案图追求其发声效果。利用青瓷来制作唢呐，就是通过对唢呐的构造进行研究、分解，并使青瓷唢呐达到这种传统民族乐器的吹奏效果。

抛开传统唢呐五个部分的材质来看，用青瓷制作唢呐，需要在制作中考虑其造型的整体性，并通过拉坯、烧制、上釉等环节完成制作（图2）。鉴于其对音效的极高要求，因此在三个环节中都需考虑精确性。就此而言，利用青瓷制作唢呐与艺术瓷和日用瓷都有不同。相比艺术瓷，青瓷唢呐更加讲究其造型的音效技

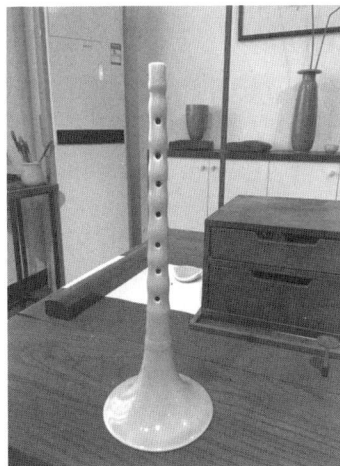

图2 青瓷唢呐

术，因此考虑声音传达的要素更多；相比日用瓷，青瓷唢呐制作更加讲究精确性和科学性。

由青瓷制作的唢呐与传统唢呐相比有两个突出的特点。一是能够实现批量生产。就制作工艺而言，传统唢呐主体采用木材，产量受到影响；青瓷唢呐制作工艺简单，采用拉坯烧制，生产制作接近流水线模式，适合批量生产。二是提高了音效。就声音特点而言，传统唢呐是由五大构件组装而成，音色受到五大构件的影响，无论是哪一环节出现变化，都会使演奏音色发生改变。青瓷唢呐将五大构件"铸"为一体，使其变化性降为最低，保证了演奏者对音色的要求。

（二）青瓷笛子

笛子是我国较为古老的一种传统民族乐器。据目前的考证来看，笛子也是人类发明较早的高音乐器，笛子的制作大约能够追溯到八千年前，当时的人们用动物的腿骨钻孔吹奏乐音。在新石器时期，人类利用石头和泥制作了类似笛子造型的乐器，并直接用于吹奏。

图 3　传统竹笛

现代的笛子都是用竹子制作而成，因此亦称为"竹笛"（图 3）。笛子的造型较为简单，一般情况下，一支竹笛由一根竹管制作而成。在制作过程中，需要去除竹管中间的节，从而形成空的内腔。外部造型上，竹笛保持着竹管本身的圆柱形。竹笛有一个吹孔，吹奏时会在膜孔处覆上笛膜。此外，竹管上还有 10 个孔，包括 6 个音孔，2 个基音孔，2 个助音孔。青瓷笛子与青瓷唢呐相似，也是依照传统竹笛的造型通过拉坯、烧制和上釉等环节制成（图 4）。与常用竹笛一样，青瓷笛子也是一体构成的，孔洞的设置、距离和功能也相同。

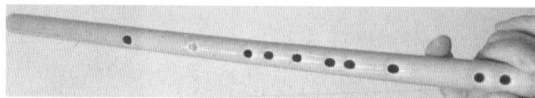

图 4　青瓷笛

然而，青瓷笛子也有两个突出的特点。首先，相比传统竹笛，青瓷笛子的美观度更高。青瓷笛子是按照青瓷施釉工艺烧制的，整个笛身如玉一般，观赏价值非常高。其次，青瓷笛子的音色更美。由于青瓷，笛身的釉面很光滑，因此其声音除了具有中国传统竹笛的膜震音色外，还具有西洋长笛温润、典雅的音色特点。

（三）青瓷二胡

据文献记载，二胡是唐朝时期从北方少数民族传入中原地区的。由于二胡是由两根琴弦组成，因此被称为二胡（图5）。二胡为拉弦乐器，与吹管乐器相比，其结构更复杂。从结构上看，二胡是由琴筒、琴皮、琴杆、琴轴、琴弦、琴弓、千斤、琴码、琴托、制音垫等十个部分构成。鉴于这十个部分的功能各异，制作的时候大约需要八种材料。如果用青瓷一体化烧制二胡这种乐器，显然比之前制作的两种吹奏乐器的难度大。另外，二胡其造型本身也更加复杂，使得其在拉坯制作时难度增加。不光如此，青瓷二胡烧制的成品率及上釉环节也受到其造型的影响，难度相对较大。

由青瓷制作的二胡，是将原传统二胡的八种材料压缩成四种，进行拉坯、烧制、上釉，然后进行组装（图6）。其造型与传统二胡相似，但因材质不同，重量和手感都有很大差异。

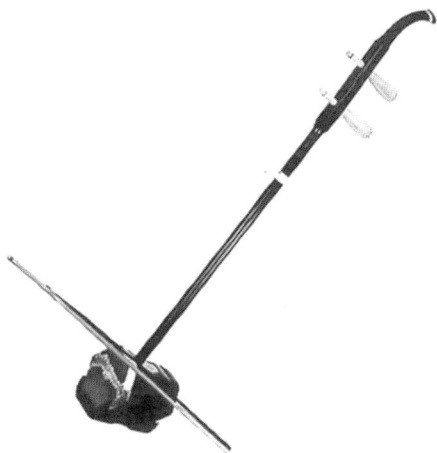

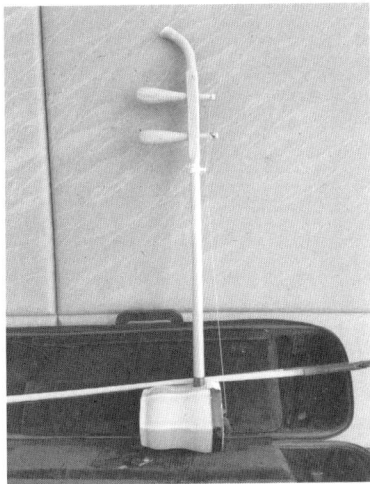

图5　传统二胡　　　　　　　　　　图6　青瓷二胡

青瓷二胡与传统二胡相比有成本低、观赏价值高、音色好等特点。具体而言，传统二胡多为实木制作，并且高档二胡均采用紫檀木，零件较多，程序复杂，价格较高。青瓷二胡将青瓷作为零件材料，大大降低了成本。由于青瓷二胡的器型与传统二胡一致，演奏与传统二胡无区别。此外，青瓷二胡也是经施釉烧制而成，因此具有青瓷工艺品的观赏价值。由于瓷器的密度较高，相对于木材来说，其止震性更好，因此音色也更加纯净，具有金属特质。

## 四、结语

如何在保护、传承和发展龙泉青瓷的基础上创新研究新品种，成为青瓷制作工艺创新发展的新命题。发掘青瓷传统烧制技艺用于制作民族传统乐器，是在分析材料、结构和音效的基础上，利用青瓷的特性，通过拉坯、制作、上釉、组装等环节开展的生产创新活动。青瓷乐器的制作具有地方特色艺术文化价值，并且具有潜在的市场应用价值。经过多次试验、试制，目前团队已经将传统管乐器和拉弦乐器研制成功，并推向了市场。除此之外，团队还将青瓷乐器应用于课堂，在学校开设相应的演奏学习课程，为广大音乐爱好者提供了新形式的演奏平台，促进了青瓷和青瓷乐器的推广。在实践应用中，通过教学实践育人模式，更好地把青瓷艺术、器乐与学生创业有机结合起来。从根本上说，瓷乐融合在乐器制作领域继承了民族传统乐器的重要造型、功能特征，并在材质、音效上实现创新和突破。事实证明，瓷乐融合实现了审美价值与实用价值的结合，并有助于新型乐器的量化产出，推动文化产业的发展。瓷乐融合对于提升龙泉青瓷的文化品质与艺术内涵、扩大青瓷消费群、提高青瓷产业的创新竞争力具有积极意义，并对浙西南欠发达地区的文化产业发展起到推动作用。

## 参考文献

[1] 农夫，贾建新. 大国匠心青瓷绽放 [J]. 绿色中国，2017 (11)：58-63.

[2] 王巨山. 凝翡翠兮聚碧玉：龙泉青瓷传统烧制技艺保护漫谈 [J]. 世界遗产，2016 (1)：96-100.

[3] 宋广亮. 唢呐的流派及演奏风格 [J]. 大众文艺，2010 (19)：15.

[4] 张毓. 竹笛艺术的表现研究 [J]. 中国民族博览，2016 (5)：145-146.

[5] 刘洋. 非物质文化遗产的知识产权保护 [D]. 济南：山东大学，2013.

[6] 张建平. 龙泉青瓷釉下书画装饰之应用分析 [J]. 美术大观，2010 (9)：243.

# 龙泉青瓷瓷乐的创制探索

## 张敏桦

（丽水学院　民族学院）

**摘　要**：作为"青瓷之花"，龙泉青瓷达到了青瓷技艺的较高成就，但瓷乐的发展因烧制技术的困难而不易得。笔者成功烧制了可用于演奏的龙泉青瓷瓷笛、瓷唢呐等管状瓷乐，在音声上创新、拓展了瓷乐的音色、音质范畴，在美学上丰富了瓷塑造型与瓷乐乐音，为龙泉瓷乐的进一步发展奠定了坚实的基础。

**关键词**：龙泉青瓷；瓷乐；创制；音声；美学意义

瓷乐（Porcelain & Music）已然不是新事物，用陶和瓷制作乐器在中国古代就已盛行，汉语中的"陶埙""石磬""土鼓""瓷瓯""瓷箫""瓷笛"等词汇鲜活地呈现了一部瓷乐的发展简史。浙江余姚县河姆渡文化遗址出土的陶埙为目前中国发现的最早的陶乐，距今已7000多年。相比于陶乐的悠远历史，瓷乐的出现则要晚近得多，真正意义上的瓷器汉代才出现，距今约2000年。

原始瓷礼乐器在战国时期模仿青铜器型烧制成功，但仅作为祭祀的礼器，完全不具有演奏的功能，只作为表征权势和地位的象征物。真正用于演奏的瓷乐始于唐代，随着瓷瓯的出现，瓷乐成为与曾经的陶乐一样具有实际演奏意义的广为使用的乐器。《乐府杂录·击瓯》载："率以邢瓯、越瓯共十二只，旋加减水于其中，以筋击之，其音妙于方响也。"但传统瓷乐在宋以后逐渐式微并淡出历史的视野，直到20世纪80年代开始，随着传统瓷业和传统文化的逐渐复苏和繁荣，瓷乐也成了新的热门风潮。1985年景德镇率先成功研制瓷瓯，1991年又研制出薄型瓷编磬，1999年又进一步研制出了瓷笛、瓷箫、瓷埙、瓷管钟、瓷编钟、瓷长鼓、瓷唢呐、瓷二胡等乐器，由此，世界上第一家瓷乐团成功创立，持续至今仍在演出。

青瓷瓷乐虽可追溯到唐代的越瓯，但越瓯却有如昙花一现，之后便不再有进一步发展。之后继承越窑技术的龙泉窑青瓷虽在宋元时期达到了技术和产量上的高峰，但青瓷瓷乐在文献和考古发现上也再难见踪影。直到新千年随着龙泉青瓷的再度复兴，龙泉青瓷在技艺上逐渐接近历史最高水准的同时，形式和审美的创新探索也推动了青瓷瓷乐的发展。本文试图从烧制成功的龙泉青瓷瓷笛、瓷箫、瓷唢呐、瓷葫芦丝等乐器入手，探究龙泉青瓷瓷乐的创制、音声及美学意义。

---

**作者简介**：张敏桦，甘肃兰州人，丽水学院民族学院音乐学副教授，研究方向：民族民间音乐、瓷乐。

## 一、龙泉青瓷瓷乐创制之难

龙泉青瓷瓷乐烧制非常艰难，但目前未见文献记载，也暂无出土考古实物可资证明。瓷乐器本身即难得，现存最早的瓷箫为明代德化窑生产，制于明代正统年间，距今已有500多年历史，现藏于故宫博物院。上海博物馆收藏德化窑瓷箫（编号：24125）年代略晚，制于明末清初，中段五音孔，另有一背孔，箫首有一"V"形吹孔。清初周亮工《闽山记》中记载："德化瓷箫笛，色莹白，式亦精好，但累百枝无一二合调者。合则声凄朗，远出竹上。"瓷乐器烧制成型已不易，而烧制成功符合音乐要求可用于演奏的乐器则更难。1971年，浙江镇海出土青瓷甬钟；1983年，浙江海盐、德清等地也出土了青瓷甬钟、钮钟、磬、铃等击打类瓷乐，这些瓷乐器的出土直接促进了当代瓷乐的探索。1985年景德镇成功研制瓷瓯，而瓷乐器的创制成功则要到14年之后的1999年。景德镇的制瓷技术天下无双，但烧制成功一套瓷乐器亦需花费二三十年。龙泉青瓷由于从明中期后技艺下滑，至清末几近断烧，到1957年才恢复规模生产，则瓷乐的探索更为艰难。除了技术储备基础薄弱外，龙泉青瓷由于施以厚釉，在烧制时因胎釉的收缩比较大，烧成率远低于其他瓷窑，其中瓷胎的大小、瓷土的黏稠度、瓷釉的厚薄都直接关系到瓷乐的成功烧制。而要烧制合乎标准的瓷乐则更是难上加难。

1998年，浙江慈溪上林湖寺龙口越窑遗址出土了30多件唐宋青瓷乐器，此既佐证了古文献中唐宋击瓯风行的事实，亦推动了越窑青瓷瓷乐的当代复兴。2002年慈溪章均立成功研制了越瓯、越盆、越盅等乐器，并针对瓷乐的音质、音色创作了《九秋风露越窑开》乐曲。2003年章均立又研制成功越鼓、越杯、越铃等瓷乐，并将《梅花三弄》改编成适合瓷乐演奏的乐曲。2009年慈溪市在瓷乐的基础上专门成立了青瓷瓯乐艺术团，并创作了《九秋风露》《上林追忆》等瓯乐作品。慈溪青瓷瓯乐能大放异彩与章均立的努力分不开，正是音乐人的身份使其发现了瓷乐的价值，而正是他的不懈探索，才成功烧制了一大批青瓷瓷乐。越窑青瓷瓷乐在沉寂1000多年后重新绽放，"越窑青瓷瓯乐"现已列入浙江省非遗项目。目前越窑青瓷瓯乐已成功烧制五大类26种（组）青瓷瓯乐器，已可实现以瓯乐为主体的音乐演奏会，曾经的历史辉煌盛景在当下再现光芒。

龙泉青瓷瓷乐探索始自2006年。龙泉瓷人王军港受瓷器"声如磬"的感召，立志研制青瓷乐器；经过两年多的探索于2008年成功烧制了瓷编钟、瓷管钟、瓷磬、瓷瓯、瓷埙、瓷笛、瓷箫等100多件瓷乐。用瓷来烧制乐器困难可想而知，乐器强调的是音准、音色、音质，用瓷来制作乐器本就不易，制作符合乐器标准的瓷乐，则难上加难。瓷乐如果"音"不准，只能砸碎。胎质、釉料、烧成温度等无一不影响瓷乐品质，一件完美的作品有时只能是尽人事听天命。相对而言，烧成一件瓷乐的器型相对容易，但要达到能演奏的标准则要困难得多，从仅供观瞻的器型到可吹奏的乐器要付出非常多的时间与精力。成功烧制出瓷编钟、瓷管钟、瓷磬、瓷瓯四类打击乐器和瓷埙、瓷笛、瓷箫等吹奏乐器便是以砸碎数千件次品为代价的。这些被砸碎的瓷乐或因为在烧制时因胎釉收缩而导致器型走样，或因为标音不准而只能忍痛放弃。瓷器的厚薄、烧制时的温度都会直接影响瓷乐的器型和釉色，更重要的是这些影响外观形状的因素也会对瓷乐最重要的发音产生直接的影响。而判断瓷乐是不是一件成功乐器的标准又正是"标音"，只有音准准确、发音稳定，才是一件成功的乐器。器型的成功只是最基本一步而已。龙泉青瓷瓷乐的创制相对于景德镇窑、德化窑而言要更为艰难，与越窑瓷乐相比也是难度更大，这与龙泉青瓷的特色在于厚釉相关；厚釉会直接影响器型在高温烧制时的形变，更会直接影响发音的准确度和稳定性。因而对于龙泉青瓷瓷乐而言，瓷乐真正可以称是"数千次摔出来的"，诸多的失败探索才会迎来一次不期然的成功。王氏创制成功，可谓龙泉青瓷瓷乐具代表意义的重要探索。

王氏瓷乐全部用龙泉青瓷的代表性釉色粉青，各类瓷乐的音色也各具特征，瓷编钟较悠扬清越、瓷磬清脆动人，瓷埙有如泣如诉的呜咽感。其烧制成功的瓷乐中体型最大的为瓷编钟，架高 2 m、宽 3 m，共由 28 个大小不一的瓷编钟组成，形状仿青铜编钟。与青铜编钟的音色凝重肃穆相比，瓷编钟的音色更有几分清扬水韵的感觉。目前龙泉青瓷已成功烧制了打击乐器、吹奏乐器，以及弦乐器类的二胡、京胡等民族类乐器。对于龙泉青瓷来说，探索烧制其他类别民族乐器应是下一步更重要的创新方向。

相对于景德镇瓷乐和越窑青瓷瓯乐言，龙泉青瓷瓷乐的创新探索又一次落到了后面，这与当下龙泉青瓷相对繁盛发展是不相匹配的。有利之处在于，2008 年丽水学院成立了龙泉青瓷研究所；2009 年龙泉青瓷传统烧制技艺名列联合国人类非遗项目，大大推动了龙泉青瓷的创新和发展；2015 年由丽水学院牵头的龙泉青瓷协同创新中心项目入选浙江省"2011 协同创新中心"计划；2016 年丽水学院专门成立中国青瓷学院，在龙泉青瓷的人才培养和创新发展上更进一步。笔者承担的"龙泉青瓷传统吹奏类乐器制作工艺研究"项目便属于 2016 年龙泉青瓷协同创新中心课题，经过近两年的探索，已经成功烧制了龙泉青瓷瓷笛、瓷箫、瓷唢呐、瓷葫芦丝、瓷埙、瓷排箫等吹奏类乐器。瓷笛、瓷箫、瓷唢呐等在形式上完全模仿传统笛、箫、唢呐等乐器，材料完全用龙泉青瓷，施以粉青釉，具玉质感，本身即是一件精美的艺术品。更重要的是，这些瓷质乐器不仅可用于观赏，经过精准的调音，已经完全可以满足音乐演奏的要求，为真正的龙泉青瓷瓷乐器；与之前王军港的青瓷瓷乐相比，在音质音准和功能性上亦有很大提升。

## 二、龙泉青瓷音声表现之美

一件瓷乐从只具观赏性的物件到具功能性的真正可用于演奏的乐器的创制过程，其间的甘苦艰辛只有制作者本人才能真正体味。音准对于一件乐器来说是最重要的，音准不一，就无法奏出一段合韵的乐曲。一件青瓷瓷乐的烧成需要经过千百次不断的试音、审音、调音，在逐渐掌握瓷乐的造型结构和音色、音质、音域的微妙关系后才可能实现。竹箫在汉代就已出现，但瓷箫到明代时才出现，由此可见瓷箫制作之不易。北京故宫博物院保存的明代德化窑瓷箫长56 cm，口径2.1 cm，呈竹节形管状，共有六音孔，五孔朝上，一孔向下，如今依然可用于演奏，这体现了瓷乐的恒久特质。瓷乐虽制作不易，但一旦制作成功，音质、音准则比竹制、木制乐器更为稳定持久。因此，与竹木制乐器相比，瓷乐的最大优点即是音声更稳定，不会受温度、湿度等的影响。瓷箫音色远在竹箫之上，悠扬婉转，凄清雅致，韵味无穷。游伟在《瓷乐艺术魅力》一文中也概括了瓷乐的这一特点，认为瓷乐"具有音质纯正优美，音域音量适中，和音准校定后不受气温影响而较稳定的特点。"瓷乐虽然在形式上模仿了竹木制乐器，但由于使用了高温烧制的瓷质，带来了音色、音质上新的听觉感受。总体而言，竹木制吹奏类乐器略具竹木的温和绵软感，而瓷制乐器则略具金属声，音声更为清越激扬，可以说是介于竹木和金属间的一种声音媒介材料。瓷乐也是土、水、火的融合，总体上可归入土乐，但由于施釉经高温烧制而具有了金属的质感，从而呈现了一种新的音声之美。

为丰富瓷乐的音声效果，笔者在烧制瓷乐时，在秉承传统乐器形制的同时也有意识地进行改造和调整，使瓷乐具有更丰富的音声魅力。在传统五孔笛形制的基础上，增加音孔，已成功研制出七孔瓷笛，既扩大了瓷笛的音域，更增强了瓷笛的音乐表现力。烧制龙泉青瓷瓷笛时根据需要采用一体化或分段式方法。烧制一体化笛身时，缩短瓷笛管身，增加笛管直径，在改善瓷笛音质的同时也可大大增强瓷笛的音量。而采用分段式方法烧制笛身，用金属、竹木、石料或动物骨角材料连接笛管，既可大大提升瓷笛的烧成率，在形式上也可有更丰富的装饰，在音色音质的丰富性上也更为明显，甚至可以制作出低音 G 调的大笛子。龙泉青瓷瓷笛试验品与竹笛进行试音比较，发现两种笛的音色、音质有一定差异，传统竹笛声音的声线清晰，具有密集的金属音、亮头音和底音的泛音，区分较明显，穿透力好，声音传得远，但存在一些不和谐的泛音与杂音；龙泉青瓷瓷笛声线相对柔和，总体音位发音亮度相对弱，其中高音穿透力强，远传性好，较集中，中低音更为浑厚，带有温润的鼻音，富有内涵，高、低音区音质干净，基本无杂音和噪音。可见，龙泉青瓷瓷笛的音声比传统竹制笛有更明显的优势，它的高音接近传统竹笛的声效，而中低音接近西洋长笛的声效，是一种富含更多音色层次的乐器，能有效地替代竹笛进行演奏。

### 三、龙泉青瓷瓷乐创新之意

瓷乐的创新之意首在于拓展了瓷器的多样审美形态。虽然瓷乐基本上是以模仿已有乐器形式为主，如瓷瓯、瓷编钟、瓷磬、瓷笛、瓷箫等，但却为"瓷器大家庭"提供了新的审美对象。最初的瓷乐或许是为了满足视觉上的观感需要，因为这些已有的乐器本身就极具观赏价值，用瓷来烧制乐器面临技术上的挑战，一旦烧制成功便也具有了创新的乐趣和由此带来的美学意义。

1998年浙江慈溪上林湖寺龙口越窑遗址出土的30多件唐宋青瓷乐器，2004年无锡鸿山越墓出土的500多件青瓷乐器，这些瓷乐大多不能演奏，主要是为了祭祀和供奉时满足视觉审美而用的。同样，龙泉瓷人王军港2008年烧制成功的瓷编钟、瓷管钟、瓷磬、瓷瓯、瓷埙、瓷笛、瓷箫等100多件瓷乐器在很大程度上也主要用于陈列和观赏，音乐的表现效果还有明显的不足。就艺术而言，技术突破和创新本身就具有价值，从无到有即是创造性的体现。瓷乐探索从越瓯、景德镇青花瓷乐到龙泉青瓷瓷乐逐渐铺开，本身就体现了瓷艺技术的革新，新形态瓷乐的成功烧制就是对瓷器形式的丰富和瓷艺技术的推进。龙泉青瓷瓷乐的探索在此历史脉络中也具有了自身的创新地位。

瓷乐除具有形式上的视觉观感外，更重要的是作为声音媒介，具有听觉上的音声审美功能。瓷乐作为乐器，终不是用来看的，而是用来演奏特定的音声效果的。就此而言，如同艺术的本质是审美，不为审美而作的都不是纯粹的艺术，瓷乐也是如此。因此，仅能满足陈列和展示，却无法实现现场演奏的瓷乐终究是"花瓶"，还不能称得上真正意义上的瓷乐。笔者烧制的龙泉青瓷瓷笛，据现场G调瓷笛的演奏与听辨，其声音洪亮、开阔，具有很强的刚性与穿透力，高低音的音色、音量、音质较统一，出音快，发音传导灵敏、稳定，很少有声音的扭曲，能够轻松演奏长音、短音、连音、跳音、顿音、踩音、气冲音等技法，据600座剧场声音测试，演奏的每一音符均能传到观众席最后一排。因此，龙泉青瓷瓷笛是一件良好的独奏与合奏乐器，它能够胜任技巧性和风格性独奏曲的演奏，也能够胜任南北派吹打乐、江南丝竹、广东音乐及潮州音乐等器乐合奏。瓷乐制作的过程体现出瓷乐实现由技到艺的艰辛，由匠而艺、技进为道，才是涅槃之时。随着具备演奏功能的瓷笛、瓷箫、瓷埙、瓷唢呐、瓷葫芦丝等吹奏乐器的成功烧制，弹拨和打击类瓷乐制作也将提上日程，届时各类瓷乐齐声合奏，瓷乐的音声之美将更为丰富。

世界音乐时代，音乐渐有向自然本原趋近之势；寻找最朴质的声音，穷尽一切材料的音质，充分发现自然之音是新时代音乐家的使命和创新方向。回归自然本真之音正成为现代人内心向自然寻求宁静心灵的路径，谭盾1992年推出的音乐专辑《九歌》便是杰出代表。1991年开始自创陶土乐器的谭盾，在《九歌》第一段"Sun and Moon"中便用自制陶笛、陶号和陶鼓奏出陶的交响乐以演绎"山鬼"角色；陶乐的独特音色对于还原独特的山野情境起到了精妙的效果。2009 年他的《陶乐：大地之声》更是选取了长沙潼关、江西景德镇、河北唐山、广东佛山、陕西富平和台湾莺歌的 100 多件陶器，与著名的马勒乐团现代西洋音乐齐奏合鸣，檀革胜称赞："不同的陶石乐器构成了色彩丰富的音色源"。如果说陶乐是大地之声，那么瓷乐就应该是空中之音。介于天际和大地之间的瓷乐，既有大地之场的原始自然厚重，也有天外之声的悠远飘缈明净。

谭盾为陶乐现代革新创出了新路，相对陶乐而言，瓷乐具有更丰富的音色、更稳定的音准，在强调创新、创意的今天，瓷乐在复制和模仿传统形制的基础上亦应该融入现代新曲，从而创制出更丰富的音乐世界。如吴涤在《龙音瓷乐：浙江龙泉青瓷打击乐器探究》一文中所概括的，至该文发表的 2011年，龙泉青瓷瓷乐"还并没有正式演奏过任何曲目，没有形成救民于水火的演出体系和团队模式"。以瓷笛、瓷箫、瓷埙、瓷唢呐、瓷葫芦丝为代表的龙泉青瓷瓷乐的成功创制，正呼唤着更多的瓷乐面世，更重要的是还须创造出具有浓郁地域风格和现代性色彩的配套曲目，如此，龙泉青瓷瓷乐才能不仅具有形式意义，还更具有不可替代的独特乐器价值和美学意义。

## 参考文献

［1］ 马承源. 中国音乐文物大系·上海卷［M］. 郑州：大象出版社，1996.

［2］ 游伟. 瓷乐艺术魅力［J］. 陶瓷研究，2009，24（4）：87-88.

［3］ 檀革胜. 土与石的咏叹——谭盾新作《陶乐：大地之声》印象［J］. 人民音乐，2009（11）：19-21.

［4］ 吴涤. 龙音瓷乐——浙江龙泉青瓷打击乐器探究［J］. 中国音乐，2011（2）：205-207，212.

# 后记

　　"中国龙泉青瓷创新工艺研究"这一国家文化和旅游科技创新工程项目（2018 年申报时为"国家文化创新工程项目"），从申报立项到结项，已经有 3 年时间了。该项目申报最早是从 2016 年初着手的，历时两年两次申报方得成功，到现在结题已经足足 5 年时间。

　　坦率地说，在我 2012 年来丽水学院之前，对龙泉青瓷的认知几乎是一片空白，脑海里主要还是停留在景德镇的青花、粉彩和珐琅等瓷器上，认为这些才是中国陶瓷传统意义上的精华，是国之重器。可是当我亲眼看到、亲手触摸到这温润如玉、熠熠生辉、美轮美奂的龙泉青瓷那一刻，我被震撼了！千百年来，高高耸立的龙泉山不仅孕育了八百里瓯江流域，更是滋润了龙泉青瓷这一令世人瞩目的人间瑰宝，温情而又有文化底蕴。

　　初来丽水学院，正逢学院张建平教授（时任学院党委副书记）牵头申报浙江省"2011 计划"龙泉青瓷协同创新中心，在相关校领导的引荐下，我很快融入这个团队，任中心的副主任兼秘书长，主要负责申报书的撰写。可以说，我们是一拍即合，立马进入工作状态。在张书记的带领下，我和吴新伟教授、吴艳芳博士等人，大家齐心协力、艰苦奋斗，真可谓是殚精竭虑。好在苍天不负有心人，终于在 2015 年申报成功获批立项，浙江省教育厅直接下拨科研经费 500 万元，这是丽水学院历史上第一个自己申报成功的省级科研平台。随后，围绕龙泉青瓷协同创新中心任务开展项目建设，一切都是从零开始，在摸索中干，在干中摸索……一项项发明专利、一篇篇学术论文、一个个科研项目，都在中心的孵化下如雨后春笋般地涌现！

　　2016 年初，丽水学院新的领导班子为加快转型发展，审时度势地筹建了几个颇具特色的二级学院。因为有浙江省龙泉青瓷协同创新中心这个地方特色鲜明的科研平台，所以在原来艺术学院的基础之上组建了中国青瓷学院。首任院长周绍斌教授，他刚在浙江师范大学美术学院院长位置上卸任，就马上被聘任为院长。周院长不仅有着多年丰富的高校美术教育管理经验和艺术素养，而且他还是龙泉青瓷世界非物质文化遗产项目的申报负责人，聘他为首任院长，是冥冥之中就注定的前世缘分，合情合理合天意！我和周院长都是北方人，多年来一直在高校工作，我们内心深处有着一种强烈的文化认同感和使命感，我们一见如故、惺惺相惜！在周院长的关心和指导下，我的这个国家文化工程项目申报从预报、初选、入围答辩到最后立项，进展顺利。周院长的恩情，没齿难忘！

龙泉青瓷的烧制始于三国两晋，至今已有 1600 多年，可谓是历史悠久、文化深厚，是中华民族宝贵的精神遗产。龙泉青瓷以其质细、色纯、音清而著称。它属"玉"文化，与白瓷相比更"重质轻文，重色少饰"。从南宋官窑一直到现在的龙泉窑，其装饰工艺主要是通过传统图案和一些氧化铁和氧化铜等材料做釉下点缀性的装饰，而在融合中国书画装饰及材料工艺创新研究和实践方面，与景德镇陶瓷绘画相比有明显不足。近来，龙泉青瓷融合中国书画装饰开始兴起，这是一种比较新的工艺美术趋势。探索以单色釉色取胜的青瓷融合中国书画创意理念、工艺分析和技术实践，在传承的基础之上创新发展，使人类非遗龙泉青瓷在当代不失其魅力，这是摆在无数迷恋国粹艺术家们面前的一项重大课题。

我在项目研究过程中，一方面强调与中国传统文化艺术接轨，尤其是与中国传统书画艺术；另一方面，注重与现代科技和当代审美结合，特别是对传统工艺技术的突破，重点涉及原料研究、烧制工艺和创意设计等问题。通过龙泉青瓷釉下融合中国书画装饰创意实践研究，发掘龙泉青瓷新的表现方式和审美情趣，为龙泉青瓷在当代文化艺术的创新发展开辟一条新路径。关于工艺创新及材料等方面的具体内容，我在本书前面的论文中已经阐述过，这里就不再赘述。

我的团队成员，既有来自高校的专家教授、博士、硕士，也有来自地方的民间工艺大师、普通匠人，他们各有所长、身怀绝技，为项目研究做出巨大贡献。这里需要强调的是，在青瓷材料研究方面，要特别感谢江苏大学化工学院的朱文帅教授，从答辩到项目研究，倾心倾力，好兄弟！

承蒙领导和同仁们的支持，我于 2017 年开始担任中国青瓷学院副院长，分管科研和社会服务等工作，同时联系龙泉青瓷协同创新中心，我是一边教学一边科研，理论联系实践，工作紧张而又充实。2019 年底，龙泉青瓷协同创新中心顺利通过浙江省教育厅的验收。2021 年初，周院长退休，校党委任命我来接替他的工作，担任中国青瓷学院院长。

在项目研究过程中，我始终围绕既满足文化传承的需求又要契合当下国家文化创新的使命这条主旋律。研究的过程是幸福而又往往充满困惑的，其间陆陆续续发表过一些相关论文，获得了一些奖项和专利。当然也有一些不同的观点，特别是在 2019 年举办的项目中期专家咨询会上，有专家提出在青瓷上作画不可取，会破坏青瓷本身的釉色美。这些专家中，既有龙泉的大师、同道友人，也有我昔日的研究生老师，大家的观点经常出现较大反差，甚至是争论得面红耳赤。会议是在热烈而又严肃的气氛中进行的。我把大家的发言详细地记录下来，认真揣摩。我认为，每个人的观点不存在对与错的断论，关键是在于如何理解、如何取舍的问题，分寸拿捏把握得当就会恰到好处，反之细节处理不到位，则全盘皆输。

在项目进行过程中，我非常在意用作品去说话。一有机会就带作品去参加国内外各种展览、会议，去和别人比较、切磋。我尤其注重参与国际交流：2017年7月参加莫斯科的"大美中国"图片展、"茶中日月，以观世界"中国茶文化展；2018年7月参加由泰国东方大学孔子学院、丽水学院和龙泉青瓷协同创新中心共同筹建的海外首家"中国青瓷文化学堂"在泰国举行的揭牌仪式；其中值得一提的是2019年3月参加在意大利罗马举办的"设计中国"展，展览共邀请了16组中国设计师团队及近百件作品亮相罗马，通过中国非物质文化遗产传承与时尚设计创新两个方面，表达中国时尚设计师对人类命运共同体的关注和为人民对美好生活的向往所做的不懈努力。"设计中国"罗马展览是习近平主席对意大利进行国事访问的官方配合活动，展览为推动两国加深在艺术设计领域的合作起到了重要的作用。在中意两国元首会晤后发表的联合公报中写到：双方对设计等领域的活动不断增多表示满意。公报中双方强调了人文交流对于推动两国关系长远发展的重要意义，"设计"第一次写进了两国间的联合公告，众多中国设计师都贡献了智慧和力量，中国设计由此开创了新的里程碑，有了新的起点。我的参展作品是四件国画青瓷创意作品，中共中央宣传部副部长蒋建国，意大利国会议员、文化部前部长维托里奥·斯加毕出席开幕式并参观了展览，我的作品得到了他们的关注和高度评价。通过这次活动，不仅让我收获了满满的文化自信，而且使龙泉青瓷在国际上得到了更加广泛的传播与认可，这和本项目的初衷是相契合的。

其他成果（包括课题组成员的成果）还有很多，这里就不一一赘述。总之，在2020年底项目验收中，顺利完成了合同任务，得到验收专家的高度认可，验收合格，成为中国青瓷学院成立4年来第一个获得结题的国家级项目。

本书仅是项目研究的一个重要成果，其他成果未能在书中一一体现，例如：青瓷创新设计作品，举办和参加过的学术会议，国家发明专利及知识产权，重要展览活动及获奖，企业的一些经济效益等等。

回首3年来的研究过程，心中始终充满感动！由衷感谢各位前辈的指导和帮助、学校领导的关心和支持、课题组成员的不懈努力，谢谢你们志同道合的义气和鼎力相助的担当！

是为后记。

沈其旺 于中国青瓷学院

2021年4月28日